Don Tapscott (Hrsg.)

Erfolg im E-Business

Don Tapscott (Hrsg.)

Erfolg im E-Business

HANSER

Titel der Originalausgabe:
»Creating Value in the Network Economy«

Die Deutsche Bibliothek – CIP-Einheitsaufnahme

Ein Titeldatensatz ist für diese Publikation
bei der Deutschen Bibliothek erhältlich.

Internet: http//www.hanser.de
Umschlaggestaltung: Parzhuber & Partner, Werbeagentur GmbH, München
Satz und Gestaltung: Hartmut Czauderna, Gräfelfing
Druck und Bindung: Druckhaus »Thomas Müntzer« GmbH, Bad Langensalza
Printed in Germany
ISBN 3-446-21350-3

Inhalt

Don Tapscott

Einführung

Im Jahr 1994 stellte Alan Webber, ehemaliger Redaktionsleiter des *Harvard Business Review*, die Frage: »Was ist eigentlich an dem neuen Wirtschaftssystem so neu?« Ein Jahr darauf unternahm ich in meinem Buch *The Digital Economy* den ersten Versuch, diese Frage zu beantworten. Ich befaßte mich mit zwölf Themen des neuen Wirtschaftssystems und merkte dazu an, daß Webbers Frage an eine Anekdote über Albert Einstein erinnert: Dieser führte Aufsicht bei einem Examen in Physik und wurde von einem Studenten darauf aufmerksam gemacht, daß die Prüfungsaufgaben die gleichen wie im Vorjahr waren. »Das ist schon in Ordnung«, meinte Einstein. »Dieses Jahr lauten die Antworten anders.«

In den vergangenen fünf Jahren haben viele Manager, Wissenschaftler, Berater und Unternehmer intensiv über dieselbe Frage nachgedacht. Für das vorliegende Buch habe ich neuere Beiträge aus dem *Harvard Business Review* ausgewählt, die das Thema unter dem Aspekt der Wertschöpfung angehen. Insgesamt stellen sie eine Sammlung neuer Richtlinien für die Wirtschaft dar. Manager, die diese Richtlinien verstehen, werden meines Erachtens dafür gerüstet sein, in der vernetzten Wirtschaftswelt erfolgreiche Organisationen aufzubauen.

Die Beiträge sind in drei Gruppen zusammengefaßt. Die erste Gruppe befaßt sich mit dem Wandel in der Auffassung von Wert. Das Internet bietet der Wirtschaft eine neue, funktionsreiche, hochpotente und nahezu allgegenwärtige Infrastruktur. Es ermöglicht es, Produkte mit Informationen, Wissen und Dienstleistungen anzureichern, um einzigartige Wettbewerbsvorteile zu erzielen. Wertangebote und die Wertschöpfungsketten, mit deren Hilfe Produkte erzeugt und auf den Markt gebracht werden, können auch entkoppelt werden, so daß Wert gänzlich anders als bisher geschaffen werden kann. Die zweite Gruppe von Beiträgen beschreibt neue Unternehmensmodelle, die sich von dem einheitlichen Unternehmen der Industriegesellschaft ebenso stark unterscheiden wie letztere von der früheren Agrargesellschaft. In der dritten Gruppe wird erläutert, wie vieles von dem, was wir über Marketing wissen, infolge der Entstehung von interaktiven Beziehungen zwischen Herstellern und Kunden revidiert wird.

Der Wandel in der Auffassung von Wert

In den meisten Unternehmen sind die wichtigen Vermögenswerte zunehmend intellektueller statt physischer Art. Viele Führungskräfte der Wirtschaft und politische Entscheidungsträger – u. a. auch einige in der »Securities and Exchange Commission« (US-amerikanische Börsenaufsicht – Anm. d. Übersetzers) – haben vorgeschlagen, daß Wissen und anderes intellektuelles Kapital in den Bilanzen ausgewiesen werden sollten. Sie argumentieren, daß die heute üblichen Bilanzen den Erfordernissen des alten Wirtschaftssystems entsprechen und wenig über die wichtigsten Vermögenswerte von Unternehmen aussagen. Obwohl in naher Zukunft sicherlich eine heiße Debatte über die Bewertung von immateriellen Vermögenswerten stattfinden wird, lassen die Erfahrungen erfolgreicher Unternehmen darauf schließen, daß das Schaffen und das Teilen von Wissen – wovon Innovation abhängt – den Kern der vernetzten Wirtschaft bilden. Vor 25 Jahren hatte Microsoft kein Kapital; heute ist Microsoft mit einem höheren Marktwert als General Electric das wertvollste Unternehmen in den USA. In weiteren 25 Jahren könnte Microsoft ohne Kapital dastehen, wenn das Unternehmen seine Innovationskraft verliert.

Auf Wissen basierender Wert

Erfolgreiche Organisationen sind von Wissen durchdrungen. Es ist in den digitalen Dokumenten des Internets und in den vernetzten Gehirnen der geistig arbeitenden Mitarbeiter vorhanden. Das Internet ist eine neue Infrastruktur zur Verteilung und Verwaltung von Wissen innerhalb von Unternehmen sowie zwischen ihnen. Es ermöglicht die Vernetzung von Intellekt, Fachwissen und Einfallsreichtum.

Der Informationsgehalt von Produkten und Dienstleistungen nimmt ebenfalls zu, indem sie mit Technologie versehen werden, die ihnen das Erfassen und Einordnen von Informationen über ihre Benutzer und deren Umfeld ermöglicht. In dem Artikel *The Coming of Knowledge-Based Business* erläutern Davis und Botkin dies anhand von Beispielen von »intelligenten« Produkten wie einem Autoreifen, der dem Fahrer seinen Druck anzeigt, und einem Kleidungsstück, das seinen Träger je nach Umgebungstemperatur wärmt oder kühlt. Solche Produkte haben aufgrund des ihnen innewohnenden, vermehrten Wissens um die Bedürfnisse des Kunden und ihrer Fähigkeit, dessen Bedürfnisse zu erkennen und darauf zu reagieren, einen neuen Wert.

Um mehr Wissen zu enthalten, müssen Produkte nicht »intelligent« sein in dem Sinn, daß sie mit Halbleitertechnik vollgestopft sind, die Informationen über die Umwelt und die Produktanwendung sammelt. »Dumme« Produkte ohne eingebaute Technologie können das auch. Nehmen wir zum

Beispiel »Don Tapscotts Acht-Körner-Brot«, das es in einer Bäckerei in meinem Wohnort zu kaufen gibt. Der Markt für dieses Brot ist auf einen Kunden beschränkt: nämlich mich. Niemand sonst kauft es oder weiß überhaupt, daß es dieses Brot gibt. Weil die Bäckerei ein System entwickelt hat, mit dem Kundenwünsche überwacht und individuell erfüllt werden, ist das Brot in einem gewissen Sinn mit mehr Wissen ausgestattet. Das Brot kennt meinen Geschmack und meine Ernährungsweise, da ich alle diese Daten angegeben habe, als ich der Bäckerei das Rezept dafür zur Eingabe in den Computer lieferte. Es weiß auch, wann ich Brot haben möchte: In meiner Küche klicke ich auf das entsprechende Symbol, und über das Internet erfährt die Bäckerei, daß ich Brot haben möchte.

Wenn Wissen die Grundlage von Wertschöpfung ist, dann werden Arbeit und Lernen eins. Geistig arbeitende Menschen, deren »Produkte« häufig nicht physisch existieren, haben ein anderes Verhältnis zu ihrer Arbeit und zu ihren Arbeitgebern sowie andere Erwartungen hinsichtlich ihrer beruflichen Entwicklung. Weil Wissen der Kern des Wettbewerbsvorteils ist, müssen Unternehmen ihren Angestellten die Möglichkeit zu lebenslangem Lernen bieten. Daher übernehmen viele fortschrittliche Unternehmen und private Organisationen mehr Verantwortung als je zuvor für die Schulung und lebenslange Fortbildung ihrer Mitarbeiter. Die Motorola University verleiht Diplome, und private Aus- bzw. Fortbildungseinrichtungen wie die Virtual University oder der PBS Business Channel schießen wie Pilze aus dem Boden. Davis und Botkin argumentieren, daß das Bildungswesen, das einst Aufgabe der Kirche und dann der Regierung war, immer mehr zur Aufgabe der Wirtschaft wird, weil gut ausgebildetes Personal die Grundlage der Wettbewerbsfähigkeit ist.

Zu berücksichtigen sind auch die demographischen Veränderungen der letzten Jahrzehnte, insbesondere das Aufkommen der Internet-Generation, die in den nächsten Jahren auf den Arbeitsmarkt drängen wird – allein in den USA sind es 80 Millionen Kinder und Jugendliche im Alter von zwei bis 22 Jahren. Die Kinder des »Babybooms« werden die erste Generation sein, die im digitalen Zeitalter volljährig wird. Nach meinen Forschungsergebnissen erzeugt die interaktive Lebenserfahrung, die das Internet möglich macht, eine neue Jugendkultur, deren Werte Unabhängigkeit, Innovation, das Teilen von Wissen und Zusammenarbeit sind – alles ganz andere Werte als die der Eltern, die der Fernsehgeneration angehörten und im Zeitalter der Massenkommunikation, Massenproduktion, des Massenmarketings und der hierarchischen Organisationen aufwuchsen. Die jungen Menschen von heute sind Anwender, Akteure, die ihre Welt gestalten, lesen, verifizieren, debattieren und ihre Gedanken ordnen. Dadurch entwickelt diese Generation die Gewandtheit und die Orientierung, die zur wirksamen Innovation und Wertschöpfung in der neuen Wirtschaftsordnung erforderlich sein werden.

Nehmen wir zum Beispiel Michael Furdyk, 16 Jahre alt, in Toronto/Kanada. Mit einem Netzwerk von Gleichgesinnten rund um die Welt baute Furdyk mydesktop.com (http://www.mydesktop.com) auf. Auf diese Adresse wird 20millionenmal pro Monat zugegriffen, wodurch diese Gruppe junger Leute im Internet etwa so einflußreich ist wie viele »Fortune-500«-Firmen, Regierungen oder Medienimperien. Trotz seiner Begabung ist Michael ziemlich typisch als Leader in seiner Generation. Werden die Unternehmen, wenn er in wenigen Jahren formell in die Arbeitswelt eintritt, immer noch versuchen, ihn als variablen Kostenfaktor zu behandeln – so wie sie es heute mit ihrem Personal machen? Michael und die meisten Angehörigen seiner Generation werden sicherlich erwarten, daß sie einen Anteil von dem Wert erhalten, den sie schöpfen.

Tom Stewart von der Zeitschrift *Fortune* meinte mir gegenüber, daß Mitarbeiter als »Investoren von intellektuellem Kapital« betrachtet werden sollten. Bereits jetzt sei die Mehrzahl der Aktien von vielen börsennotierten Unternehmen der neuen Wirtschaft (wie z. B. Microsoft) mit intellektuellem Kapital statt mit Geld erworben worden. Die Mitarbeiter investierten ihre Energie, ihr Wissen und ihre Innovations- und Wertschöpfungsfähigkeit; im Gegenzug erhielten sie Aktienbezugsrechte und Kapital. In der aufkommenden wissensgestützten Wirtschaft wird man Mitarbeiter – insbesondere jene, die Michaels Generation angehören – als Investoren von Wissen und nicht als Kostenfaktoren behandeln müssen.

Die Entkopplung und Neuverkopplung von Werten

Jedes Unternehmen, jede Industrie ist auf einem Wertangebot aufgebaut – wobei der Wert von den Kunden vorgegeben und konsumiert wird. Das Wertangebot enthält eine Anzahl Komponenten, die von Zulieferern und Mitarbeitern zusammengestellt und an die Kunden ausgeliefert werden. So besteht zum Beispiel eine Zeitung aus dem angesammelten Inhalt (Meldungen, Eintragungen, Werbung), dem Erscheinungsbild (das Blatt selbst, sein Format und Stil) und der Infrastruktur (Druck und Vertrieb). Diese Komponenten werden von Mitarbeitern sowie von anderen Personen und Organisationen in der Wertschöpfungskette erzeugt. Den Inhalt liefern große Inserenten, Journalisten, Fotografen, Auftraggeber von Kleinanzeigen, Nachrichtenagenturen, Redakteure, Gastkolumnisten und Zeitungssyndikate sowie Pressemitteilungen und Fremdbeiträge. Format und Stil werden von Layoutern, EDV-Programmen, Graphikern und anderen erarbeitet. Die Infrastruktur schließlich wird von zahllosen Betrieben und Personen gestellt, von Großdruckereien bis zum Zeitungsausträger. Die Verlage haben in der Vergangenheit diese Komponenten stets in einem einzigen, einheitlichen Angebot gebündelt – ein Wertangebot, das von den Kunden angenommen wurde.

In der digitalen Wirtschaft können diese Komponenten jedoch entkoppelt werden, wodurch die Verflechtung der Werte und das Unternehmensmodell jedes Beteiligten – von den Lieferanten des Inhalts bis zu den Vertreibern – zum Vorteil des Kunden verändert werden. Nach Evans und Wurster umfaßt die Wertschöpfungskette eines Unternehmens alle Aktivitäten, die dazu dienen, das Produkt zu konstruieren, zu produzieren, zu vertreiben, auszuliefern und am Markt zu unterstützen. Die Wertschöpfungsketten der einzelnen Unternehmen, die einander beliefern und voneinander kaufen, bilden zusammengenommen die Wertschöpfungskette einer Branche. Das Herzstück dieser Kette ist die Information. Eine Geschäftsbeziehung besteht darin, daß zwei Unternehmen bestimmte Kommunikationskanäle eingerichtet haben, die auf persönlicher Bekanntschaft, gegenseitigem Verständnis, Vertrauen, gemeinsamen Normen und – zunehmend – auf bestimmten Informationssystemen und einem Netzwerk beruhen.

Wenn Information in physischer Form weitergegeben wird, erfolgt dies linear über die Wertschöpfungskette. Wird sie jedoch von den physischen Übertragungswegen abgekoppelt, werden ihre Reichweite und ihr Gehalt verwandelt. Wenn Information in viele Richtungen verteilt wird, können Unternehmen viel intensivere, sinnvollere und wertvollere Beziehungen untereinander aufbauen. Als Mitteilungen nach dem Rundfunkprinzip der Massenansprache »von einem an alle« erfolgten, wurde Information im Monolog weitergegeben – vom Hersteller an den Kunden, ohne Interaktion; in der vernetzten Welt hingegen erfolgt Information über den Dialog.

Die Entkopplung von Werten bedeutet, daß die Zeitungsleser nicht mehr die ganze Zeitung abonnieren müssen, denn das Internet ermöglicht es ihnen, Inhalte aus vielen verschiedenen Quellen zusammenzustellen und so ihre eigene, persönliche Zeitung zu machen. Gleichermaßen werden die Lieferanten von Inhalten dazu ermutigt, direkt mit den Konsumenten zu interagieren, wodurch sie in die Beziehung zwischen der Zeitung und den Abonnenten eingreifen. Auch können neue »Wiedervermittler« – so meine Bezeichnung dafür – entstehen, die digitale Inhalte auf sehr persönliche und kundenspezifische Art »verpacken«. Wiedervermittler schaffen via Internet neue Werte zwischen Herstellern und Verbrauchern. Sie haben weiterhin alle herkömmlichen Funktionen, doch es kommen viele neue hinzu. Die Entkopplung verändert nicht nur die gesamte Struktur einer Branche, sondern auch die Quelle des Wettbewerbsvorteils. Im Fall der Zeitungen kann neuer Wert durch den Wandel vom vertrauten Modell der Mitteilungen »von einem an alle« zu einem interaktiven Modell geschaffen werden, bei dem Dialog und die persönliche Note hoch im Kurs stehen.

Selbstverständlich ist dieses Beispiel nicht nur reine Theorie. Solche Umwandlungen finden heute in allen Bereichen der Wirtschaft statt. Folglich müssen Manager aller Branchen – von Finanzdienstleistern bis zu Autohändlern – ihre bestehenden Wertangebote überprüfen oder sich Gedanken über neue Angebote machen, die die Kunden interessieren könnten. Solche Konzepte können dann zerlegt werden, um zu ermitteln, wie, von wem und unter welchen Bedingungen Wert durch neue Partner im Internet neu aufgebaut werden kann.

Nehmen wir als extremes Beispiel die Anreicherung eines Waschmittels mit Wissen und Dienstleistungen. In Zukunft könnte die Molekularstruktur von »Tide« (gängiges Markenwaschmittel in Nordamerika – Anm. d. Übersetzers) unverändert bleiben, aber neue Dienstleistungen könnten damit verknüpft werden, die den entscheidenden Wert schaffen und Tide »weißer als weiß« waschen lassen. Die Packung könnte einen Chip (der nur wenige Pfennige kostet) enthalten, der mit der Waschmaschine interagiert, die wiederum mit dem PC und anderen Geräten über das Internet interagiert. Die Benutzer von Tide könnten so Zugang zu einer Reihe von Dienstleistungen bekommen, die sowohl den Benutzer als auch die Waschmaschine mit Anleitungen für verschiedene Textilien, unterschiedliche Grade der Verschmutzung, verschiedene Flecken usw. versorgen. In diesem Fall wird aus dem Waschmittelhersteller Procter & Gamble ein betont kundenorientiertes Unternehmen, das Produkte mit erhöhtem Wert an jene Kunden verkauft, die daran interessiert sind, ihre Kleidung zu pflegen, ihre Wohnung sauber und die Familie gesund zu erhalten. Das wird Procter & Gamble sicherlich dazu veranlassen, die Position des Unternehmens neu zu definieren und zu überdenken, wer seine Geschäftspartner sein sollten, wie es seine Produkte vertreibt und in welcher Beziehung es zu seinen Kunden steht.

Im Kapitel »Die virtuelle Wertschöpfungskette – kein fauler Zauber« erläutern Rayport und Sviokla, wie Produkte mit Informationen und Dienstleistungen angereichert werden können. Sie argumentieren, daß jedes Unternehmen in zwei Welten im Wettbewerb steht: einer physischen Welt mit Ressourcen, die Manager sehen und anfassen können (»Marketplace«), und einer virtuellen Welt aus Informationen (»Marketspace«). Die Verfahren zur Wertschöpfung in diesen beiden Welten sind verschieden. Die Verfasser stellen fest, daß im herkömmlichen Ansatz Information als Hilfsmittel im Wertschöpfungsprozeß und nicht als eine Quelle von Wert an sich angesehen wird, und vertreten die Auffassung, daß Manager sich auf die Informationssphäre konzentrieren müssen. In der virtuellen Wertschöpfungskette erfolgt die Wertschöpfung an jeder Stelle in fünf Schritten: dem Sammeln, Ordnen, Auswählen, Verknüpfen und Verteilen von Informationen. Jeder Auszug aus dem Informationsfluß entlang der virtuellen Wertschöpfungskette kann zu einem neuen Produkt oder einer neuen Dienstleistung führen, wie oben am Beispiel von Tide dargestellt.

Was wird aus dem Unternehmen?

In den 90er Jahren waren die Manager äußerst bestrebt, ihre Organisationsstrukturen weniger hierarchisch zu gestalten, einerseits um die Kosten im Griff zu halten und andererseits weil Netzwerke meistens besser funktionieren als Hierarchien. So wie das Internet zunehmend die Entkopplung von Werten und eine Neuverteilung der Verpflichtungen unter den Teilnehmern ermöglicht, wachsen die Hinweise darauf, daß das integrierte Unternehmen selbst als wirksamstes Mittel zur Wertschöpfung ersetzt wird.
Auch wenn dies radikal klingen mag, gibt es immer mehr Beweise dafür, daß neue Unternehmensformen entstehen, die sich vom herkömmlichen Unternehmen unterscheiden – alle auf der Grundlage des Internets. Wie ich in *The Digital Economy* anmerkte, hat der Ökonom Ronald Coase vor mehr als 50 Jahren die Frage gestellt, warum es Unternehmen gibt. Warum arbeiten Menschen in Gruppen innerhalb eines organisatorischen Gefüges zusammen? Er wunderte sich darüber, daß es innerhalb des Unternehmens keinen Markt gibt. Warum ist es unrentabel, daß jeder Mitarbeiter, ja jeder Schritt im Produktionsprozeß zu einem unabhängigen Käufer und Verkäufer wird? Warum bietet der Zeichner seine Leistung nicht dem Ingenieur an? Warum verkauft der Ingenieur nicht seine Konstruktion an den Meistbietenden? Coase erläuterte, daß die Kosten und der Aufwand für Information, Kommunikation, Verhandlung und Geschäftsabschlüsse unter den vielen Beteiligten untragbar seien, und kam zu der Schlußfolgerung, daß es sinnvoll sei, die Wertschöpfung in Unternehmen zu organisieren, die auf einer hierarchischen Struktur zur Entscheidungsfindung und Arbeitsausführung basieren.
So wie das Internet zunehmend allgegenwärtig wird und seine Bandbreite, Funktionen und Stärke wachsen, entsteht allerdings in der globalen Wirtschaft eine weitreichende und reichhaltige informationsbezogene Infrastruktur, die solche Verhandlungen, das Teilen von Wissen und den Abschluß von Geschäften unendlich erleichtert und beschleunigt. Folglich wird in vielen Branchen das herkömmliche Unternehmen von effizienteren und konkurrenzfähigeren Modellen verdrängt, deren Wertschöpfung auf dem Internet basiert. In jedem solchen Modell führt die Entkopplung von Werten nicht nur zu Produkten, die mit Wissen oder Dienstleistungen angereichert sind, sondern auch zu neuen Organisationsformen, die ich als »E-Business Community« (EBC, »E-Geschäftsgemeinschaft«) bezeichne.
Diese neuen Organisationsformen bestehen aus Netzwerken von Zulieferern, Händlern, Geschäftsmaklern und Kunden, die Informationsaustausch und Transaktionen von erheblichem Umfang über das Internet und andere elektronische Medien ausführen. Sie schaffen und vermarkten einmalige neue Werte für Kunden; gleichzeitig reduzieren sie dramatisch den Zeitaufwand und die Kosten und verteilen das Risiko. Wie sich herausstellt, lautet

die Antwort auf die Frage: »Wie verdient man im Internet Geld?« im wesentlichen: »Über die EBC«.
Schauen wir uns die Börsenmaklerbranche an. Das herkömmliche Wertangebot bestand darin, daß die Makler den Kunden Zugang zum Wertpapierhandel verschafften, sie mit Echtzeitdaten und Informationen versorgten, Transaktionen ausführten, ein sicheres Zahlungssystem zur Verfügung stellten und bei An- und Verkauf von Wertpapieren beratend zur Seite standen. Der Online-Makler E*Trade zerlegte jenes Wertangebot in seine Elemente und setzte es mit Partnern neu im Internet zusammen. Im Ergebnis kann E*Trade nun dasselbe Wertangebot der Branche zu einem Bruchteil der Kosten bereitstellen. Noch bedeutender ist, daß neuer Wert geschaffen wird, weil die Kunden direkten Zugang zu einem Informationsbestand haben, der früher allein dem Börsenmakler zugänglich war. Und aus der Sicht des Kunden bilden die Kosteneinsparungen erst den Anfang: E*Trade ist dabei, einen völlig neuen Kundentyp zu schaffen – den mit Macht ausgestatteten Kunden, der kostengünstigen Zugriff auf die Ressourcen hat, die er zur Steuerung seines eigenen Investitionsszenarios braucht.
Die EBCs sind im Begriff, die Wettbewerbsregeln zu ändern, neue Wertangebote zu entwickeln und Menschen zu beispiellosen Leistungen zu mobilisieren. Sie fangen bereits an, herkömmliche Unternehmen in so unterschiedlichen Branchen wie Finanzdienstleistung und Fertigungsindustrie zu verdrängen. Manager werden eine neue EBC-Strategie beherrschen und umsetzen müssen, wenn sie wettbewerbsfähig bleiben wollen.
Im Kapitel »Vernetzt, klein und flexibel – die Firma des 21. Jahrhunderts« erklären Thomas Malone und Robert Laubacher, daß wir in wenigen Jahrzehnten auf das einheitliche Unternehmen des 20. Jahrhunderts als eine vorübergehende Organisationsform zurückblicken werden, die während eines relativ kurzen Zeitraums in der Geschichte der Menschheit ihre Blüte erlebte. Sie verweisen auf Fälle, die erkennen lassen, daß die ökonomische Grundeinheit nicht mehr das Unternehmen, sondern das Individuum ist. Arbeitsaufgaben werden nicht mehr an einer stabilen Befehlskette ausgerichtet, sondern autonom von unabhängigen Auftragnehmern erledigt. Solche vernetzten »E-Berufler« schließen sich vorübergehend in veränderlichen Netzwerken zusammen, um Waren und Dienstleistungen zu konzipieren, herzustellen bzw. zu erbringen, zu vermarkten und ggf. zu warten. Die gegenwärtige Welle von Fusionen und Übernahmen zeigt, daß der große Industriekonzern noch immer eine dominante Rolle spielt, aber Malone und Laubacher verweisen auf andere Anzeichen dafür, daß die großen, ewigen Konzerne in flexible und temporäre Netzwerke von Einzelpersonen übergehen. Noch vor 25 Jahren war jeder fünfte amerikanische Arbeitnehmer in einem »Fortune-500«-Unternehmen angestellt; heute ist es nicht einmal mehr jeder zehnte.
Es ist das Internet, das diese Entwicklung vorantreibt. Die neuen Techno-

logien zur Koordination ermöglichen uns die Rückkehr zu einer vorindustriellen Organisationsform, die aus winzigen Geschäftseinheiten besteht – doch mit einem ganz wesentlichen Unterschied. Diese »Mikrounternehmen«, wie Malone und Laubacher sie bezeichnen, können globale, vernetzte Ressourcen anzapfen, die einst nur Großbetrieben zugänglich waren.

Die virtuelle Fabrik

Bis jetzt habe ich die Rolle der digitalen Medien bei der Wertanreicherung von Produkten mit Informationen, Wissen und Dienstleistungen hervorgehoben. Das Internet wird allerdings auch zum neuen Standort der Produktion. Es scheint, als ob die illusorische virtuelle Fabrik mit der E-Wirtschaftswelt auch zur Reife kommt. Endlich wird auch die Produktion vernetzt.

Viele Menschen haben sich darüber gewundert, wie Cisco quasi über Nacht zu einem milliardenschweren, führenden Unternehmen der Netzwerkindustrie geworden ist. Sein Erfolg spricht sehr dafür, daß EBC eine effektive Organisationsform für die Konstruktion und Herstellung von Waren ist. Das Unternehmen hat sich im Internet ein ausgefeiltes Netzwerk von Partnern aufgebaut, dem Hersteller, Montagebetriebe, Händler, Erstausrüster, strategische Partner, Normenausschüsse, Vertriebsgruppen und sogar Konkurrenten angehören. Produkte werden von vielen Stellen entworfen, konstruiert, entwickelt, hergestellt, verkauft, gewartet und mit Wert angereichert – alles über das Internet. Cisco gibt sein strategisches Wissen (Kundenbedürfnisse, Unternehmensstrategie) und sein Produktwissen an seine EBC-Partner weiter und erhält im Gegenzug Konstruktionsangaben und Planungsvorgaben. Die Partner werden von Cisco ausdrücklich dazu ermutigt, das System durch den freien Austausch von Wissen und Meinungen zu »ölen«. Das Internet ist der Kanal, über den dieser Austausch stündlich stattfindet. Durch diese Zusammenarbeit können Taktzeiten radikal verkürzt, Kosten gesenkt und Innovationen schnell realisiert werden. Ciscos Wertgeflecht ist vom immateriellen Austausch von Werten durchdrungen und erhält dadurch seinen strategischen Marktvorteil.

Im Kapitel »Die wirkliche virtuelle Fabrik« erläutern David Upton und Andrew McAfee, daß die Realisierung der virtuellen Fabrik so lange gedauert hat, weil herkömmliche Systeme drei grundsätzliche Anforderungen nicht erfüllen konnten. Ein Internet muß für Teilnehmer zugänglich sein, deren IT-Ausstattung von höchst unterschiedlichem Niveau ist; es muß Mitglieder sowohl vorübergehend als auch langfristig aufnehmen können und Datensicherheit bieten; schließlich muß es auf sehr hohem Niveau funktionsfähig sein und u. a. zulassen, daß Computerprogramme der Mitglieder auch auf den Computern anderer Mitglieder laufen. Diese Anforderungen werden zunehmend von genormten EDV-Umfeldern im Internet erfüllt, das so an Funktionsfähigkeit, Sicherheit, Bandbreite und Zuverlässigkeit gewinnt. Upton und McAfee führen überzeugend aus, daß für Unternehmen, die am herkömmlichen Modell der Produktionsstätte mit ihren abgeschotteten, auf Rechtsschutz des Eigentums basierenden Systemen festhalten, das Überleben immer schwieriger wird.

Die Konvergenz von Konstruktion und Umsetzung

So wie die Wertschöpfung in das Internet verlagert wird, verändert sich auch der Prozeß der Konstruktion und Produktentwicklung.
In der herkömmlichen Wirtschaftsordnung betrieb ein Unternehmen zum Beispiel Marktforschung, um einen Anstoß zur Innovation zu finden oder deren Erfolgsaussichten zu prüfen. Typischerweise entstand dann ein Produktkonzept, und häufig wurde eine Produktspezifikation erstellt. Das Produkt wurde aufgrund der Spezifikation entwickelt, hergestellt und verkauft. Mit der Umsetzung des Konzepts wurde erst begonnen, nachdem die Spezifikation vollständig war. So war zum Beispiel eine unvollständige »Systemspezifikation« ein typisches Hindernis bei der Programmentwicklung. Die Zeitspanne vom Konzept bis zur Umsetzung in ein Produkt war meistens recht lang; die Bedürfnisse des Markts wurden als relativ stabil angesehen. Die in einem Produkt enthaltene Technologie war bereits etwas ausgereift. Konkurrierende Produkte waren einigermaßen vorhersehbar, so daß man eine »Wettbewerbsanalyse« erstellen und Strategien zur Abwehr der Konkurrenz ausarbeiten konnte.
In der digitalen Wirtschaft hingegen laufen wesentliche Elemente der Produktentwicklung und -herstellung zusammen. Im Kapitel »Produktentwicklung im Internet-Takt« befassen sich Marco Iansiti und Alan MacCormack mit der Frage, was an der Produktentwicklung im Internet anders ist und wie die Unterschiede zum herkömmlichen Verfahren auf andere Produktgruppen extrapoliert werden können. Sie stellen fest, daß die Anforderungen, die der Markt an ein Produkt stellt und die zur Erfüllung der Anforderungen erforderlichen Technologien einem radikalen Wandel unterliegen können, und zwar noch während das Produkt entwickelt wird. Folglich mußten viele Unternehmen das herkömmliche Entwicklungsverfahren ändern. In fortschrittlichen Unternehmen, die Produkte mittels des Internets entwickeln, können Produktdesigner noch in der Realisierungsphase wesentliche Änderungen vornehmen, um das Produkt an sich schnell verändernde Kundenbedürfnisse anzupassen und die darin enthaltene Technologie bis zur letzten Minute vor der Markteinführung zu modifizieren.
Zwar ist dieser neue Ansatz im turbulenten Umfeld des Internets, wo Ver-

änderungen in rasendem Tempo stattfinden, bisher am erfolgreichsten, aber Iansiti und MacCormack argumentieren, daß die Grundlagen dafür auch in vielen Industriezweigen vorhanden sind, wo die Reaktion auf die Anforderungen des Markts von entscheidender Bedeutung ist.

Dem möchte ich noch hinzufügen, daß die meisten Produkte, vom Auto bis zur Seife, mit Informationen, Wissen und internetgestützten Dienstleistungen vollgepackt sein werden. Die meisten Waren und Dienstleistungen werden zunehmend einen internetabhängigen Bestandteil haben, der die Konvergenz von Produktentwicklung und -realisierung zwingend erforderlich macht.

Vertrauen: Unabdingbares Element der vernetzten Wirtschaft

Eine Million Informationsquellen. Wöchentlich Tausende neuer Produkte und Dienstleistungen. Täglich neue Produktgruppen, die mit prahlerischer Übertreibung angepriesen werden. Doch wem können Sie vertrauen? Sie kaufen online ein Buch aus dem Antiquariat – aber woher wissen Sie, daß Sie es auch erhalten werden? »Chatten« Sie online wirklich mit einem Fußballidol oder mit einem neunjährigen Kind, das sich einen Jux macht, oder mit einem Software-Roboter? Wissensmanagement ist ein kritischer Erfolgsfaktor, aber wie teilt man Wissen mit Menschen, die man nicht sieht und nie kennengelernt hat? Angesichts neuer Formen des Einzelhandels – z. B. Online-Auktionshäuser wie eBay.com, die buchstäblich »abheben« – erweisen sich die alten Methoden zur Verifizierung und Vertrauensbildung als jämmerlich unzulänglich. Wenn Sie in einem physisch existierenden Laden betrogen werden, gibt es Mittel, um dagegen vorzugehen. Wenn ein Angestellter in einem herkömmlichen Unternehmen Betrügereien beging, wurde er entlassen. In physisch existierenden Gemeinschaften »kennt jeder jeden«, und deren Enge und die Interaktion der Mitglieder lassen einen Gemeinschaftssinn entstehen. Den Menschen fallen Dinge auf, die nicht stimmen. Der Ladeninhaber sorgt dafür, daß der Bürgersteig von Schnee geräumt wird oder daß ein Streit unter Kindern vor dem Geschäft beendet wird. Ladendiebstahl ist hier unwahrscheinlicher, weil dadurch Gemeinschaftswerte verletzt werden – mit Konsequenzen, die weit über juristische Folgen hinausgehen. Darüber hinaus hat jeder ein Interesse am Fortbestand des Ladengeschäfts.

Doch wie weiß man auf dem digitalen Markt, daß man mit jemandem in Verbindung steht, der tatsächlich eine Chaiselongue im Louis-XIV.-Stil verkaufen will? Woher weiß man, daß man – wenn man zahlt – auch tatsächlich die Ware erhält? Bei eBay hat es lediglich einige wenige Fälle von Betrug und Vertrauensverlust gegeben, obwohl ständig Hunderttausende von

Transaktionen und Millionen von Auktionen stattfinden. Ein solches Maß an Vertrauen geht auf die Einführung von neuen Mechanismen und gemeinschaftlichen Normen zurück. Für sich genommen ist jede dieser Normen wahrscheinlich nicht geeignet, um kriminelle Elemente abzuschrecken, aber insgesamt schaffen sie ein vertrauensförderndes Umfeld.

eBay hat sich bewußt der Vertrauensfrage angenommen, indem man Maßnahmen traf, um eine echte Gemeinschaft zu schaffen. Die Mitglieder müssen sich registrieren lassen und eine Selbstauskunft abgeben, bevor sie an Auktionen teilnehmen können. So lernen die Agierenden einander kennen, ähnlich wie in einer physisch existierenden Gemeinschaft. Die Gemeinschaftswerte werden klar und deutlich verkündet – nämlich, daß offene Märkte zu fairen Preisen für Käufer und Verkäufer führen und somit alle profitieren; daß die meisten Menschen grundsätzlich ehrlich sind; und daß es letztendlich Sache eines jeden einzelnen ist, sich und andere vor unehrlichen Zeitgenossen zu schützen. Des weiteren gibt es ein Rückmeldungssystem, das die Ergebnisse von Hunderttausenden von Einzeltransaktionen erfaßt. Praktisch bedeutet diese digitale Form des Hörensagens, daß es für nahezu alle Verkäufer eine Einstufung gibt. Alle Bietermeldungen können überprüft werden. Jeder kann etwas Information über sich hinterlassen, und die Vorteile überwiegen die zu erwartenden Sorgen um die Privatsphäre. Transaktionen mit Unbekannten werden über Treuhänder abgewickelt. Insgesamt untermauert ein Dutzend verschiedener Mechanismen eine Kultur der Ehrlichkeit und des Vertrauens, die anscheinend funktioniert.

Innerhalb der EBC entstehen auch neue Mechanismen, um vertrauensvolle Beziehungen zu schaffen. Vor kurzem hielt ich in einem Land, das Tausende von Kilometern vom Hauptsitz von Cisco entfernt ist, einen Vortrag über Cisco Systems als Mitglied der EBC. Cisco entwickelt und produziert leistungsstarke Komponenten, die geographisch verstreute LAN- und WAN-Netze miteinander verbinden. Nach meinem Vortrag sprach mich ein junger Unternehmer an und erzählte mir, daß seine Firma Teil der Cisco-EBC sei. Er hatte gerade einen neuen Auftrag über mehrere Millionen Dollar zur Entwicklung eines Bauteils für Cisco erhalten. Er sagte mir, daß er sich gar nicht sicher sei, was er eigentlich konstruiere, aber als Mitglied der EBC hatte dieser junge Entwickler Zugang zu einem Netzwerk, in dem er Wissen teilte, um sicherzustellen, daß das richtige Produkt entstehen und im Gegenzug Ciscos Vertrauen in sein kleines Unternehmen gerechtfertigt sein würde.

Die Episode erinnerte mich an die Zeit in den späten 70er Jahren, als ich für Bell Northern Research in der Produktentwicklung arbeitete. Meine Gruppe erhielt Gelder für ein Projekt mit unklaren Zielvorgaben. Aber die Mechanismen der Zusammenarbeit und zur Kontrolle und Steuerung der Arbeit waren vorhanden – in diesem Fall innerhalb des Gefüges eines herkömmlichen Unternehmens. Die Bandbreite für intensive Kommunikation wurde durch die Organisation gewährleistet, so daß zwischen mir als Projektleiter und der Geschäftsleitung eine vertrauensvolle Beziehung entstehen konnte. Im Fall des jungen Unternehmers gab es eine ähnliche Situation innerhalb der Cisco-EBC – quer über große Entfernungen, Zeitzonen, Währungen und Kulturen hinweg.

Im Kapitel »Vertrauen: Die Grundlage der virtuellen Organisation« befaßt sich Charles Handy mit dem Thema des Aufbaus von vertrauensvollen Beziehungen zwischen Angestellten und Mitarbeitern in der virtuellen Welt. Mit bestechender Eloquenz erläutert er, wieso die digitale Welt es erforderlich macht, die Mechanismen zum Aufbau und Erhalt von vertrauensvollen Beziehungen zu überdenken. Virtuelle Organisationen brauchen neue Formen der Zugehörigkeit und neue Mechanismen der Vertrauensbildung, die jenseits der gängigen Vorstellungen von Kontrolle liegen.

Handy schlägt sieben Grundsätze des Vertrauens vor, und es ist faszinierend zu sehen, wie die meisten davon bei eBay beachtet wurden (vielleicht hatte man dort seinen Artikel gelesen).

Vertrauen ist nicht blind: Es bedarf relativ kleiner Gruppen, in denen sich die Menschen gegenseitig gut kennen. Vertrauen braucht Grenzen: Man legt ein Ziel fest und läßt den Beauftragten in Ruhe arbeiten. Vertrauen erfordert Lernen und Offenheit gegenüber Veränderungen. Vertrauen ist unnachgiebig: Bei Mißbrauch muß der Betreffende gehen. Vertrauen braucht Bindung: Die Ziele kleiner Einheiten müssen mit jenen größerer Gruppen verschmelzen. Vertrauen erfordert Kontakt. Und Vertrauen braucht Führung.

Der Zusammenbruch von Industrien

In der herkömmlichen Wirtschaftsordnung wurde Wert innerhalb von Industriebranchen geschaffen, wie z. B. Einzelhandel, Finanzdienstleistungen, Fertigung und Ausbildung. In der neuen Wirtschaftsordnung jedoch zerfallen diese Branchen, weil die EBC branchenübergreifend Wert schaffen. Folglich beginnen viele Industrien in dem Maße zu kollabieren, in dem die Mauern zwischen ihnen verschwinden.

Welche Bedeutung wird zum Beispiel die Bezeichnung »Einzelhandelsgeschäft« in fünf Jahren haben, wenn eine Milliarde Menschen an das Internet angeschlossen sind – viele davon mediengescheite Jugendliche, die im digitalen Zeitalter aufgewachsen sind? Vielleicht wird jedes Unternehmen zum Einzelhändler in dem Sinn, daß es wie alle anderen auch unter erheblichem Druck steht, den Kunden direkt anzusprechen.

Was wird es bedeuten, sich in einer Welt des digitalen Geldes und entkoppelter Finanzdienstleistungen als »Finanzdienstleister« zu bezeichnen? Geld besteht aus Zahlen, die derzeit noch auf Papier gedruckt werden. Wenn

Geld digitale Gestalt annimmt, wird es verschlüsselt auf Festplatten und »Smart Cards« sowie in digitalen Portemonnaies herausgegeben. Wenn der Kunde dann Zahlen von seinem digitalen Portemonnaie in die EDV eines Unternehmens einspeist, kann dies ohne die Einschaltung einer Bank oder eines Kreditkartenunternehmens erfolgen. Beide zusammen bilden dann gewissermaßen eine Finanzdienstleistungsorganisation, da sie Funktionen übernehmen, die früher Aufgabe der Banken waren.

Was wird es bedeuten, in der Ausbildung tätig zu sein, wenn Arbeit und Lernen zu einer Tätigkeit verschmelzen? Jedes Unternehmen wird zugleich Ausbildung betreiben, oder es wird untergehen, wie Davis und Botkin darlegen. Wenn ein Unternehmen keine Pläne hegt, eine eigene Akademie zu gründen, steckt es wahrscheinlich in Schwierigkeiten. Sogar die Vorstellung vom Staat wird verschwimmen, je mehr die Aufgaben der Sozialversicherung von den EBCs wahrgenommen werden: Steuergelder werden an Privatunternehmen fließen, die staatliche Aufgaben erfüllen. Behörden und Ämter werden nationalen Unternehmen helfen, im Wettbewerb zu bestehen. Öffentlich-privatrechtliche, nichtstaatliche Organisationen erfüllen – zunehmend über das Internet – viele Aufgaben, die früher von nationalen Regierungen wahrgenommen wurden. Diese Entwicklung wird weit über die Privatisierung oder das Auslagern von staatlichen Dienstleistungen hinausgehen. Zunehmend werden staatliche Dienstleistungen und Sozialversicherungsleistungen von privaten und öffentlichen Anbietern erbracht, die in EBCs zusammenarbeiten. Was in der Privatwirtschaft gut funktioniert, wird wahrscheinlich auch zum Vorteil der Bürger Kosten senken und neue Wertangebote schaffen. Im Ergebnis verschwimmt die Abgrenzung zwischen dem Staat und anderen Sektoren der Wirtschaft.

Was wird es heißen, in der neuen Wirtschaftsordnung ein »Hersteller« zu sein? Ein Drittel der Kosten einer Boeing 777 steckt in der Software. Also ist Boeing eindeutig im Softwaregeschäft, und der neue führende Wertschöpfer im Flugzeugbau könnte ein Unternehmen mit Spitzenfähigkeiten in der Programmentwicklung sein, wie z. B. Microsoft, EDS, Andersen Consulting oder IBM. Ein hochentwickeltes Flugzeug wird dann – so die saloppe Formulierung – zu einem »Haufen von Teilen, die in Formation fliegen«. Die Spezifikationen werden allen Beteiligten über das Internet bekanntgegeben, und die Maschine wird von einem Netzwerk von jungen Wissensarbeitern konstruiert, die einer neuen Generation angehören. Aus Boeing wird ein Konstruktions-, Netzwerk-, Projektmanagement- und Marketingunternehmen, das mit Zulieferern und Kunden zusammenarbeitet, um Flugzeuge im Cyberspace zu entwickeln.

Airbus Industries führt eine EBC an, die herkömmliche Branchen wie die Luft- und Raumfahrtindustrie, Software-Entwicklung, Unterhaltung, Elektronikindustrie, Gastronomie und sogar Regierung umfaßt, da der Konzern mit den nationalen Regierungen und Verteidigungsministerien vieler Länder verflochten ist. Ähnlich ist Apple Computer Teil eines Ökosystems, dem Hunderte von Unternehmen aus vielen Industriezweigen angehören, darunter die Halbleiterindustrie (Motorola), Unterhaltungselektronik (Sony), Telekommunikation (Farallon), Speichermedien (IOMEGA), Software (Claris), Unterhaltung (Broderbund), Fotografie (Kodak), das graphische Gewerbe (Image Club), das Druckwesen (Canon) und Handel (MacWarehouse) – um nur einige wenige zu nennen. Zur Geschäftsgemeinschaft gehören auch Kunden: so z. B. die Schulbehörden, die intensiv an der Spezifikation und den Tests von Apple-Produkten beteiligt sind.

Diese Geschäftsgemeinschaft ist ein Ökosystem, das sich kaum von den Ökosystemen in der Natur unterscheidet. Das Bild der Geschäftsgemeinschaft als Ökosystem wurde zuerst von James Moore entwickelt, nachzulesen im Kapitel »Wie Unternehmen in Lebensgemeinschaften prosperieren«. Er erläutert darin das Konzept der Koevolution, wonach die Unternehmen in einem Ökosystem gemeinschaftlich ihre Fähigkeiten um eine Innovation herum entwickeln: durch Zusammenarbeit und Konkurrenz, um neue Produkte zu unterstützen, Kundenbedürfnisse zu befriedigen und schließlich die nächste Innovationsrunde zu bewältigen. Es ist der Wettbewerb unter geschäftlichen Ökosystemen und nicht unter einzelnen Unternehmen, der heute den wirtschaftlichen Wandel und die Wertschöpfung vorantreibt. Ökosysteme durchlaufen typischerweise vier Stadien: Entstehung (innovationsbedingt), Ausdehnung (die Systemzugehörigen wachsen, um eine maximale Marktdurchdringung zu erreichen), Führung (aufgrund einer zwingenden Zukunftsvision verbessern die zugehörigen Organisationen laufend ihr jeweiliges Wertangebot) und Selbsterneuerung (durch kontinuierliche Innovation werden neue Ideen in das Ökosystem eingeschleust).

Die EBC ist das Ergebnis einer Synthese aus Moores Sicht der Ökosysteme und dem Konzept der vernetzten Wirtschaft. Aus wirtschaftlichen Ökosystemen werden digitale Ökosysteme. Zunehmend werden die wesentlichen Chancen, eine Innovation zu nutzen und ein Wertangebot auf den Markt zu bringen darin bestehen, daß die Zugehörigen eines wirtschaftlichen Ökosystems in einer digitalen Infrastruktur zusammenarbeiten, d. h. in einer EBC. Unter diesem Aspekt sind Moores Ideen äußerst wichtig für Manager, die neue digitale Gemeinschaften gründen wollen. Seine vierstufige Einteilung der Entwicklung eines wirtschaftlichen Ökosystems zum Beispiel kann hilfreich sein, wenn es darum geht, eine EBC zu gründen oder zu verändern oder sich einer EBC anzuschließen. Ähnlich nützlich ist das Konzept der Koevolution bei der Planung und Realisierung einer EBC. Wie Moore anmerkt, werden Manager, deren Horizont von der herkömmlichen Sicht der Industrie bestimmt ist, die wirklichen Herausforderungen, denen ihre Unternehmen gegenüberstehen, und die Möglichkeiten, die sie haben, nicht wahrnehmen.

Der Kunde in der vernetzten Wirtschaft

In der neuen Wirtschaftsordnung verschwimmt die Abgrenzung zwischen Produzenten und Konsumenten. So wie kundenspezifische Produkte und Dienstleistungen Massenware und Standardleistungen ersetzen, müssen Hersteller individuelle Produkte schaffen, die dem Wissen, den Bedürfnissen und dem Geschmack des einzelnen Kunden entsprechen. In der neuen Wirtschaftsordnung wird der Kunde in das Konstruktionsverfahren eingebunden. Er kann zum Beispiel im Ausstellungsraum eines Autohändlers anhand vorgegebener Auswahlmöglichkeiten am Bildschirm seinen Pkw zusammenstellen. Chrysler kann in 16 Tagen ein Auto nach Kundenvorgaben herstellen. Der Kunde erstellt die Spezifikation und setzt damit die Produktion eines kundenspezifischen Autos in Gang. In der alten Wirtschaftsordnung sahen sich die Zuschauer die Abendnachrichten des Senders an; in der neuen Ordnung wird der »Fernsehzuschauer« seine eigene Nachrichtensendung zusammenstellen, indem er die zehn Themen anklickt, die ihn am meisten interessieren, und die bevorzugten Nachrichtenquellen, Kommentatoren und graphischen Darstellungsformen vorgibt. Darüber hinaus wird dieser Zuschauer die Sendung jederzeit ansehen können, wenn er Zeit hat oder die Informationen braucht. Ich bekomme jeden Tag – und oft den ganzen Tag über – »Don Tapscotts Wall Street Journal«, das auf meinen Nachrichten- und Informationsbedarf zugeschnitten ist.

In meinem Buch *The Digital Economy* bezeichnete ich dies als »Prosumption« – ein Kunstwort für die Produktion von Waren und Dienstleistungen durch den Konsumenten. Ich bin der »Prosument« von »Don Tapscotts Wall Street Journal«, denn ich bin nicht nur dessen Konsument, sondern zum Teil auch der Verleger (Produzent), da ich das Endprodukt definiere.

Regis McKennas Beitrag ergänzt die Konzepte der Prosumption und der Konvergenz von Konstruktion und Produktentwicklung um wichtige Einsichten. McKenna argumentiert, daß Unternehmen ihre Kunden durch einen technologisierten Dialog intensiv in die Produktentwicklung einbinden müssen. Das Konzept des »Echtzeit-Marketings« beinhaltet mehrere Überlegungen. Die wichtigste darunter scheint mir zu sein, daß die »Rundfunkmentalität«, die mit der Massenansprache das Marketing so lange bestimmt hat, durch eine Dialogmentalität ersetzt werden muß, die den Kunden bereitwillig Zugang zum Unternehmen bietet und deren Tun und Stellungnahmen als integralen Bestandteil der Produktentwicklung auffaßt. Durch solche Interaktion mit den Kunden kann das Unternehmen das Chaos auf dem Markt überwinden und feste Kundenbeziehungen aufbauen.

Es zeigt sich deutlich, daß der Kunde an Macht gewinnt – und das nicht nur, weil er eine größere Auswahl, bessere Produktinformationen und besseren Zugang zu den Lieferanten hat; auch nicht, weil der Markt einfacher wird und der Kunde mit geringem Aufwand den Lieferanten von z. B. Finanzdienstleistungen wechseln kann. Nein, statt dessen erwarten die Konsumenten in der vernetzten Wirtschaftswelt Geschäftsbeziehungen, die in beiden Richtungen funktionieren, auf der Basis eins-zu-eins sowie viele-an-viele aufgebaut, weitläufig und äußerst flexibel sind. Die oben erörterten dynamischen Faktoren, die den Wandel in der Auffassung von Wert beeinflussen, verlagern auch mehr Macht auf den Kunden. Kunden – und nicht nur Hersteller – schaffen zunehmend Wert, indem sie Produkte mit ihrem Wissen sättigen; Kunden können Wertkomponenten entkoppeln und aus mehreren Quellen wieder zusammenfügen (wie im Beispiel der Zeitung) und so ihre Macht festigen; durch »Infomediation« können Kunden schließlich zum individuellen Markt werden, der aus nur einem Abnehmer besteht und höchst individuell bedient werden muß, wodurch der Schwerpunkt der Macht wiederum näher an den Kunden rückt.

Des weiteren bekommen die Kunden mächtige neue Einkaufswerkzeuge an die Hand, die wahrscheinlich den Datenbanken und Datensuchmaschinen der Lieferanten überlegen sind. Man bezeichnet sie als »Softbots«, »Knowbots« oder einfach »Bots« – persönliche Software-Assistenten, die Ihnen gehören und von Ihnen gesteuert werden. Diese Assistenten werden Sie und Ihre persönlichen Neigungen und Ihren Geschmack kennenlernen und dann unermüdlich für Sie Tag und Nacht im Internet »surfen«, um Informationen ausfindig zu machen, die Sie angefordert haben; um den Wahrheitsgehalt einer Marketingaussage zu bewerten, den perfekten Schokoladenkeks zu finden, neue Spielfilme aufgrund Ihrer Vorlieben und den Meinungen von Menschen, denen Sie vertrauen, einzustufen; um Sportwagen oder Nutzfahrzeuge zu vergleichen, Ihre persönliche Tageszeitung zusammenzustellen, Kommunikationsaufgaben für Sie zu übernehmen, verschiedene Jeans anzuprobieren und andere Aufgaben zu erledigen. Die Alliance-Mitarbeiter John MacDonald und Jim Tobin drücken es so aus: »Neue Technologien bieten dem Gejagten bessere Tarnung und drehen so möglicherweise den Spieß völlig um. Der Jäger wird zum Gejagten.«[1]

John Hagel und Jeffrey Rayport befassen sich mit einem interessanten Aspekt dieser Machtverlagerung: nämlich dem bevorstehenden Kampf um kundenbezogene Daten. Sie argumentieren, daß die Kunden von den Daten über sie Besitz ergreifen und dafür einen Gegenwert verlangen werden. Folglich werden die Unternehmen ihre Kundenbeziehungen so gestalten müssen, daß sie kostengünstigen Zugriff auf diese Informationen haben.

Das Ende vom Markenimage

Alles, was bisher gesagt wurde, hebt die Kundenbeziehung im Gegensatz zum Markenimage hervor. Neben den interaktiven Medien gibt es noch einen weiteren mächtigen Faktor, der die Markenwelt verändern wird: die Internet-Generation.

Als Verbraucher verfügen die Angehörigen der Internet-Generation bereits über ein größeres Vermögen als frühere Generationen von Jugendlichen. Ihr Einfluß im Haushalt ist größer, weil sie die neuen Medien beherrschen, und sie haben im allgemeinen besseren Zugang zu Produktvergleichen im Internet. In dem Ausmaß, in dem sie auf den Arbeitsmarkt drängen – den größten, den es jemals gegeben hat –, werden sie Verbrauch und Marketing noch stärker beeinflussen, als es ihre Eltern der »Boom-Generation« je getan haben.

Weil die Angehörigen der Internet-Generation an äußerst flexible, individuelle Umfelder gewöhnt sind, die sie beeinflussen können, verlangen sie nach höchst individuellen Waren und Dienstleistungen. Verschiedene Auswahlmöglichkeiten zu haben, ist für sie so natürlich wie das Atmen. Wie es in einem Schlager heißt, wollen sie »es sich tausendmal anders überlegen«. Sie wollen alles umsonst ausprobieren, was bedeutet, daß Unternehmen ihre Produkte und Dienstleistungen verschenken und neue Wege finden müssen, um Erträge zu erwirtschaften. Die Kinder des Internets werden auch verlangen, daß sie alles – z. B. auch Lebensmittel – online kaufen können. Während Millionen internetkundige Käufer erwachsen werden, wird das Internet zu einem neuen Medium, über das praktisch alles ge- und verkauft werden kann und Kundendienstleistungen erbracht werden können.[2]

Diese ganze Entwicklung verheißt nichts Gutes für die Marke als Imageträger. Die Kinder des Internets werden ihre intelligenten Software-Assistenten, die ja »markenblind« sind, über das Internet alles auswählen lassen, von Keksen bis zu Autos.

Eine Marke existiert in der Vorstellung und im Tun des Kunden; ein Warenzeichen gehört einem Unternehmen. Marken entstanden zum Teil aus der Massenkommunikation heraus. Über den Monolog in Rundfunk und Printmedien konnten die Vermarkter durch ständige Wiederholung die Massen überreden: »Verlangen Sie XY!« Wenn es oft genug hieß: »Things go better with Coke!«, war das Markenimage von Coca-Cola am Markt etabliert.

Die Internet-Generation und die digitalen Medien werden einen Paradigmenwechsel im Marketing bewirken – weg vom Markenimage und Markenwert und hin zu Kundenbeziehungen. Das Internet bietet neue Möglichkeiten, um den wahren Wert von Produkten und Dienstleistungen unter Beweis zu stellen und sinn- wie vertrauensvolle Beziehungen zwischen Lieferanten und Kunden herzustellen. So wie die Macht der Massenmedien abnimmt und durch die Macht der interaktiven Medien (und somit des Kunden) ersetzt wird, wird die Markentreue für informierte und wertbewußte Käufer einen Sinn haben.

Der Hersteller von Tide kann zum Beispiel bis ans Ende der Zeit behaupten, daß Tide weißer als weiß wäscht, aber wenn das Waschmittel dieses Versprechen nicht hält, werden es die jungen, internetkundigen Käufer herausbekommen. Sie werden sich im Internet die Bewertungen von anderen ansehen oder an Diskussionsrunden teilnehmen, um herauszufinden, was nun wirklich weißer als weiß wäscht.

Es ist die Information aus dem Internet, die Werte und wirkliche Vorteile herausstellt. Einkäufer von Lebensmitteln, die das Peapod-Netz nutzen, können alle Produkte in einer bestimmten Kategorie nach verschiedenen Kriterien sortiert (z. B. Kalorien- oder Nährwert) auflisten lassen. Die am häufigsten benutzten Kriterien sind der Preis und der Fettgehalt (in dieser Reihenfolge). Man braucht nur Sekunden, um die gesündeste Erdnußbutter ausfindig zu machen, und das Massenmarketing von Kraft hat kaum Einfluß auf die Kaufentscheidung. Gute Marken werden eher guten Produkten entsprechen. Ein freier Markt für Werte wird durch unbehinderten Zugang zu Informationen möglich. In einem solchen Umfeld werden Produkte, die keine Wertunterschiede aufweisen, schnell zu »0815«-Artikeln. Sogar die in Aussicht stehende »intelligente« Software (Software-Assistenten) wird zur Schwächung der Marke beitragen, denn statt Vertrauen in die Marke zu entwickeln, könnten die Kinder des Internets anfangen, ihren Assistenten zu vertrauen. In vielen Bereichen wird das Vertrauen auf den Assistenten gleichbedeutend mit dem Vertrauen auf die eigene Erfahrung sein. Das Markenimage hat noch Bedeutung, und die Massenmedien werden zweifelsohne noch einige Zeit ihre Wirkung haben. Der digitalen Welt fehlen bisher die intelligenten, extrem leistungsfähigen Assistenten, die benötigt werden, um Werte und Dienstleistungen in den Vordergrund zu rücken. Allerdings findet ein Wandel statt. Im Marketing bedeutet Interaktion, daß der Kunde mehr Macht hat, eine informationsgestützte Auswahl zu treffen und solche Produkte zu kaufen, die echte Vorteile und Wert bieten. Die Marke wird stärker denn je, aber sie wird für eine Beziehung und nicht für ein Image stehen.

Anregungen zu diesem Thema finden Sie in zwei Beiträgen. (Weitere Überlegungen dazu steuern auch die Artikel von Evans und Wurster, Rayport und Sviokla sowie von McKenna bei.)

In ihrem Beitrag »Der wahre Wert der Online-Gemeinschaften« verweisen Armstrong und Hagel darauf, daß Unternehmen das Internet bisher überwiegend zur Selbstdarstellung und zur Vorstellung ihrer Waren und Dienstleistungen benutzt haben. Nur wenige sind einen Schritt weiter gegangen und haben Gemeinschaften gegründet, die den Kunden direkt einbeziehen und mit ihm kommunizieren. Sie argumentieren, daß Unternehmen, die Online-Gemeinschaften mit ihren Kunden gründen, eine noch nie geahnte Kundentreue erleben werden.

Im Kapitel »Rein ins Internet – aber wie?« steuert Shikhar Gosh wertvolle Tips in bezug auf Kundenbeziehungen bei. Unternehmen können beschließen, ihren Internet-Anschluß auszunutzen, um Kosten zu senken, neue Werte zu liefern und die Kundenbindung durch sehr persönliche Interaktionsprozesse zu steigern. So erstellt Staples z. B. kundenspezifische Warenkataloge, die in das Intranet des Kunden eingespeist werden. Jeder Katalog enthält Listen der bisher bestellten Waren. Im Lauf der Zeit kann Staples auf diese Weise sehr viel über seine Kunden erfahren, neue, informationsgestützte Dienstleistungen anbieten, die physisch schwer zu erbringen wären, und auf der Grundlage des Kaufverhaltens des Kunden neue Produkte vorschlagen. Es könnte auch Produkte aufgrund des Kaufverhaltens anderer empfehlen, so wie Amazon.com Ihnen im Anschluß an Ihren Kauf ähnliche Bücher empfiehlt.

Nach gängiger Lehrmeinung ist das Internet ein »reibungsloses« Umfeld, in dem die Kunden leichter z. B. von einer Bank zur anderen wechseln können als in der wirklichen Welt. Gosh zeigt jedoch, daß eine starke Kundenbindung (und eine starke Marke) in der interaktiven Welt möglich ist. Wenn Kunden ein Unternehmen online kontaktieren, investieren sie Zeit und Aufmerksamkeit. Es ist zeitintensiv, um eine Homepage ausfindig zu machen und den eigenen Bedürfnissen anzupassen. Ein Unternehmen kann sein Computersystem abändern, um besser mit einem Händler zu kommunizieren. Der investiert ebenso, indem er das Verhalten, die Interessen und die Vorlieben des Kunden kennenlernt – allesamt Faktoren, die die Kundenbindung verstärken. Vertrauen entsteht, wenn sensible Daten wie z. B. eine Kreditkartennummer geschützt werden. Und man zögert, etwas zu verlassen oder aufzugeben, das funktioniert.

Letztendlich, sagt Gosh, können Unternehmen einen Online-Kundenmagneten erzeugen. Beispiele sind Produktmagneten (wie Amazon.com für Bücher), Dienstleistungsmagneten (z. B. Yahoo!), Marktsegmentmagneten (z. B. Auto-By-Tel) oder Geschäftsmodelle, die etwas völlig Neues entstehen lassen (z. B. eBay). Er meint, daß die Unternehmen überhaupt von der Präsenz im Internet einen Schritt weitergehen und ein internetgestütztes Geschäftsmodell aufbauen müssen, um in der neuen Wirtschaftsordnung zu bestehen.

Als ich vor vier Jahren das Buch *The Digital Economy* abschloß, begann Netscape gerade, das Internet von einem geheimnisvollen Tummelplatz der Techniker in ein Arbeitsmittel für die breite Bevölkerung zu verwandeln. Es wurde mit viel Enthusiasmus, aber auch mit viel Zynismus diskutiert, wie wichtig dieses neue Medium für die Wirtschaft und die Gesellschaft werden würde. Im Laufe des vergangenen Jahres hat die Zahl der Skeptiker abgenommen, als neue Unternehmen mit Hilfe neuer Geschäftsmodelle nahezu sofort Wert für ihre Kunden erzeugten und dadurch beinahe über Nacht reich wurden.

Die neuen E-Unternehmen dominieren viele neue und alte Bereiche der Wirtschaft während diese selbst zusammenfallen. Der Marktwert von

Amazon.com übersteigt bereits den der Konkurrenten Borders und Barnes & Noble zusammengenommen. Microsoft ist das Unternehmen mit dem größten Marktwert in Amerika. Auto-By-Tel und seine Online-Konkurrenten haben über Nacht 20 % des Automarkts erobert. Nach meinen Untersuchungen wird der Online-Verkauf von Lebensmitteln im Jahr 2005 einen Umsatz von fast $ 85 Milliarden erreichen. Online-Börsenmakler haben bereits ein Drittel des Wertpapierhandels erobert. Die von der Zeitschrift *Forbes* erstellte Liste der reichsten Amerikaner liest sich fast wie der Gotha des Internets. Die drei reichsten Milliardäre gehören einem Unternehmen an – Microsoft –, und Jeff Bezos von Amazon.com und Tim Koogle von Yahoo! haben ihren Platz in der vernetzten Wirtschaft eingenommen wie einst die befrackten Industriemagnaten der Gründerzeit.

Wenn es darum geht, in der vernetzten Wirtschaft Werte zu schaffen, gibt es noch mehr Fragen als Antworten. Aber es mehren sich die Hinweise darauf, daß Unternehmen, die es versäumen, ihren Geschäftsbetrieb an dem Internet auszurichten, übergangen und scheitern werden. Im Jahr 2020 werden wir wahrscheinlich in der Rückschau feststellen, daß es zwei Kategorien von Unternehmen gab: jene, die es »kapiert haben«, und jene, die es nicht »kapierten«.

Anmerkungen

1. John MacDonald und Jim Tobin: »Customer Empowerment in the Digital Economy« in *Blueprint to the Digital Economy*, Hrsg. Don Tapscott, Alex Lowy und David Ticoll, New York (McGraw Hill) 1994.
2. Don Tapscott: *Growing Up Digital: The Rise of the Net Generation*, New York (McGraw Hill) 1998.

Neue Formen der Wertschöpfung

Stan Davis, Jim Botkin

Das künftige Geschäft – wissensgestützt

Die nächste Welle des Wirtschaftswachstums wird von wissensgestützten Unternehmen ausgehen. Was hat es mit diesen Unternehmen und ihren Erzeugnissen besonderes auf sich?

Ein Reifen, der den Fahrer über den Reifendruck unterrichtet, oder ein Stück Bekleidung, das je nach Temperaturverhältnissen wärmt oder kühlt, sind Vorläufer von wissensbasierten oder eben »intelligenten« Erzeugnissen, die bereits zu kaufen sind. Andere intelligente Erscheinungsformen üblicher Verbrauchsgüter sind Windeln, die bei Nässe ihre Farbe wechseln oder Tennisschläger, die an der Stelle aufleuchten, an der der Ball getroffen werden soll.

Die Produkte werden »intelligent« (oder »smart«) genannt, weil sie Informationen sieben und interpretieren, so daß ihr Benutzer effektiver agieren kann. Intelligente, von wissensbasierten Firmen erzeugte Produkte lassen sich anhand bestimmter Merkmale erkennen: Sie sind interaktiv, sie werden bei intensiverer Nutzung immer raffinierter, und sie lassen sich exakt nach den Wünschen der Kunden gestalten. Wenn wir diese und andere Merkmale im folgenden erörtern, dann tun wir das in der Überzeugung, daß mit der wachsenden Zahl intelligenter Produkte, die die heraufziehende Ära der Wissensgesellschaft hervorbringen wird, auch viele weitere Merkmale auftreten.

Kunden werden zu Lernenden, sobald sie intelligente Produkte benutzen, die Lernen nicht nur erfordern, sondern zugleich begünstigen. Unternehmen werden allein der Ertragsaussichten wegen bemüht sein, ihre Angebote raffinierter zu gestalten. Wenn ihre Kunden solche Produkte benutzen, werden sie wie von selbst in einen Prozeß der Wissensvermittlung einbezogen.

In Kunden Auszubildende und in Unternehmen Lehrmeister zu sehen, erfordert gewaltiges Umdenken. Doch über die nächsten beiden Jahrzehnte werden sich Unternehmen an diese Vorstellung gewöhnen und ihre Erfahrungen bei der Vermittlung von Wissen gewinnträchtig verwenden. Und ihre Kunden werden wiederum aus diesen Erfahrungen Nutzen ziehen.

In den kommenden Jahren wird der Gebrauch wissensgestützter Produkte sowohl im privaten Bereich als auch am Arbeitsplatz für den wirtschaftlichen Erfolg der Unternehmen entscheidend sein. Der Wert eines Geschäfts bestimmt sich entsprechend: Firmen, die darauf abzielen, Kunden mit Informationen zu versorgen, werden besser abschneiden als solche, die das nicht tun; und jene Firmen werden am erfolgreichsten sein, die genau wissen, wie man Information in Wissen umwandelt.

Von Daten über Information zu Wissen

Motor des kommenden Wachstumsschubs ist eine sich wandelnde Technik. Um aus diesem Wachstum aber den vollen Nutzen zu ziehen, müssen wir nicht nur neue Technologien anwenden, sondern auch ein neues Denken. Den Ausschlag wird unsere Fähigkeit geben, den Übergang zu begreifen, der sich in der Wirtschaft zuträgt – von Daten über Informationen zu Wissen.

Daten sind die Grundbausteine der Informationswirtschaft ebenso wie die eines wissensbasierten Unternehmens. Oder wie es Robert Lucky, früher Leiter der AT&T Bell Laboratories sagt, »der ungefilterte Bodensatz« des Informationszeitalters. In dessen frühen Jahren konzentrierten wir uns auf Daten, die uns in vier spezifischen Formen erreichten: Zahlen, Wörter, Töne und Bilder. Was wir mit diesen Daten machten – wie wir sie verarbeiteten, speicherten oder anderweitig behandelten –, das entschied über ihren Nutzen.

Informationen sind Daten, die zu sinnvollen Strukturen (oder Mustern) arrangiert wurden. Zahlen beispielsweise sind Daten; aber eine Zufallszahlenreihe ist Information. Ähnlich sind Töne (verwandelt in Noten) Daten, die unendlich oft zu Systemen arrangiert werden können, um jene Information zu erzeugen, die wir Musik nennen. Ob ein Musikstück zu einem *Wissensstoff* wird, das heißt, ob es den Hörern ermöglicht, daraus zu lernen, ist nicht nur eine Frage der Komposition, sondern auch des Könnens und der Wirkung des Musizierenden. Für einen Klavieranfänger mag ein stockend gespielter Walzer eine Lernerfahrung sein. Derselbe Walzer, von einem Virtuosen mit Bravour gespielt, kann für sein Publikum zu einer Offenbarung, einer Quelle der Erkenntnis werden.

Wie bedeutsam Daten als Wirtschaftsfaktor sind, wurde erstmals in den 50er und 60er Jahren augenscheinlich, als zimmergroße Rechner es ermöglichten, Daten in Massen zu speichern und zu klassifizieren, um sie dann durch Benutzer programmieren zu lassen, so daß daraus Informationen wurden. Mit der Entwicklung elektronischer Rechenmaschinen samt Mikroprozessoren und standardisierter Software gestaltete sich der Vorgang raffinierter und nutzbringender bis zu dem Punkt, wo die von einem Unternehmen produzierten Informationen vielfach wertvoller wurden als dessen eigentliches Geschäft. Computergenerierte Flugpläne und Reservierungssysteme, wie etwa Sabre von American Airlines, sind wohlbekannte

Beispiele für Informationen, die häufig profitabler sind als die Geschäfte, zu deren Unterstützung man sie kreiert hat.

Ertragsmanagement steht als anderes Beispiel dafür, wie Information Unternehmen erfolgreicher machen oder sie sogar umwandeln kann. Im Luftfahrtgewerbe hilft das Ertragsmanagement den Fluglinien, die Rendite auf ein fixes Anlagevermögen durch variable Tarife zu maximieren – so gibt es dann oft bei einem einzigen Flug Plätze zu 20 verschiedenen Preisen. In der Landwirtschaft können Farmer durch Ertragsmanagement profitieren, und dem Traktorenhersteller Massey Ferguson hat es einen ganz neuen Geschäftszweig beschert.

Bisher mußten Farmer den Durchschnittsertrag einer bestimmten Anbaufläche recht grob schätzen. Nun können sie jedoch mit Hilfe der kartographischen Ertragsmeßmethode von Massey Ferguson selbst Landwirtschaft auf kleinen Flächen in großem Stil betreiben und den Ertrag jedes Ackers maximieren. Bei der Methode ist der Traktor des Landwirts mit einem satellitengestützten Global Positioning System verbunden, das den Längen- und Breitengrad sowie den Ertrag jedes einzelnen Ackers registriert. Am herkömmlichen Erntebetrieb braucht sich dabei nichts zu ändern. Die Daten werden automatisch an den Tischrechner des Farmers weitergeleitet, der Ertragsdiagramme erstellt, von denen sich ablesen läßt, wo die Erträge nach oben oder unten abweichen. Dank dieser speziellen Informationen kann der Farmer bestimmte Flächen gezielt untersuchen und den Ursachen für diese Abweichungen (Bodenverschmutzung oder unzureichende Düngung beispielsweise) nachgehen, deren finanzielle Auswirkungen feststellen und prüfen, ob sich Abhilfen rechnen würden. Bodenanalysen können so etwa weit gezielter vorgenommen werden als nach den herkömmlichen, eher zufallsbestimmten Methoden. Inzwischen wird diese wissensgestützte analytische Methode eingesetzt, um bewußt einen Wettbewerbsvorteil zu erreichen. Für Massey Ferguson wird sie möglicherweise künftig ertragreicher sein als das Kerngeschäft.

Wie diese Beispiele erkennen lassen, beginnen Geschäfte, bei denen Informationen generiert werden, häufig als Beschäftigungen neben der eigentlichen Tätigkeit des Unternehmens, und die gewonnenen Informationen erscheinen als Nebenprodukte des Kerngeschäfts. Nach und nach wächst aber die Bedeutung dieser Informationen, bis der Mehrwert auf Grund ihres Gehalts schließlich den Wert des ursprünglichen Geschäfts selbst deutlich übersteigt.

Nunmehr tritt der Prozeß des Wandels in eine neue Runde. Wir befinden uns im Scheitelpunkt einer Entwicklung, die von der informations- zur wissensgestützten Wirtschaft führt, wobei *Wissen* die Anwendung und produktive Nutzung von Information bedeutet.

Auf intuitive Weise wird uns der Unterschied zwischen Information und Wissen bewußt, wenn wir einmal versuchen, das Wort *Informationen* jedesmal, wenn wir es hören oder lesen, durch das Wort *Daten* ersetzen. Höchstwahrscheinlich klingt das Folgende dann seltsam. Ein Leiter Information hat beispielsweise eine ganz andere Aufgabe und Verantwortung als ein Datenverarbeiter. Daten sind heute Rohstoff, weder so bedeutend noch so wertvoll wie die aus ihm gewonnenen Informationen. Noch binnen eines Jahrzehnts werden wir dasselbe Unbehagen verspüren, wenn wir versuchen, das Wort *Wissen* (oder Kenntnisse) durch das Wort *Informationen* zu ersetzen, denn Wissen wird Information so verdrängen, wie das zuvor bei Information und Daten geschehen ist.

Der Übergang von einer daten- zu einer informationsbezogenen Wirtschaft schloß zwei Entwicklungen ein, eine technische und eine verhaltensmäßige. Die AMR Corporation (die Holding von American Airlines) konnte dank ihrer Expertise auf dem Feld der Informationstechnik in eine Unzahl von entsprechenden Geschäftsbereichen diversifizieren – die Spanne reicht von der Bearbeitung medizinischer und versicherungstechnischer Ansprüche für Travellers Corporation und Blue Cross Blue Shield bis hin zum Management des Warschauer Flughafens für die polnische Regierung. Erst nachdem die Technik das Unternehmen in solche neuen Geschäftsfelder geführt hatte, merkten die damit befaßten Menschen, daß hier nun auch neue Formen des Managements und der Organisation vonnöten waren.

Aus dem Dominanzwechsel von der Information zum Wissen ergibt sich noch etwas anderes: Hinter der Erkenntnis, welchen Wert Wissen hat, bleibt die Fähigkeit vieler Unternehmen zurück, solches Wissen den eigenen Produkten und Dienstleistungen zu entnehmen. Was an Wissenswertem können Unternehmen beispielsweise aus einem Paar Socken, einer Eigenheimhypothek, einer Stromrechnung oder einem Kredit in fremder Währung herausholen? Wer von ihnen dazu freilich imstande ist, wird daraus soviel an Kraft und Gewinn ziehen können wie zuvor umgekehrt Daten und Informationen einbrachten. Doch damit Unternehmen das erreichen, müssen sie die Grundelemente eines wissensbasierten Unternehmens verstehen.

Sechs Bausteine wissensbasierter Firmen

Anhand von sechs Merkmalen läßt sich bestimmen, was ein wissensgestütztes Unternehmen auszeichnet. Obwohl diese Merkmale miteinander zusammenhängen, müssen nicht unbedingt alle sechs bei jedem intelligenten Produkt oder Service vorkommen. Gleichwohl geben sie Richtlinien dafür ab, wie ein reifes zu einem wissensgestützten Unternehmen werden kann, indem es seine Angebote durch produktiv verwandte Informationen aufwertet.

1. *Je häufiger das Unternehmen wissensgestützte Angebote macht, desto intelligenter werden diese.* Die Hotelkette Ritz-Carlton baut soeben ein wissensbasiertes Informationssystem auf, das die Vorlieben und Bedürfnisse der Gäste registriert und diese Informationen automatisch an alle Häuser weltweit weiterleitet. Sollte ein weiblicher Hotelgast in Boston sechs antiallergische Kissen wünschen, so werden diese Kissen anläßlich einer weiteren Übernachtung in einem Ritz-Carlton – egal ob in Boston, Hawaii oder Hongkong – auf dem Bett liegen.
Das System hat also mehr über den Kunden in Erfahrung gebracht und sorgt dafür, daß die neue Information sinnreich genutzt wird. Ebenso sind Transaktionen per Kreditkarte Datenquellen, und die Monatsrechnung jedes Kunden ist eine Information. Wenn Citibank Advantage aber bei einem Kunden anruft, um sich nach ungewöhnlichen Kontobewegungen zu erkundigen, dann nutzt es sein über den einzelnen Kunden erworbenes Wissen zu dessem Besten ebenso wie zum Besten des Kreditkartenausstellers. Das System ist mittlerweile derart raffiniert, daß es ein aus dem Rahmen fallendes Ausgabenverhalten erkennen und als Anzeichen für einen möglichen Kartenmißbrauch deuten kann.

2. *Je häufiger das Unternehmen wissensgestützte Angebote macht, desto intelligenter seine Nutzer.* Manche wissensbasierte Produkte und Serviceleistungen werden nicht nur selbst raffinierter, sondern sie fördern auch das Lernen bei ihren Nutzern. Nehmen wir Cams (das Computer Aided Maintenance System von General Motors). Ursprünglich entwickelt, um jungen Autoschlossern in der Ausbildung die Wartungs- und Reparaturdienste näher zu bringen, hat sich Cams inzwischen in ein intelligentes System verwandelt, das auch ausgelernte Schlosser in die Lage versetzt, ihre Fachkenntnisse zu erweitern. Mittlerweile kann dank des Systems jeder Schlosser von der vereinten Fachkunde aller Schlosser profitieren, die miteinander Zugang zu dem System haben.
Noch um 1965 konnte ein Autoschlosser, der sich den Inhalt der rund 500 Seiten starken Reparaturhandbücher verschiedener Modelle einverleibt hatte, nahezu jedes Auto am Markt reparieren. Heute hätte derselbe Mann fast 500 000 Seiten Instruktionen zu lesen, das entspräche ungefähr der Seitenzahl von 300 Großstadt-Telephonbüchern. Cams macht die Schlosser auch ohne Handbücher klüger. Zwar ließe sich einwenden, daß dieses gewachsene Wissen dem System eigen ist und keinem einzelnen Menschen, doch tatsächlich sind viele Schlosser deshalb klüger, weil ihnen nun auch die Erfahrung aller anderen Schlosser zur Verfügung steht. Das System verbessert sich ständig, weil es immer neue Methoden von den besten Autoschlossern lernt. Naturgemäß resultiert daraus ein besserer Service für den Kunden.

3. Wissensgestützte Produkte und Services passen sich veränderten Umständen an. Ein rigides Angebot ist einfach nicht so wertvoll wie eines, das auf neue Situationen Bedacht nimmt und sich entsprechend selbst modifiziert. Uns sind seit langem Kühlschränke vertraut, die »wissen«, wann sie sich abtauen müssen. Auch der schlichte Wohnungsthermostat zur Messung der Raumtemperatur, der die Heizleistung erhöht oder senkt, ist ein intelligentes Produkt der Ära vor dem Computer.

Wenn es möglich ist, Wissen in handfeste Produkte einzubauen, sollte das eigentlich ebenso auf atomarer oder molekularer Ebene gelingen, beispielsweise bei Chemikalien, die so gemischt werden, daß sie sich von selbst biologisch abbauen, sobald sie einen giftigen oder gefährlichen Zustand erreichen. Materialien mit wechselnden Phasen oder Mikrokunstfasern sind jüngste Neuentwicklungen, die – computerunabhängig – die Fähigkeit besitzen, sich ändernden Umständen anzupassen. Ski-Anzüge aus solchen Fasern erwärmen sich bei Kälte; dieselben Fasern eignen sich für Autositze, Zimmervorhänge, Isolierstoffe und Tapeten.

Ein anderes neues Material, das sich wechselnden Bedingungen anpaßt, sind speziell beschichtete Glasfenster. Cloud Gel, entwickelt von der Firma Suntek in Albuquerque, New Mexiko, kann 90 Prozent der Sonnenstrahlen reflektieren – oder durchlassen –, je nach Temperatur oder Intensität der Sonnenbestrahlung. Bei Temperaturen bis etwa 20 Grad Celsius ist ein solch beschichtetes Glas wärmedurchlässig, ab etwa 23 Grad fängt es aber an, die Wärme wieder in die Luft zu reflektieren. Jedes Jahr werden an neuen Fenstern weltweit rund sechs Milliarden Quadratfuß installiert. Wären sie alle mit der neuen Substanz beschichtet, würde das, nach Meinung von Suntek, den Energieverbrauch um 17 Prozent senken und den Schadstoffausstoß damit um eine Milliarde Tonnen.

Computerchips werden heute serienmäßig in Produkte eingebaut, so etwa der Chip, der den Backofen summen läßt, wenn der Braten gar ist, und ihn ohne Zutun der Köchin abstellt. Andere intelligente Produkte und Dienstleistungen signalisieren uns, was zu tun ist. Autoreifen beispielsweise neigen dazu, Luft zu verlieren, was dann nachlassende Leistung und vermehrten Spritverbrauch zur Folge hat. Goodyear hat nun einen »intelligenten Reifen« mit integriertem Mikrochip entwickelt, der Daten über den Luftdruck sammelt und auswertet. Später soll der Reifen eine Nachricht am Armaturenbrett aufleuchten lassen: »Zu niedriger Reifendruck – fahren Sie eine Tankstelle an.« Der erste Teil der Nachricht ist Information, der zweite der Wissensteil, der dem Fahrer sagt, was er tun soll. Es wird an ihm liegen, ob er es richtig macht.

4. Wissensgestützte Unternehmen können ihre Angebote kundengerecht zuschneiden. Wissensbasierte Produkte und Dienstleistungen können sich verändernde Verhaltensweisen, persönliche Eigenheiten und besondere Bedürfnisse von Kunden feststellen. Zum Beispiel befassen sich die Telephongesellschaften recht intensiv damit, Telephone zu entwickeln, die wissensgestützte Merkmale aufweisen. So wird Ihre Telephonkreditkarte schon bald wissen, in welcher Sprache Sie mit der Fernsprechvermittlung reden wollen. Auch eine ganz persönliche Klangkennung soll möglich werden, damit Ihre guten Freunde Sie bereits am Telephonläuten identifizieren können. Dieser neue intelligente Service wird zudem die von Ihnen am häufigsten angewählten Anschlüsse nicht nur an der Nummer, sondern auch am Namen erkennen können. Wenn Sie also den Hörer abheben und sagen: »Ruf mein Reisebüro an«, so wird Ihr Telephon die Zahlenkombination wissen. Stimmerkennung wird bald viele weitere maßgeschneiderte Produkte und Dienstleistungen ermöglichen, wie etwa Telephonkreditkarten, ja diese Karten vielleicht sogar völlig überflüssig machen.

5. Wissensgestützte Produkte und Services haben relativ kurze Lebensspannen. Der Patentschutz für geistiges Eigentum ist noch längst nicht so weit entwickelt wie für die »harten« Technologien. Die Halbwertszeit von Informationsbesitzständen ist daher kurz. Nehmen wir die Devisen-Beratungsdienste, die von Geschäfts- und Investmentbanken angeboten werden. Es handelt sich dabei um hochspezialisiertes Wissen, und das Leistungspaket ist häufig ganz auf den jeweiligen Firmenkunden zugeschnitten. Weil diese Produkte aber vom Vorliegen bestimmter Marktbedingungen abhängen, ist ihr Nutzen recht kurzlebig. Ohnehin sind die Informationen zu den Devisenmärkten weithin zugänglich, so daß Mitbewerber die eigenen Produkte rasch kopieren können. Die Bankhäuser müssen deshalb, wollen sie ihre Gewinne – und den eigenen Wettbewerbsvorteil – absichern, ihre Produkte fortgesetzt höherwertiger gestalten. Ihre Devisenexperten in New York, London und Tokio stellen sich dieser Herausforderung, indem sie so kooperieren, daß sie die nächste Generation von Beratungsangeboten schneller entwickeln können als die Konkurrenz.

6. Wissensgestützte Unternehmen ermöglichen es Kunden, in Realzeit zu agieren. Informationen werden wertvoller, wenn auf ihrer Basis unverzüglich agiert werden kann. AAA Triptyks und TourBooks haben Autoreisenden schon seit langem Informationen geliefert über Autorouten, Hotels und brenzlige Verkehrslagen. Die Automobilhersteller arbeiten daran, solche Informationen per Elektronik direkt an Fahrzeuge unterwegs zu übermitteln – in Realzeit also. Die Fahrer sollen nicht nur Hinweise zur Streckenführung bekommen, sondern kontinuierlich sollen diese Informationen zugleich um aktuelle Verkehrslageberichte ergänzt werden, was eine Anzeige auf dem Armaturenbrett dann meldet. Letztlich entscheidet natürlich der Fahrer, ob und wie er diese Information nutzt, also ob er beispielsweise die empfohlene Ausweichroute nimmt, das Ende eines Staus abwartet oder die

»beste Gelegenheit« für einen Zwischenstopp nutzt. Sollte dieser Service auch noch interaktiv werden, so daß der Fahrer zurückfragen kann, würde das seinen Nutzen noch weiter erhöhen.
Wissensgestützte Produkte können auch selbsttätig in Realzeit funktionieren. Das passiert etwa, wenn der Wartungsmonteur von Otis auftaucht, um den Aufzug No. 8 in einem Wolkenkratzer zu reparieren, obwohl der Gebäudeverwalter meint, da sei doch alles in Ordnung. »Mag sein, aber da wird es bald eine Störung geben«, weiß der Servicemann, weil er kurz vorher einen Anruf des Aufzugs erhalten hat. »Und jetzt bin ich zur Stelle, um dem zuvorzukommen.« Ganz ähnlich bietet Xerox eine präventive Wartung für einige seiner Großgeräte an, in denen ein Modem integriert ist und ein Telephon, das von selbst den Außendienst alarmiert.

Knowledgeburger und andere Produkte

Jedes Produkt und jeder Service eignen sich dafür, wissensgestützt gestaltet zu werden. Wie könnte beispielsweise eine Hamburger-Imbißkette in ein wissensbasiertes Unternehmen verwandelt werden? Beginnen wir mit einigen grundlegenden Fakten zu dem Produkt Hamburger. Aus welchen Ingredienzien etwa wird es bereitet, welche Vorzüge hat es hinsichtlich Nährwert, Bequemlichkeit, Preis und Schmackhaftigkeit. Wenn das Unternehmen diese Daten in einen sinnvollen Zusammenhang bringt, ist es sowohl über sein Speisenangebot als auch seine Zielkunden im Bilde. Kurz gesagt, es kennt sein Geschäft.
Um nun aber wirklich ein wissensgestütztes Unternehmen zu werden, muß dieser Anbieter seinen Kunden neben schmackhafter, preiswerter Nahrung auch die Möglichkeit eröffnen, die Informationen zum Nährwert zu nutzen. Denkbar wäre, den Kalorien- und Fettgehalt zu berechnen und zu jedem Artikel auf der Rechnung auszudrucken – oder möglicherweise bekanntzumachen ehe die Bestellung aufgegeben wird –, so daß sich die Kunden anhand dieser Information ihr Essen zusammenstellen könnten. Das entspräche dem Drängen vieler Kunden auf ein gesundheitlich ausgewogeneres Angebot – mit anderen Worten, es wäre der Anfang einer Umgestaltung des bisherigen Geschäfts.
Die Auswahl des Fernsehprogramms wird, um ein anderes Beispiel anzuführen, wahrscheinlich in zunehmendem Maße ebenfalls zu einem wissensgestützten Vorgang, auf den etliche der zuvor geschilderten Merkmale zutreffen. Mit mehr als 100 Programmen zur Wahl, künftig sogar 500 bis 1 500, muß es den Zuschauern ermöglicht werden, effektiver als bisher auszusieben und sich dann zu entscheiden. Das Zappen von Kanal zu Kanal

bedeutet ja im Grunde nichts anderes als unter gegebenen Daten zu wählen. Wenn diese Wahlentscheidungen in Terminkalendern geordnet werden, sei es nun auf Papier in Form einer Fernsehzeitschrift oder elektronisch in Form eines Spezialkanals, dann wird daraus ein wissensgestütztes Produkt. Wäre ein elektronischer Programmführer zudem noch interaktiv und würden Zuschauer und Führer durch dessen Benutzung wechselseitig lernen, dann wäre damit das Potential für ein wirklich intelligentes Produkt vorhanden. Freilich wäre nicht garantiert, daß es auch als solches genutzt wird. Denn sollten sich die Nutzer darauf beschränken, nur die Geschwindigkeit zu regeln, mit der die Auswahlliste durchläuft, dann nutzen sie diesen Programmführer lediglich, um sich zu informieren. Aber wenn sie zum Beispiel alle Lustspiele abfragen, die in einer Woche laufen oder alle Sendungen zu Fragen der Umweltverschmutzung oder Zubereitung von Fisch, dann verwandeln sie Information in Wissen.

Der 1992 gefaßte Beschluß der amerikanischen Federal Communication Commission (FCC), Telephonkonzernen die Übertragung von Fernsehprogrammen zu gestatten, rückt die elektronische Programmauswahl nun greifbar nahe. Zwar wird es die Glasfaseroptik beziehungsweise die digitalen Netze, auf denen diese Programme laufen werden, erst zu Ende des Jahrhunderts geben. Wenn es dann jedoch so weit ist, werden Schulen und Unternehmen, Studenten und Verbraucher in der Lage sein, in elektronischen Bibliotheken zu blättern, die von der Seifenoper über Filme wissenschaftlichen Inhalts bis hin zu medizinischen Fällen alles im Angebot haben. Diese Informationen klug zu gebrauchen, wird freilich Sache des Benutzers bleiben. Die FCC-Entscheidung läuft letztlich auf eine interaktive, multimediale Programmgestaltung je nach Wunsch hinaus – und die wird zu einer solchen Vielfalt wissensgestützter Angebote führen, wie wir uns das heute noch gar nicht vorstellen können.

Weit aufgeschlüsselte Abrechnungen für Kreditkarten, Telephonanschlüsse und dergleichen bieten weitere Chancen für wissensgestützte Geschäfte. American Express kam vor der Konkurrenz auf die Idee, den Gesamtwert der Transaktionen eines Jahres nach Kategorien aufzuteilen, was bei steuerlichen oder geschäftlichen Zwecken von Nutzen ist. Die einzelnen Belastungen sind die Daten, und die monatlichen Abrechnungen sind die Information; aber zu einem Werkzeug des Wissens wird die Jahreszusammenstellung, wenn sie dem Kunden dabei hilft, seine Reisespesen zu kontrollieren und seine Steuererklärung zu machen.

Einige Kreditkarteninstitute bieten heute diesen Jahresabschlußdienst für eine Schutzgebühr an. Warum wird dieser Service aber nicht auf monatliche oder mehrjährige Übersichten ausgedehnt? Warum wird nicht eine Anzahl von alternativen Datenübersichten angeboten oder für eine Einmalgebühr eine Aufstellung der Belastungen nach bestimmten Kriterien statt nur nach Datum? Gute Aussichten hätten auch neue wissensbasierte Dienstleister, die Verbrauchern Wege aufzeigen, wie sich Informationen bestmöglich nutzen lassen.

Die Unternehmen als Lehrmeister

Die Entwicklung wissensgestützter Unternehmen spiegelt jedoch nur die weit umfassendere Transformation, die sich in unserer Gesellschaft vollzieht. Der Markt für Erziehung und Ausbildung verändert sich gewaltig, und das betrifft nicht nur die, die im offiziellen Sinne Schüler und Studenten sind. Es betrifft alle lebenslang Lernenden. Eine neue Bedeutung dafür, was Ausbilden und Lernen heißt, bricht sich Bahn.
In Agrarwirtschaften ist der Wissenserwerb häufig geprägt durch die Kirche und richtet sich dann auf Kinder im Alter zwischen sieben und 14 Jahren. Für sie reicht das einmal Gelernte für ein ganzes Arbeitsleben aus. In Industriegesellschaften ist die Wissensvermittlung vornehmlich eine Sache des Staates, wobei die Lernenden zwischen fünf und 30 Jahre alt sind. In auf Wissen gestützten Gesellschaftswirtschaften erfordert der rapide technische Wandel indessen, daß ständig gelernt und das erworbene Wissen so à jour gehalten wird. Die Menschen müssen ihre Kraft zum Lernen steigern, um sich ihre Einkommenskraft zu erhalten.
Das Wissen verdoppelt sich ungefähr alle sieben Jahre, und speziell in technischen Fächern ist die Hälfte dessen, was Studenten in ihrem ersten Studienjahr lernen, überholt, wenn sie ihr Examen ablegen. In der Arbeitnehmerschaft wird die Notwendigkeit, mit dem technischen Wandel Schritt zu halten, noch als weit drückender empfunden. Für Unternehmen, die wettbewerbsfähig, und für Arbeitnehmer, die für den Arbeitsmarkt attraktiv bleiben wollen, gibt es nur einen Weg: Sie müssen ständig lernen. Noch wird dieser Schatten über dem Weiterbildungssektor verkannt.
Nicht minder unterbewertet wird die Bedeutung des Lernens für die Verbraucher. Dabei werden sie im nächsten Jahrhundert das neueste und größte Segment am Weiterbildungsmarkt sein. Mit immer benutzerfreundlicheren und intelligenteren Informationstechniken, die die Eigenart von immer mehr Produkten und Dienstleistungen bestimmen, wird Lernen in der Welt der Verbraucher zu einem normalen Begleitprodukt (oder -service). Zu keiner Zeit vorher haben sich Käufer selbst als Lernende gesehen und Unternehmen sich als Lehrmeister.
Weit mehr als der Staat werden Unternehmen die für eine wissensgestützte Wirtschaft erforderlichen Veränderungen im Bildungswesen in die Wege leiten. Schon bleiben unsere Schulen, ob öffentlich oder privat, hinter dem Wandel der Bildungsprozesse zurück, die außerhalb ihrer Mauern stattfinden – im privaten Bereich von Menschen aller Altersgruppen, während der

Arbeit und während der Freizeit. Es wird dieser Privatsektor sein – und nicht mehr der öffentliche Sektor –, der zu unserer vorherrschenden Lernstätte wird.

Literatur

Stan Davis und Jim Botkin: The Monster under the Bed: How Business is Mastering the Opportunity of Knowledge for Profit, New York (Simon & Schuster) 1994.

Philip B. Evans, Thomas S. Wurster

Die Informationsrevolution: Alte Geschäfte vergehen, neue entstehen

In der Informationsökonomik vollzieht sich ein fundamentaler Wandel. Und der geht weniger auf eine spezielle neue Technik zurück als auf den Umstand, daß das neue Verhalten von Beteiligten und Betroffenen ein kritisches Stadium erreicht hat. Millionen Menschen kommunizieren inzwischen beruflich oder privat elektronisch, auf der Basis universeller, offenkundiger Standards. Diese explosiv ansteigende Konnektivität (die Intensität der Anbindung an Netze) ist die jüngste – und aus Sicht von Unternehmensstrategen – bedeutsamste Woge in der Informationsrevolution.

In dem zurückliegenden Jahrzehnt waren viele Manager damit beschäftigt, ihre Betriebsabläufe den neuen Informationstechniken anzupassen. So dramatisch diese *operativen* Veränderungen auch gewesen sein mögen, die viel tiefgreifendere Veränderung der geschäftlichen Landschaft kommt erst noch. Denn nicht nur die Führungskräfte von High-tech- und Informationsunternehmen werden gezwungen sein, die *strategischen* Grundlagen ihres Geschäfts zu überdenken. Im kommenden Jahrzehnt wird die neue Informationsökonomik die Strukturen ganzer Branchen genauso einschneidend verändern wie die Methoden, mit denen Unternehmen konkurrieren.

Erste Anzeichen dieses Wandels sind unschwer zu finden. Nehmen Sie nur die Beinahe-Pleite der »Encyclopædia Britannica«, eine der stärksten und bekanntesten Marken der Welt. Seit 1990 ist der Verkauf des vielbändigen lexikalischen Werks um mehr als 50 Prozent abgesackt. Wie aus dem Nichts waren CD-ROMs von anderen Lexika aufgetaucht und hatten das gewohnte Geschäft mit gedruckten Enzyklopädien ruiniert.

Wie war das möglich? Die »Encyclopædia Britannica« kostet zwischen 1 500 und 2 200 Dollar. Eine Enzyklopädie auf CD-ROM wie »Encarta« von Microsoft ist aber schon für rund 50 Dollar zu haben. Und viele Leute bekommen Encarta sogar mit ihrem neuen PC oder CD-ROM-Laufwerk gratis geliefert. Die Herstellungskosten eines vielbändigen enzyklopädischen Lexikons – Drucken, Binden und Versenden – betragen zwischen 200 und 300 Dollar, die Produktionskosten einer CD-ROM gerade 1,50 Dollar. Dies ist ein recht spektakuläres, wenn auch nur kleines Beispiel dafür, wie Informationstechniken und neue Wettbewerbsformen die konventionelle Wertofferte eines etablierten Unternehmens zertrümmern können.

Versuchen Sie sich vorzustellen, was die Leute von Britannica über den Ablauf der Dinge dachten. Wahrscheinlich hielten die Herausgeber diese neuen CD-ROMs nur für elektronische Versionen schlechterer Produkte. Und in der Tat stammte die Lizenz für die Encarta-Inhalte vom Verlag Funk & Wagnall, der sein Lexikon stets über Supermärkte vertrieben hatte. Microsoft schönte es lediglich ein wenig mit frei verfügbaren Illustrationen und einigen Filmbildern.

Die Britannica-Verleger dürften Encarta nicht für ein seriöses Lexikon gehalten haben, sondern für ein Spielzeug. Ihrer anfänglichen Tatenlosigkeit nach zu urteilen, hatten sie nie recht begriffen, was ihre Kunden eigentlich bei ihnen kauften. Zumal Eltern hatten die Enzyklopädie meist weniger ihrer intellektuellen Gehalte wegen angeschafft als aus dem Wunsch heraus, ihren Kinder etwas Gutes zu tun. Inzwischen kaufen Eltern, wenn »sie etwas richtig machen wollen«, ihren Kindern gleich einen Computer. Dieser also ist Britannicas wahrer Widersacher. Mit ihm erhält ein Käufer gleich ein Dutzend CD-ROMs, und eine ist dann eben zufällig ein mehr oder weniger perfekter Ersatz für Britannica.

Als diese Bedrohung immer klarer wurde, brachte auch Britannica eine CD-ROM-Version heraus. Um damit der eigenen Verkaufstruppe aber nicht das Wasser abzugraben, wurde sie der gedruckten Ausgabe gratis beigelegt; Kunden, die nur die CD-ROM wünschten, wurden 1 000 Dollar abverlangt. Es half nichts, die Umsätze sanken trotzdem weiter. Die besten Verkäufer gingen, und der Britannica-Eigner, ein von der Universität Chicago beaufsichtigter Trust, verkaufte das Unternehmen schließlich. Ein neues Management versucht jetzt, das Geschäft rund ums Internet wieder aufzubauen.

Der Niedergang von Britannica ist mehr als nur eine Parabel über die Gefahren der Selbstgefälligkeit; er demonstriert, wie schnell und wie drastisch die neue Informationsökonomik die Wettbewerbsregeln ändern kann: Neue Rivalen treten auf, substituieren Produkte und schwächen solche traditionellen Stützen eines Wettbewerbsvorteils wie eine geschulte Verkaufsmannschaft, ein eingeführtes Markenzeichen und den Produktwert, selbst wenn er weltweit der höchste ist.

Manager, die diese Geschichte hören, antworten oft: »Ganz interessant, aber mit *meinem* Geschäft hat das nichts zu tun. Britannica ist ein Unternehmen der Informationsbranche. Das sind wir zum Glück nicht.« Dieselben Manager werden jedoch nachdenklich, wenn sie erfahren, daß die Redaktionsarbeit gerade fünf Prozent der Kosten verursacht, während die meisten Kosten durch die Verkaufstruppe entstehen. Die Verwundbarkeit von Britannica hatte also hauptsächlich mit der Unwirtschaftlichkeit einer völlig anderen Art von Information zu tun: dem intensiven persönlichen Verkaufen. Und das betrifft sehr viele Unternehmen, von der Automobil- und Versicherungsbranche bis zum Immobilien- und Reisegeschäft.

Jedes Geschäft ist auch ein Informationsgeschäft

In vielen Branchen, die weithin nicht als informationsbestimmt angesehen werden, entfällt auf die informationswirtschaftliche Seite in Wahrheit ein hoher Kostenanteil. Mehr als ein Drittel der Kosten im Gesundheitswesen der USA – rund 300 Milliarden Dollar – entstehen durch das Erfassen, Speichern und Verarbeiten von Patientendaten, Ärztenotaten, Testergebnissen sowie die Kostenerstattungen seitens der Versicherungen.

Doch was weit mehr zählt: Die Informationen sind der Leim, der die Struktur aller Geschäfte zusammenhält. Die Wertkette eines Unternehmens setzt sich aus allen Tätigkeiten zusammen, die erbracht werden, um ein Produkt zu konzipieren, herzustellen, anzubieten, auszuliefern und nach Verkauf im Kundendienst zu betreuen. Die Wertketten aller Unternehmen, die von anderen Firmen kaufen und an andere verkaufen, bilden die Branchenwertkette, eine ganz spezifische Konstellation von Mitbewerbern, Lieferanten, Vertriebswegen und Kunden (siehe Porter 1986 und die umfassende Diskussion des Konzepts der Wertkette dort).

Wenn wir uns bildlich eine Wertkette vorstellen, neigen wir dazu, an einen linearen Fluß physischer Aktivitäten zu denken. Aber zu einer Wertkette gehören auch alle Informationen, die innerhalb eines Unternehmens sowie zwischen ihm und seinen Lieferanten, seinen Handelspartnern, seinen derzeitigen und potentiellen Kunden fließen. Lieferantenbeziehungen, Markenidentität, Prozeßabstimmung, Kunden- und Mitarbeiterloyalität sowie Umweltkontakte hängen allesamt von unterschiedlichen Informationen ab.

Wenn Manager beispielsweise über den Wert von Kundenbeziehungen sprechen, meinen sie in Wirklichkeit die Kenntnisse, die sie selbst über ihre Kunden und die ihre Kunden über das Unternehmen und seine Produkte haben. Marken stellen letztlich nichts anderes dar als – reale oder imaginäre, verstandes- oder gefühlsmäßige – Informationen, die Käufer in ihren Köpfen zu einem Produkt gespeichert haben. Und die Instrumente zum Aufbau von Marken – Werbung, Verkaufsförderung und selbst der Regalplatz – sind ihrerseits Informationen oder Methoden zur Informationsübermittlung.

Ganz ähnlich bestimmen Informationen Lieferantenbeziehungen. Eine solche Beziehung bedeutet, daß zwei Unternehmen gewisse Informationskanäle aufgebaut haben – herum um persönliche Bekanntschaft, gegenseitiges Verständnis, gemeinsame Standards, elektronischen Datenaustausch oder aufeinander abgestimmte Produktionssysteme. In einer Käufer-Verkäufer-Beziehung kann Information über die relative Verhandlungsmacht der Seiten entscheiden. Autohändler kennen beispielsweise die günstigsten lokalen Preise für ein bestimmtes Modell, Kunden im allgemeinen nicht, falls sie nicht viel Zeit zum Umhören aufwenden. Ein Großteil der Händlermarge beruht auf diesem asymmetrischen Informationsstand.

Doch Informationen bestimmen und beschränken nicht nur die Beziehungen zwischen den verschiedenen Akteuren in einer Wertkette, sie bilden auch die Basis von Wettbewerbsvorteilen, selbst wenn diese Informationen wenig kosten und das Produkt oder der Service seinem Wesen nach materiell ist. Um einige bekannte Beispiele anzuführen: American Airlines kontrollierte lange Zeit das Reservierungssystem Sabre und nutzte es dazu, eine höhere Kapazitätsauslastung zu erreichen als die Konkurrenz; Wal-Mart konnte durch elektronischen Datenaustausch mit den Lieferanten seinen Warenumschlag drastisch erhöhen; Nike nutzt Werbung, Sponsoring und Mikrosegmentierung seiner Märkte meisterhaft dazu, Turnschuhe in teure Modeartikel zu verwandeln. Alle drei Unternehmen konkurrieren per Information genauso wie mit ihren Produkten.

Informationen und Methoden ihrer Verbreitung stabilisieren also auf vielfältige Weise Geschäfts- und Branchenstrukturen sowie die ihnen zugrundeliegenden Wettbewerbsvorteile. Aber die Informationskomponente eines Wertangebots ist so gründlich in die physische Wertkette integriert, daß wir in manchen Fällen erst allmählich ihre Sonderexistenz zu erkennen beginnen.

Wenn Informationen von bestimmten Überbringern – zum Beispiel einem Verkäufer oder durch eine Postwurfsendung – geliefert werden, reichen sie so weit wie diese Boten und kein Stück weiter. Und sie bleiben an die physische Wertkette gebunden. Wenn dagegen jedermann elektronisch vernetzt ist, können Informationen wie von selbst ausschweifen. Die traditionelle Verknüpfung von produktbezogenem Informationsfluß mit dem Fluß der Produkte selbst, zwischen Informationsökonomik und Güterökonomik, kann durchtrennt werden. Und das ist das eigentlich Revolutionäre an der explosionsartig wachsenden Vernetzung: Sie macht es möglich, Information von ihrem physischen Überbringer zu trennen.

Abwägen zwischen Informationsfülle und Reichweite

In dem Maß, in dem Information in einen physischen Übermittlungsmodus einbezogen ist, wird ihre Wirtschaftlichkeit von einem grundlegenden Gesetz bestimmt: dem reziproken Verhältnis zwischen Informationsfülle und Reichweite. *Reichweite* bedeutet einfach die Zahl der Personen, die von zu Hause oder vom Arbeitsplatz aus Informationen tauschen. *Informationsfülle* bezieht sich auf drei Aspekte der Information selbst: Der erste ist *Bandbreite* oder der Umfang an Informationen, die in einer bestimmten Zeit von einem Absender an einen Empfänger gelangen können; Aktienkurse sind schmalbandig, ein Film breitbandig. Der zweite Aspekt besteht in dem Maß adressatengerechter *Individualisierung*; zum Beispiel ist eine

Anzeige oder ein Fernsehspot weit weniger individualisiert als ein persönliches Verkaufsgespräch, erreicht dafür aber viel mehr Menschen. Der dritte Aspekt ist die *Interaktivität*. In kleinen Gruppen sind Dialoge möglich; aber um Millionen Empfänger zu erreichen, muß eine Botschaft die Form des Monologs haben.

Im allgemeinen erforderte die Übermittlung umfassender Informationen Nähe und speziell dafür bestimmte Informationswege, deren Kosten und naturgegebenen Beschränkungen die Größe des Zielpublikums begrenzten, dem diese Informationen zugedacht waren. Umgekehrt erforderte Übermittlung von Informationen an ein großes Publikum Kompromisse – bei der Bandbreite, der Individualisierung und der Interaktivität. Diese dominierende Wechselbeziehung gab bisher vor, wie Unternehmen kommunizieren, kooperieren und ihre Transaktionen intern und mit Kunden, Lieferanten und Händlern abwickeln.

So hängt der Marketingmix beispielsweise davon ab, wie die Mittel diesen Wechselbeziehungen entsprechend aufgeteilt werden. Ein Unternehmen kann seine Werbebotschaft in Anzeigen, Postbriefen oder ein persönliches Verkaufsgespräch einbetten – alles Alternativen mit großer Informationsfülle, aber beschränkter Reichweite.

Im Geschäft der Firmen untereinander steht die Zahl der beteiligten Parteien im umgekehrten Verhältnis zum Umfang der Informationen, die ausgetauscht werden müssen: Die Citibank kann jederzeit Währungen mit Hunderten anderer Banken handeln, denn dazu sind nur wenig umfängliche Daten auszutauschen, im Gegensatz dazu hat Wal-Mart seine Informationsreichweite durch den Abschluß weniger und längerfristiger Lieferverträge reduziert. Das erlaubt eine bessere Koordination der Vertriebs- und Logistiksysteme.

Innerhalb eines Unternehmens beruhen traditionelle Konzepte zur Kontrollspanne und zum Berichtswesen auf der Überzeugung, Kommunikation könne nicht zugleich füllig und breit sein. Also werden Arbeitsaufgaben so gestaltet, daß ein eingehender Informationsaustausch zwischen wenigen Personen erfolgen kann, die in der Hierarchie über- beziehungsweise untereinander stehen; die breitere Kommunikation vollzieht sich dagegen in der betrieblichen Pyramide auf indirekten Wegen. Eine eigenständige ökonomische Theorie behauptet sogar (siehe Coase 1937, Williamson 1975), die Grenzen einer Organisation würden durch die Wirtschaftlichkeit des Informationsaustauschs festgelegt: Unternehmen erlauben den Austausch reichhaltiger Information innerhalb interner Kleingruppen, Märkte dagegen nur den Austausch magerer Information zwischen externen, größeren Gruppen. Der Punkt, an dem der eine Modus kostenungünstiger wird als der andere, bezeichnet dann die Grenzen einer Organisation.

Die Wechselbeziehung zwischen Informationsfülle und Reichweite beherrscht demnach nicht nur die alte Informationsökonomik, sondern prägt auch eine ganze Reihe von Prämissen, die uns bisher erklärten, wie die Geschäftswelt funktioniert. Aber gerade diese Wechselbeziehung beginnt sich jetzt in nichts aufzulösen.

Das rasche Auftauchen universeller technischer Kommunikationsstandards, die es jedem gestatten, quasi zum Nullpreis mit jedem anderen zu kommunizieren, stellt eine gewaltige Veränderung dar; sie wird mehr durch die Verständigung auf solche Standards als durch die Technik an sich bewirkt. Ob einer das Fachchinesisch der Techniker versteht, ist unwichtiger als die Tatsache, daß allen sogenannten Netztechniken *dieselben Standards* zugrundeliegen: dem *Internet*, das alle miteinander verknüpft, ebenso wie den *Extranets*, die Firmen miteinander verbinden oder den *Intranets*, die Firmenangehörige elektronisch zusammenschließen.

Diese neuen offenen Standards und die explosionsartige Zunahme der in die verschiedenen Netze eingebundenen Personen und Organisationen trennen die Informationsströme von den Kanälen, in denen sie bislang ihren Weg nahmen. Diese Informationskanäle werden überflüssig oder unwirtschaftlich. Auch wenn die Standards vielleicht nicht für jede individuelle Anwendung ideal sein mögen, ihre Nutzer halten sie für die meisten Zwecke heute für gut genug – und sie werden immer besser. Mit der Zeit wird es Unternehmen wie Einzelpersonen möglich sein, ihre Reichweiten um viele Größenordnungen auszudehnen, die Einbußen an Information sind oft gering.

Vordem diente eine Verkaufsmannschaft, ein Filialsystem, eine Druckerpresse, eine Ladenkette oder eine Fahrzeugflotte als mächtige Zugangsbarriere zu einem Geschäft, weil deren Aufbau viele Jahre und massive Investitionen beanspruchte. In der veränderten Welt von heute könnten sich diese Faktoren plötzlich als teure Belastungen erweisen. Neue Wettbewerber im Internet können wie aus dem Nichts kommen und auf Kundenklau gehen. Ähnlich macht der Ersatz kostspieliger, firmeneigener, bisheriger Systeme durch preiswerte, offene Extranet-Lösungen es den Unternehmen leichter, sich beispielsweise an Ausschreibungen zu beteiligen, in eine virtuelle Fabrik einzutreten oder eine konkurrierende Lieferkette aufzubauen.

In Großunternehmen fördern die universellen Standards für den Informationsaustausch per Intranet die Bildung abteilungsübergreifender Teams und beschleunigen die Auflösung hierarchischer Strukturen sowie der eigenständiger Informationssysteme.

Die Dekonstruktion der Wertkette

Die neue Informationsökonomik droht auch, die etablierten Wertketten in vielen Bereichen der Wirtschaft zu zerreißen, denn sie verlangt von fast jedem Unternehmen, seine Geschäftsstrategie gründlich zu überdenken. Was wird beispielsweise aus Unternehmen wie Toys »R« Us oder Home Depot, die traditionelle Handelsklassen sprengten, wenn eine Suchmaschine im Internet den Käufern mehr Auswahl bietet als jedes Kaufhaus? Worin liegt noch der Vorteil einer Lieferbeziehung zu General Electric, wenn der Konzern seine Beschaffungswünsche ans »Schwarze Brett« im Internet pinnt und jeden dazu Geneigten auffordert, Angebote abzugeben? Was passiert mit den Anbietern von Gesundheitsleistungen oder Versicherungen, wenn ein einheitliches Datenblatt die Hauptbarriere beseitigt, die Patienten heute noch davon abhält, das Krankenhaus oder den Arzt zu wechseln?
Oder nehmen Sie die Zukunft der Tageszeitungen. Wie die meisten Unternehmen stützen sie sich auf eine vertikal integrierte Wertkette. Journalisten und Anzeigenkunden liefern den Inhalt, Redakteure und Layouter gestalten das Blatt, eine Druckerpresse fertigt das physische Produkt, und ein ausgeklügeltes Vertriebssystem liefert die Zeitung ihren Lesern.
Zeitungsverlage fungieren als Mittler zwischen Journalisten und Lesern, wobei es in Druck und Vertrieb enorme Größenvorteile gibt. Wenn aber hochauflösende elektronische Flachbildschirme technisch so weit entwickelt sind, daß die Leser sie als akzeptable Alternative zur gedruckten Zeitung ansehen, wird jene Größendegression irrelevant. Die Verleger – oder die Journalisten – können Inhalte dann per E-Mail versenden. Die Leser befreit das überdies davon, die Zeitung komplett abonnieren zu müssen. Sie können sich gewünschte Inhalte aus einer quasi unbegrenzten Zahl von Informationsquellen zusammenstellen. Nachrichten lassen sich täglich aus verschiedenen elektronischen Nachrichtendiensten holen. Filmkritiken, Kochrezepte und Reiseberichte sind dann genauso leicht zu erhalten wie aus Magazinen oder Büchern. Starkolumnisten, Cartoonisten oder Wetterdienste könnten ihre Arbeiten direkt an die Abonnenten schicken. Mittler – ob Suchmaschinen, Warndienste, Formatierungsprogramme oder Redaktionen – können Informationspakete ganz nach individuellen Interessen schnüren und formatieren. Nicht alle Leser werden allerdings den Inhalt ihrer auf Papier gedruckten Zeitung derart aufspalten wollen. Aber der Grundgedanke dieses Informationsbündels – ein rentables Druckverfahren – wird schwinden.
Diese Transformation ist wahrscheinlich unvermeidlich, aber noch in weiter Ferne. Führungskräfte der Verlage weisen zu Recht darauf hin, daß bedrucktes Papier noch immer eine außerordentlich billige und benutzerfreundliche Methode ist, um Informationen zu verbreiten. So schnell werden die kleinen elektronischen Bildschirme also das Papier nicht ersetzen.

Der eigentliche Punkt ist nicht der, wann sich die totale Dekonstruktion der Zeitung ereignen wird. Schon heute können ihr ja einzelne Teile entnommen werden; nach Rubriken getrennte Anzeigen drängen sich als Online-Produkt geradezu auf. Überlegen Sie nur, wieviel müheloser es ist, eine Kleinanzeige elektronisch aufzugeben, zu bezahlen, zu aktualisieren, zu suchen oder zu beantworten. Eine typische Tageszeitung verliert bei Verlust dieser Rubrikenanzeigen 25 Prozent der Einnahmen, spart aber nur zehn Prozent der Kosten.

Die US-Zeitungsverlage sind in das Geschäft mit elektronischen rubrizierten Kleinanzeigen aggressiv eingestiegen. Sie haben dabei ihren Vorteil als Akteure am ursprünglichen Markt genutzt und liefern nun ein integriertes Print-/Elektronik-Produkt, mit dem sie die größte Zahl an Käufern und Verkäufern erreichen. Dieses elektronische Angebot sichert ihnen die Margen von 60 bis 80 Prozent, die sie brauchen, um bei den klassisch gedruckten Anzeigen die hohen Fixkosten zu decken.

Weil aber immer mehr Leute das elektronische Medium benutzen, haben sich manche Firmen bei elektronischen Rubrikenanzeigen schon auf enge Zielsegmente konzentriert. Sie begnügen sich mit Margen von nur 15 Prozent und gewinnen dadurch Marktanteile. Je größer ihr Anteil wird, desto attraktiver werden sie naturgemäß für Käufer und Verkäufer. Die Verlage werden am Ende entweder Geschäft verlieren oder (was wahrscheinlicher ist) es nur dadurch behalten, daß sie erheblich geringere Margen hinnehmen.

So oder so wird die Subventionierung des Print-Produkts mit seinen hohen Fixkosten verschwinden. Die Tageszeitungen werden die Inhalte verknappen oder die Preise für Leser und Inserenten anheben müssen, was ihren Niedergang beschleunigt. Der wiederum eröffnet zielstrebigen Konkurrenten neue Chancen, sich ein anderes Stück aus der Wertkette zu greifen. Gefährdet sind Tageszeitungen weniger dadurch, daß etwas Neues sie ganz ersetzen könnte, sondern mehr durch ständige Erosion infolge partieller Substitutionen, die das heutige Geschäftsmodell brüchig machen.

Reif für eine ähnliche Umwälzung sind die Filialbanken. Deren gegenwärtiges Geschäftsmodell hängt mit einer vertikalen Wertkette zusammen, durch die vielgestaltige Produkte kreiert, gebündelt, angeboten und per Verbundabsatz über eigene Vertriebswege unter die Leute gebracht werden. Die hohen Vertriebskosten treiben dazu an, auf eine hohe Nutzung der Angebote und auf Größenvorteile hinzuarbeiten, und dieses Streben ist die derzeit vorherrschende Strategie.

Elektronisches Home-Banking wirkt auf den ersten Blick wie ein gänzlich anderer und sehr billiger Weg, Bankprodukte zu verkaufen. Viele Banken sehen das auch so und hoffen, daß eine breite Akzeptanz durch das Publikum es ihnen erlauben wird, die kostenintensiveren physischen Vertriebskanäle zu verkleinern. Einige Banken bieten bereits eigene Gratissoftware und elektronische Transaktionen an. In Wahrheit ist etwas viel Tiefgreifen-

deres passiert als nur die Entstehung eines neuen Vertriebskanals: Die Kunden können jetzt direkt auf Bankinformationen zugreifen und Transaktionen auf vielfältige Weise vornehmen.
Rund zehn Millionen Personen nutzen in den USA bereits persönliche Finanzmanagement-Programme wie Quicken von Intuit oder Money von Microsoft, führen damit ihre Konten und regeln persönliche Geldangelegenheiten. Bei den neuesten Versionen dieser Programme können Modems zur Anwahl elektronischer Vermittler wie CheckFree oder Visa Interactive benutzt werden, die wiederum Instruktionen oder Rückfragen an die Bank des Kunden weiterleiten. Ein solches System erlaubt es Kunden, Rechnungen zu bezahlen, Überweisungen zu tätigen, elektronische Kontoauszüge anzufordern und Kontostände umgehend bei der persönlichen Finanzplanung zu berücksichtigen. Darüber hinaus bieten fast alle Finanzinstitute auf ihren Web Sites Informationen, auf die jeder, der einen Browser besitzt, online zugreifen kann.
Keine einzige Software bietet bislang Informationsfülle und Reichweite zugleich. Quicken, Money und die bankeneigenen Programme erlauben zwar einen umfassenden Informationsaustausch, aber jeweils nur zwischen dem Kunden und seiner Bank. Netz-Browser können zwar viel weniger, erreichen dafür aber das gesamte Universum der Finanzinstitute. Softwareanbieter und elektronische Vermittlungsdienste verfügen zudem über die Mittel und werden irgendwann auch motiviert sein, Allianzen mit den Finanzinstituten zu bilden, um diese künstliche Abwägung zwischen Fülle und Reichweite aus der Welt zu schaffen. Und dann werden Finance Sites im World Wide Web die gesamte Palette der Bankleistungen anbieten; erforderlich sind dazu einige Brücken zwischen dem Finanzmanagement-Programm und dem Web sowie Fortschritte bezüglich Zuverlässigkeit, Sicherheit, digitale Unterschriften und der Rechtsverbindlichkeit elektronischer Verträge.
Geschieht das, verschwindet das Spannungsverhältnis zwischen Informationsfülle und Reichweite. Kunden können dann zu jedem beliebigen Finanzinstitut wegen eines Service oder einer Information Verbindung aufnehmen. Ihnen wird es möglich, am eigenen PC eine Bilanz aufzustellen, unter Rückgriff auf Daten von verschiedenen Instituten. Sie können Produktangebote vergleichen, Gelder zwischen Konten bei verschiedenen Instituten hin- und herbewegen. »Schwarze Bretter« oder Auktionsmarkt-Software werden es Kunden erlauben, ihre Produktwünsche bekanntzugeben und Angebote zu akzeptieren. In Chat-Ecken lassen sich Informationen austauschen und Expertenratschläge empfangen.
Die bloße Fülle an Wahlmöglichkeiten, vor denen potentielle Kunden stehen, wird es notwendig machen, daß Dritte die Rolle des Navigators oder Helfers übernehmen. Beispielsweise werden sich manche Finanzinstitute veranlaßt sehen, Datenbanken über Zinssätze, Risikoeinstufungen und

Serviceerfahrungen einzurichten (oder auch nur zugänglich zu machen). Andere werden Kalkulationsprogramme für Versicherungsrenditen oder Hypothekarkredite bereitstellen oder ein intelligentes Vermittlungsprogramm verfügbar machen, das Finanzprodukte aussucht, bewertet und zum Kauf vorschlägt. Wieder andere Firmen werden helfen, die Identität eines Gegenübers im Netz zu verifizieren oder als Garanten für Leistungsfähigkeit, Vertrauens- und Kreditwürdigkeit fungieren.

Da es Bankkunden leichter haben werden, von einem Finanzdienstleister zum anderen zu schalten, wird die Wettbewerbsbedeutung der herkömmlichen Hausbank und etablierter Kundenbeziehungen sinken. Verbundverkauf wird immer schwieriger, und Banken wird es immer schwerer fallen, Informationen über Kundenbedürfnisse oder -verhalten zu bekommen. Wettbewerbsvorteile bestimmen sich künftig von Produkt zu Produkt anders, und darum werden die Anbieter breiter Produktgruppen Terrain an Spezialisten verlieren.

In dieser neuen Welt wird Distribution durch die Telephongesellschaft erledigt und der Kontoauszug durch eine Finanzmanagement-Software erstellt. Unterstützung bieten verschiedene Hilfsprogramme (Agent Software), und Finanzprodukte werden von diversen Spezialanbietern kreiert. Die integrierte Wertkette im Filialbankgeschäft wird damit dekonstruiert sein – wohlgemerkt dekonstruiert, nicht zerstört. Alle alten Funktionen wird es auch weiterhin geben und noch einige neue mehr. Banken werden nicht überflüssig, wohl aber ihr derzeitiges Geschäftsmodell – insbesondere die Vorstellung, eine Bank sei ein integriertes Unternehmen, das vielfältige Produkte erschafft, anbietet und per Cross-Selling über eigene Vertriebswege absetzt.

Viele Banker – wie die alten Führungskräfte im Lexikongeschäft von Britannica – bestreiten das. Sie führen ins Feld, daß die meisten Kunden gar keinen PC besäßen und daß viele, die einen hätten, ihn nicht für ihre Bankgeschäfte benutzen. Außerdem weisen die Banker darauf hin, daß die Leute um die Sicherheit von Online-Transaktionen besorgt seien und ihrer Bank mehr vertrauten als einer Softwarefirma. Alles richtig. Aber die Online-Technik macht unerbittlich weitere Fortschritte. Und jene zehn Prozent der Bevölkerung, die schon jetzt die eine oder andere Finanzmanagement-Software verwenden, bringen dem Bankensystem wahrscheinlich 75 Prozent seiner Gewinne, weil diese zehn Prozent für einen überdurchschnittlich hohen Anteil an Guthaben und Gebühren stehen.

Marktforschungen haben ergeben, daß Quicken-Benutzer eher ihrer Software als ihrer Bank treu bleiben. Von ihnen bekundete bei einer Umfrage die Hälfte, falls sie irgendwann ihre Bank wechseln sollten, würden sie darauf achten, daß die neue Bank die von ihnen benutzte Software befürwortet, also zuläßt, daß sie bestimmte Transaktionen weiterhin mit Quicken online tätigen. Derzeit wechseln in den USA jährlich zehn Prozent der Kunden ihre Bank. Wenn bei dieser Wechslerquote eine Bank Quicken nicht akzeptiert und dadurch nur die Hälfte potentieller Neukunden (und Quicken-Nutzer) nicht für sich gewinnen sollte, folgt daraus zwangsläufig: Sie wird bei ihrem Privatkundengeschäft Jahr für Jahr drei bis fünf Prozent ihres Deckungsbeitrags verlieren. Die Weigerung, Quicken (oder eine akzeptable Alternative) in Kauf zu nehmen, könnte dann den Gesamtwert einer Bankkonzession in nur wenigen Jahren aushöhlen.

Die Dekonstruktion der Wertkette im Bankwesen ist nicht ohne Präzedenzfall. Noch vor 15 Jahren war das Firmenkundengeschäft weitverbreitet, das heißt, die Banken verdienten reichlich Geld damit, daß sie für Firmenkredite höhere Zinsen berechneten, als sie für Einlagen bezahlten. Ihr Geschäftsmodell beruhte auf weitgehend stabilen Beziehungen zu Kundenfirmen, so daß sie ihre eigenen Produkte über diesen Vertriebskanal absetzen konnten.

Aber dann bekamen die Firmenkunden – dank neuer Techniken – Zugang zu denselben Finanzmärkten, an denen die Banken operierten. Heutzutage wird das Firmenkundengeschäft von kleinen Banken betrieben, die meist selbständig tätig agieren (selbst wenn sie sich unter dem Dach einer großen Bank befinden) und miteinander bei jedem Produkt konkurrieren.

Kredite fließen nun direkt vom eigentlichen Geldgeber zum eigentlichen Geldnehmer; die Banken vermitteln nur, bewerten die Risiken, beraten, schaffen Märkte und wirken treuhänderisch. Geld verdienen sie nur noch mit Gebühren für ihre individuellen Serviceleistungen. Die Kunden bündeln ihre Bankgeschäfte nicht mehr, und die Beziehungen zu ihnen sind unbeständiger. Einst sehr wichtig, bedeuten sie heute keinen großen Vertriebsvorteil mehr. Banken wie Zeitungen sind durchaus keine Sonderfälle.

Die Wertketten etlicher weiterer Branchen sind ebenfalls reif dafür, aufgesplittert zu werden. Die zugrundeliegende Logik ist im Geschäft mit Informationen besonders zwingend, denn dort sind die Kosten der physischen Distribution sehr hoch.

Dort wird es daher zuerst große Veränderungen geben – bei Zeitungshäusern, Reisebüros, Versicherungen, Finanzinformationsdiensten, wissenschaftlichen Fachverlagen, Softwarefirmen und natürlich Verlagen für Sachwörterbücher. Aber auch in jeder anderen Branche könnte die physische Wertkette, wenn sie eine Kompromißlösung aus Gründen der Informationsvermittlung darstellt, zur Aufspaltung anstehen, indem ein separates Informationsgeschäft geschaffen und die physische Kette (freiwillig oder erzwungenermaßen) rationalisiert wird. Alles was dazu nottut, um ein Unternehmen zu dekonstruieren, ist ein Wettbewerber, der sein Interesse auf ein anfälliges Stück Information in der Wertkette richtet.

Auswirkungen auf den Wettbewerbsvorteil

Eine vertikal integrierte Wertkette zu dekonstruieren bewirkt einiges mehr als die Umgestaltung der Struktur eines Unternehmens oder einer Branche – dadurch ändern sich auch die Faktoren, auf die ein Wettbewerbsvorteil gründet. Die neue Informationsökonomik schafft deshalb nicht nur Bedrohungen für etablierte Unternehmen, sondern bietet ihnen auch eine Reihe neuer Chancen. Jede Branche wird sich gemäß ihrer eigenen Dynamik wandeln, und dieser Wandel wird mit unterschiedlicher Geschwindigkeit und Intensität vor sich gehen. Es gibt keine einheitlichen Prognosen, die wirtschaftsweit gültig wären, doch einige strategische Konsequenzen lassen sich aus den informationswirtschaftlichen Veränderungen sehr wohl ableiten.

Bestehende Wertketten werden in mannigfaltige Geschäfte aufgespalten, von denen jedes seine eigenen Quellen für einen Wettbewerbsvorteil haben wird. Wenn einzelne Funktionen unterschiedliche Größen- oder Verbundvorteile aufweisen, ist die resultierende Wertkette immer ein Kompromiß – eine Durchschnittsberechnung aller Effekte. Läßt sich dieses Funktionenbündel dagegen aufschnüren und zu getrennten Geschäften *reformieren*, dann wird es jedem von ihnen möglich, die Quellen seines eigenen Wettbewerbsvorteils selbst voll auszuschöpfen.

Nehmen wir beispielsweise den Automobilhandel in den USA. Die Händler informieren in ihren Ausstellungsräumen und bei Probefahrten über die neuen Modelle. Sie unterhalten einen Bestand und liefern Autos aus. Sie betreiben außerdem einen Gebrauchtwagenhandel und sorgen für Wartungs- und Reparaturdienste. Obwohl die meisten dieser Tätigkeiten physischer Natur sind, wird das Bündel all dieser Verrichtungen durch die herkömmliche Informationslogik zusammengehalten, die lautet: »Alles aus einer Hand«. Der Wettbewerbsvorteil eines Autohändlers basiert also auf einem Gemenge von Faktoren wie Lage, Größe, Preis, Kosten, Verkaufsgeschick, Servicequalität sowie enge Zusammenarbeit mit Autoherstellern und Banken.

Das Bündeln all dieser Funktionen führt zu Kompromissen. Jedes Glied in der Wertkette hat einen anderen Skaleneffekt. Würden die Tätigkeiten getrennt, könnten Spezialfirmen Probefahrten offerieren und potentiellen Käufern die Autos direkt vor die Haustür stellen; Neuwagenhändler brauchten weniger, aber dafür größere Niederlassungen, um die Bestands- und Transportkosten zu senken; Anbieter von Kundendienst-Leistungen nach dem Kauf bekämen die Chance, kleinere lokale Werkstätten zu betreiben, um dort einen besseren Service zu bieten; Autohersteller könnten ihre Produktinformationen über das Internet liefern; und Autokäufer kämen zu ihrer Finanzierung, indem sie ihre Wünsche über einen elektronischen Broker ausschrieben. Entfernt man den Informationskleister, der alle diese Funktionen in einem einzigen, kompromissreichen Geschäftsmodell zusammenhält, werden sich auch die dann entstehenden, mannigfaltigen Geschäfte in sehr unterschiedliche Richtungen entwickeln.

Einige neue Firmen werden von den Größenvorteilen des Netzes profitieren, was die Entstehung von Monopolen begünstigen kann. In einem vernetzten Markt ist der Wert einer Netzanbindung um so größer, je mehr Leute beteiligt sind – und eben das schafft *netzbezogene Skaleneffekte.* Es ist etwa völlig nutzlos, der einzige Mensch auf der Welt mit einem Telefonanschluß zu sein. Sobald die Zahl der Anschlüsse aber steigt, wächst auch der Wert eines einzelnen Anschlusses für jeden progressiv. Diese sich selbst verstärkende Dynamik führt zum Entstehen mächtiger Monopole. Unternehmen, die Informationen vermitteln, Märkte schaffen oder Standards setzen, profitieren davon. Konsequenz: Das erste Unternehmen, das eine kritische Größenordnung erreicht, bekommt oft alles oder beinahe alles – auch wenn die anhaltende Schlacht auf dem Markt der Netzbrowser zwischen Vorreiter Netscape und Microsoft mit Internet Explorer belegt, daß die Führungsrolle des Pioniers nicht immer bestehen bleibt.
Eine kritische Größe zu erreichen kann zu einer enormen Herausforderung werden. General Electric hat das Problem vielleicht durch Einsatz seiner gewaltigen Einkaufsmacht gelöst. Der Konzern öffnete sein internes elektronisches Beschaffungssystem auch anderen Einkäufern von Industriegütern und konnte es so in ein marktschaffendes Geschäft verwandeln.

Wenn Wertketten aufgespalten und rekonfiguriert werden, ergeben sich neue Gelegenheiten für rein physische Geschäfte. In vielen Unternehmen leidet die Effizienz der physischen Wertkette heute unter Kompromissen, die nötig sind, weil zu den materiellen Gütern auch Informationen geliefert werden müssen. So streben Ladengeschäfte beispielsweise gleichzeitig eine rationelle Lagerhaltung und eine intensive Verkaufsberatung an und schaffen vielfach weder das eine noch das andere. Die neue Informationsökonomik eröffnet nun Möglichkeiten, die physische Wertkette zu rationalisieren, was oft zur Gründung von Firmen führt, deren physisch begründete Quellen für einen Wettbewerbsvorteil weit nachhaltiger sprudeln.
Schauen Sie sich die derzeitige Schlacht im Buchhandel an. Amazon.com, ein elektronischer Buchhändler im Internet, betreibt keine realen Ladengeschäfte und hat nur ein sehr kleines Lager. Die Firma bietet auf einer elektronischen Liste 2,5 Millionen Buchtitel an – die zehnfache Menge an Büchern, die die größte (amerikanische) Buchhandelskette bereithält. Und potentielle Käufer können diese Liste nach fast jedem erdenklichen Kriterium durchkämmen. Die meisten Bücher bezieht Amazon, je nach den Bestellungen der Kunden, von zwei Grossisten. Dann werden die

Bücher in einer zentralen Versandstelle umgepackt und an die Kunden verschickt.

Amazon kann nicht sofort liefern, und die Buchkäufer können auch nicht physisch die Regale durchstöbern wie in einer herkömmlichen Buchhandlung. Der Wettbewerbsvorteil gründet auf einem überragenden Informationsangebot und Niedrigkosten bei den physischen Arbeitsgängen. Kunden können sich über die Riesenauswahl und die besseren Suchmöglichkeiten hinaus online Buchkritiken zeigen lassen. Und Amazon spart Geld bei Lagerbestand und Lagerraum.

Aber der Erfolg von Amazon ist auf Dauer keine ausgemachte Sache. Buchdiscounter starten inzwischen auf aggressive Weise ihre eigenen Web-Ableger. Seine Riesenauswahl stellt für Amazon keine Verteidigungslinie dar, weil sie in Wahrheit von den Datenspeichern der Verlagshäuser und Grossisten zehren. Und durch die doppelte Bearbeitung der Buchaufträge nimmt Amazon nach wie vor unnötige Kosten auf sich.

In der Tat könnten die Grossisten wahrscheinlich das kostengünstigste Distributionssystem im Buchhandel schaffen, indem sie bestellte Bücher direkt an die Kunden liefern. Sollte der Wettbewerb die Branche in diese Richtung drängen, werden die elektronischen Buchhandelsfirmen zu reinen Suchmaschinen, angekoppelt an die Datenbank eines Dritten – und das würde ihnen weder viel Wertschöpfung noch einen großen Wettbewerbsvorteil eintragen. Die Grossisten könnten also das Rennen am Ende für sich entscheiden.

Sobald sich ein Unternehmen auf neue Tätigkeiten verlegt, ändert es auch das Wertversprechen, das seiner Markenidentität zugrunde liegt. Weil ein Markenzeichen stets die Wertkette des Unternehmens reflektiert, erfordert ihre Dekonstruktion auch neue Markenstrategien. Beispielsweise verleitet die Bedeutung von Filialen und Geldautomaten heute viele Banken (etwa die Citibank) dazu, zugunsten ihres Markenprofils auf *Ubiquität* zu achten. Doch die Rekonfiguration der Finanzdienstleistungen könnte ein Institut dazu führen, sich darauf zu konzentrieren, mehr als Anbieter von Finanzprodukten zu erscheinen. Bei einer solchen Strategie avanciert Leistungsstärke zur Hauptbotschaft, wie etwa bei Fidelity. Eine andere Markenstrategie wird vielleicht darauf gerichtet sein, den Kunden beim Navigieren durch den Kosmos unzähliger Produkte von Drittfirmen zu unterstützen; die Kernbotschaft hieße – wie im Fall der Finanzmaklerfirma Charles Schwab – *Vertrauen*.

Chancen zum Kreieren neuer Marken werden auch Dritte bekommen, die weder ein Produkt herstellen noch einen wichtigen Service anbieten. Navigatoren oder Informationsmittler mit Markenstatus gibt es schon eine ganze Weile. Der Restaurantführer Zagat und die *Consumer Reports* sind

zwei wohlbekannte Beispiele. Es ist die Marke Zagat – mit ihrer vertrauenswürdigen Restaurantkritik –, die Leser des Führers veranlaßt, ein bestimmtes Lokal zu besuchen.
Ein jüngstes Beispiel ist die *Platform for Internet Content Selection* (Pics), eine Erweiterung, die es Browsern ermöglicht, die Klassifizierungen Dritter auf Web-Sites zu identifizieren. Eltern etwa können so nach Angeboten im Netz suchen, die von Evalu-Web als »kindersicher« gekennzeichnet wurden. Pics befähigt jedermann dazu, alles zu klassifizieren; es macht diese Bewertungen dann allgemein zugänglich, suchtauglich, sortierbar und kostenfrei.
Die dramatische Ausdehnung der Netz-Märkte erhöht den Bedarf an solchen Programmen zur Navigation und Informationsvermittlung, die beispielsweise die Leistung eines Produkts gewährleisten oder auf Risiken hinweisen. Und das bedeutet viele neue Chancen zur Entwicklung neuer Markenprodukte.

Die Verhandlungsmacht von Unternehmen wird stark abnehmen, weil ihre Fähigkeit sinkt, die Verfügungsgewalt über Informationen zu monopolisieren. Häufig erwächst Marktmacht daraus, daß ein Anbieter eine Schleuse im Informationskanal kontrolliert und allen Nutzern Gebühren abverlangt, die im Fluß der Informationen diese Stelle passieren müssen.
Zum Beispiel nutzen Firmen, die Endverbraucher bedienen, ihre Kontrolle über die kundenrelevanten Informationen noch heute dazu, vergleichende Produktprüfungen als unbedeutend hinzustellen und den Verbundverkauf aufs Höchste zu steigern.
Dieses Spiel hat ein Ende, wenn sich Informationsfülle und Reichweite bis zu einer Schwelle vergrößern, an der solche Informationswege überflüssig werden. Jede Schleuse ließe sich dann umgehen. Käufer kennen ihre Handlungsalternativen nun genauso wie Verkäufer die ihren. Einige neue Mittler – die Organisatoren der virtuellen Märkte – könnten sich sogar zu Sammlern der Kaufkraft entwickeln und Lieferanten gegeneinander ausspielen, zum Wohle der Käufer, die sie vertreten.

Für Kunden werden die Kosten eines Wechsels von einem zu einem anderen Unternehmen sinken, so daß die Unternehmen neue Methoden zur Förderung der Kundentreue entwickeln müssen. Allgemeine Standards zum Austauschen und Verarbeiten von Informationen und die wachsende Zahl von Personen mit Netzanschluß werden die Wechselkosten sogar recht drastisch vermindern.
Firmeneigene Systeme für den elektronischen Datenaustausch legen Unternehmen auf bestimmte Lieferbeziehungen fest. Doch Extranets, die zur Verknüpfung von Unternehmen mit ihren Lieferanten die Standardprotokolle des Internets benutzen, reduzieren die Wechselkosten quasi auf null.

Es ist die US-Automobilindustrie, die gerade ein solches Extranet aufbaut unter dem Namen Automotive Network eXchange (ANX). Von dem System, das die Autohersteller mit einigen tausend Zulieferbetrieben verketten soll, wird erwartet, daß es seinen Teilnehmern jährlich rund eine Milliarde Dollar sparen hilft, Auftragskosten und Rechnungsfehler nachdrücklich verringert und den Fluß der Informationen zu zweit- und drittrangigen Zulieferern beschleunigen wird. Durch die Senkung der Kosten eines Lieferantenwechsels und die Schaffung einer größeren Informationssymmetrie wird ANX den Wettbewerb auf jeder Stufe der logistischen Kette verstärken.

Pfründeninhaber könnten leicht Opfer ihrer veralteten physischen Infrastrukturen und ihrer Denkweisen werden. Aktivposten, die herkömmlicherweise Wettbewerbsvorteile darstellten und als Markteintrittsbarrieren dienten, könnten in Zukunft zu Belastungen werden. Am anfälligsten sind Unternehmen, die jetzt noch Informationen bereitstellen, die elektronisch effektiver und weit billiger geliefert werden könnten – zu denken ist beispielsweise an physische Elemente von Verkaufs- und Vertriebssystemen wie Niederlassungen, Läden oder Verkaufspersonal. Wie bei Tageszeitungen kann der Verlust auch nur eines kleinen Teils der Kunden an neue Distributionskanäle oder die Abwanderung eines teuren Produkts in einen elektronischen Bereich ein Unternehmen mit hohen Fixkosten in eine Abwärtsspirale bringen.

Diese Entwicklungen intellektuell zu begreifen, dürfte Managern nicht schwer fallen. Anders sieht es mit den Konsequenzen aus, die gezogen werden müssen. Oft handelt es sich bei den in Frage zu stellenden Aktivposten des bisherigen Geschäfts um integrale Bestandteile der unternehmenseigenen Kernkompetenzen. Sich von ihnen mehr oder weniger abzukehren, obwohl sie für die Identität des Unternehmens so viel zählen, stößt bei den Verantwortlichen auf mentale Barrieren. Es ist auch strategisch nicht gerade einfach, Aktiva mit hohen Fixkosten zu verkleinern, wenn so viele Kunden das gegenwärtige Geschäftsmodell gutheißen. Auch aus finanzieller Sicht ist es nicht leicht, derzeitige Gewinne zu kannibalisieren. Und ganz gewiß ist es keine leichte Sache, die Gewinne von Händlern zu beschneiden, mit denen seit langem gute Geschäftsverbindungen bestehen oder sogar Franchise-Vereinbarungen getätigt wurden.

In Jungunternehmen leidet niemand unter solchen Hemmungen. Die Manager finden sich nicht eingeengt von Führungstraditionen, Organisationsstrukturen, langen Kundenbeziehungen oder einem überkommenen Anlagevermögen. Erinnern Sie sich an die warnende Geschichte zur Encyclopædia Britannica: Führungskräfte müssen ihre Unternehmen mental dekonstruieren. Wenn sie es nicht tun, macht es jemand anderes.

Literatur

Coase, Ronald H., The Nature of the Firm, in: Economica, Vol. 4, No. 4, 1937, Seite 386 ff.

Porter, Michael, Wettbewerbsvorteile, Frankfurt 1986.

Williamson, Oliver E., Markets and Hierarchies: Analysis and Antitrust Implications, New York 1975.

Jeffrey F. Rayport, John J. Sviokla

Die virtuelle Wertschöpfungskette – kein fauler Zauber

Bald wird jedes Unternehmen in zwei Welten konkurrieren müssen: der physischen Welt von Ressourcen, die sich sinnlich wahrnehmen lassen, und einer aus Information bestehenden virtuellen Welt. Aus der letzteren ist der elektronische Kommerz hervorgegangen, ein völlig neuer Bereich der Wertschöpfung. Wir haben diese virtuelle Welt »Marketspace« getauft – Informationssphäre –, um sie von der physischen Welt des »Marketplace« zu unterscheiden (siehe Rayport/Sviokla 1994).

Einige Beispiele mögen das verdeutlichen. Wenn Telephonkunden heute Anrufbeantworter verwenden, um ihre Nachrichten aufzuzeichnen, benutzen sie Geräte, die in der physischen Welt hergestellt und verkauft werden. Nehmen sie aber den elektronischen Auftragsdienst der Telephongesellschaft in Anspruch, so nutzen sie die Informationssphäre – einen virtuellen Bereich, in dem Produkte und Services als digitale Information existieren und über informationsgestützte Kanäle geliefert werden können. Banken bieten den Kunden in ihren Filialen Dienste auf dem realen Markt, aber auch elektronische Online-Dienste in der Informationssphäre; Fluggesellschaften verkaufen ihren Passagieren Flugscheine in beiden Bereichen, und Schnellrestaurants nehmen Bestellungen am Tresen, aber auch zunehmend über Touch Screens (berührungsempfindliche Bildschirme) entgegen.

Die Topentscheider müssen somit darauf achten, daß ihre Unternehmen sowohl in der physischen als auch in der virtuellen Welt Wert erzeugen. Dabei ist der Wertschöpfungsprozeß in beiden Welten verschieden, und die Manager müssen die Unterschiede, aber auch das Wechselspiel zwischen den Prozessen verstehen, um die strategischen Aufgaben klar erkennen zu können, vor denen ihre Organisationen stehen. Zwei sich wechselseitig beeinflussende Wertschöpfungsprozesse steuern zu müssen, erfordert neue konzeptionelle und taktische Überlegungen. Jene, die hier die richtigen Entscheidungen treffen, können auf höchst effiziente und effektive Weise Wert schaffen und davon profitieren.

Der Prozeß der Wertschöpfung in der physischen Welt wird seit eh und je untersucht, und seine Stufen werden häufig als Glieder einer ganzen Wertschöpfungskette begriffen. Dabei handelt es sich um eine Modellvorstellung, die einer Abfolge von wertsteigernden Tätigkeiten gilt. Diese wiederum verbindet die Angebotsseite des Unternehmens (Rohstoffe, Beliefe-

rungslogistik und Produktionsabläufe) mit seiner Nachfrageseite (Auslieferungslogistik, Marketing und Verkauf). Indem Manager die einzelnen Stufen der Wertkette analysieren, sind sie in der Lage, die internen und externen Prozesse ihres Unternehmens mit Blick auf höhere Effizienz und Effektivität umzugestalten.
In dem Modell Wertkette werden Informationen als ein unterstützendes Element des Wertschöpfungsprozesses behandelt, nicht aber als eine eigenständige Quelle des Wertes. So verwenden Manager die Informationen, die sie über Lagerhaltung, Produktion oder Logistik bekommen, meist dazu, um die Abläufe dort zu steuern oder zu überwachen, nur selten aber, um damit neuen Wert für den Kunden zu schaffen. Genau das tut hingegen Federal Express seit kurzem: Das Unternehmen ermöglicht es seinen Kunden, den Weg ihrer Pakete über seine Adresse im World Wide Web via Internet zu verfolgen; jetzt können die Kunden nachsehen, wo sich eine Sendung gerade befindet – sie müssen nur eine On-Line-Verbindung zur der FedEx-Adresse herstellen und die Luftfrachtbrief-Nummer eingeben. Nach Auslieferung des Pakets können sie sogar den Namen der Person feststellen, die quittiert hat. Obgleich FedEx diesen Dienst kostenlos anbietet – für den Kunden entstand damit in einem hart umkämpften Markt ein höherer Nutzwert, der auch für erhöhte Loyalität sorgt.
Um mit Informationen mehr Wert zu erzeugen, müssen Manager auf die Informationssphäre acht geben. Wenn schon die Wertschöpfungskette auf der Informationsebene ein Gegenbild zum realen Markt sein kann – Käufer wie Verkäufer können Geld über elektronische Netze ebenso überweisen wie sie sich Bargeld aushändigen lassen –, hat die Informationssphäre doch eigene Wertschöpfungsprozesse. Diese müssen die Unternehmen nutzen, um noch rohe Informationen in neue Dienstleistungen und Produkte zu verwandeln, wie sie allein aus der Informationssphäre hervorgehen können. Anders gesagt, die Wertschöpfungsschritte sind virtuell, weil sie durch und mit Informationen zustande kommen. Auf jeder Stufe einer virtuellen Wertschöpfungskette vollzieht sich das in einer Folge von fünf Tätigkeiten: Informationen sammeln, systematisieren, auswählen, zusammenfügen und verteilen. Wie jemand einen Rohstoff zu etwas Nützlichem verfeinert, so verarbeitet ein Manager heute zunächst noch rohe Informationen, um mehr Wert zu schaffen.

Sich einer virtuellen Welt anpassen

Betrachten wir Geffen Records, eine Geschäftseinheit der Musiksparte von MCA, um zu sehen, wie Informationen zum Schaffen von Wert verwendet werden. Das traditionelle Produkt eines so bedeutenden Schallplatten-Labels wie Geffen ist ein Bündel von vorab aufgenommenen Musiktiteln, die auf eine Audiocassette oder CD überspielt worden sind. Das Produkt ist Endpunkt einer Folge von wertsteigernden Vorgängen, die sich in der physischen Welt ereignen – darunter Entdecken neuer Musiker, Beurteilen ihres Vermarktungspotentials, Aufnehmen ihrer Stücke in einem Studio, Schneiden und Auswählen der Titel, Herstellen von Masterbändern, Produzieren der CDs oder Cassetten sowie schließlich Verpacken, Verkaufsförderung und Distribution des fertigen Produkts.

Zunehmend hat sich Geffen mit neuen Wettbewerbern auseinanderzusetzen, die in der Informationssphäre antreten, wo sich neue geschäftliche Chancen ergeben haben. So bieten zum Beispiel Vereinigungen wie das Internet Underground Music Archive (IUMA) per Netz digitale Audiomitschnitte von unbekannten Künstlern an und untergraben damit möglicherweise die Bedeutung des Schallplatten-Labels.

Die heutige Technologie gestattet es Musikern, ihr Material selbst preiswert aufzunehmen und zu schneiden und es über Netze wie World Wide Web oder kommerzielle On-Line-Dienste zu verbreiten. Außerdem können sie so rasch testen, ob ihre Musik Anklang findet, sie können Publikum zu ihren Aufnahmen hinzuziehen und ihre Produkte ausschließlich in der Informationssphäre vertreiben.

Der Vorteil ist einfach der: In der Informationssphäre kann Musik manchmal schneller, besser und kostengünstiger auf den Markt gebracht werden. Und hier liegt die Herausforderung für Geffen. Das Unternehmen hat einen Platz im World Wide Web, der den Bands des Labels zur Verfügung steht und den Geffen nutzt, um digitale Audio- und Videokostproben ebenso zu verbreiten wie Informationen über die Tourneen der Bands. Die Web-Seite ist zu Geffens Ausstellungsraum in der Informationssphäre und zu einem vielversprechenden neuen Vertriebskanal geworden; daneben ist die Seite auch informativer Spiegel einer Geschäftstätigkeit, die herkömmlicherweise in der physischen Welt stattfand – ein Abschnitt in einer virtuellen Wertschöpfungskette, der parallel zu einer physischen verläuft.

Über die Verwendung der eigenen Web-Seite hinaus könnte Geffen über die Adresse der IUMA im Netz nach neuen Talenten suchen, statt Bands in einem Studio vorspielen zu lassen, oder Musik mit einem Computer aufnehmen und bearbeiten, statt mit einer Band Aufnahme um Aufnahme zu wiederholen, um eine brauchbare Version für das Masterband zu schaffen. Jede Aktivität ist ein Schritt einer virtuellen Wertschöpfungskette, der durch und mittels Informationen geschieht und einem Schritt in der physischen Welt entspricht.

Um jedoch die virtuelle Wertschöpfungskette wirklich auszunutzen, könnten Geffens Manager noch weiter gehen. Sie könnten die üblichen wertschaffenden Schritte im Marketspace auf die Informationen anwenden, die das Unternehmen auf jeder Stufe der physischen Kette sammelt, und damit

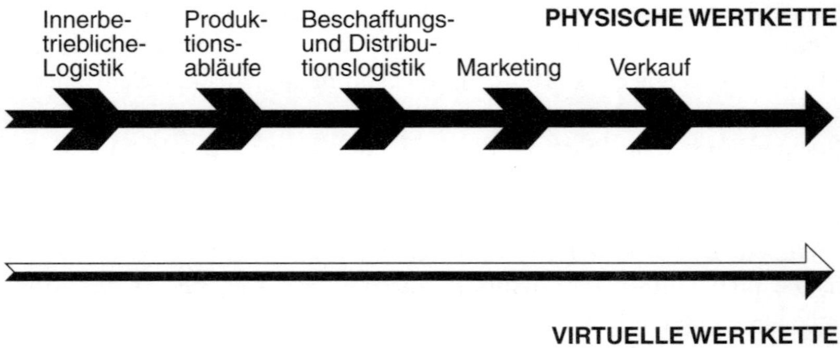

Wenn Unternehmen die bei allen Gliedern der Wertschöpfungskette gewonnenen Informationen miteinander verknüpfen, konstruieren sie die Informationsunterlagen für den gesamten Geschäftsprozeß. Diese zusammengefaßten Informationen ermöglichen es den Managern, ihre Wertkette von einem Ende zum anderen bildlich zu „sehen".

Abb. 1: Die virtuelle Wertschöpfungskette aufbauen

zusätzlich Wert für die Kunden erzeugen. Zum Beispiel könnten sie die bei den Proben einer Band aufgezeichneten digitalen Informationen nutzen, indem sie Fans einladen, der Arbeit im Studio per Internet beizuwohnen. Oder sie könnten es den Fans gestatten, den Technikern beim Schneiden des Materials zuzuhören oder auf elektronischem Weg Interviews mit den Mitgliedern einer Band herunterladen, noch ehe sie veröffentlicht oder in größerem Umfang verbreitet werden.

In der physischen Wertschöpfungskette sind die im Studio oder beim Schneiden gesammelten Informationen insoweit wertvoll, als sie es Geffen ermöglichen, CDs effizienter zu produzieren und zu verkaufen; in der virtuellen Welt sind sie eine potentielle Quelle neuer Einnahmen. Darüber hinaus ermöglichen diese Informationen die Entwicklung neuer Beziehungen zu Kunden unter sehr geringen Kosten – zum Beispiel ist ein an der neuen CD der Rolling Stones uninteressierter Kunde womöglich bereit, für die Teilnahme an einem zwanglosen Treffen mit den Stones in der Voodoo Lounge von Internet zu zahlen.

Wie die meisten Unternehmen muß Geffen auf dem physischen Markt ebenso mitspielen wie in der Informationssphäre. Daher gilt es für die Manager, weiterhin die physische Wertkette – Herstellen und Verkaufen von CDs – im Auge zu behalten, doch gleichzeitig die virtuelle Kette auszubauen und geschäftlich zu nutzen. Wir haben viele Unternehmen in verschiedenen Branchen beobachtet, die bestrebt sind, sich sowohl auf dem physischen als

auch auf dem virtuellen Markt zu betätigen. Dabei zeigte sich, daß Unternehmen, die in der Informationssphäre schönes Geld verdienen, sich dazu beide Wertschöpfungsketten zunutze machen.
Freilich ist das ökonomische Denken gegenüber beiden Ketten nicht das gleiche: Dem konventionellen Verständnis von Größen- und Bandbreitenvorteilen wird die virtuelle Wertschöpfungskette nicht in gleichem Maß gerecht wie die physische. Zudem müssen die beiden Ketten getrennt, aber zugleich im Verbund gehandhabt werden.
Wir konnten beobachten, wie die Unternehmen wertsteigernde Informationsprozesse in drei Schritten einführen. Im ersten, *Sichtbar machen*, erwerben sie das Geschick, physische Vorgänge durch Informationen genauer zu erkennen; auf dieser Stufe verwenden Manager umfangreiche informationstechnische Systeme, um Tätigkeiten in ihren physischen Wertschöpfungsketten zu koordinieren, wobei sie den Grundstein zu den virtuellen Wertschöpfungsketten legen. Im zweiten Schritt, *Übertragen von Fähigkeiten*, ersetzen Unternehmen physische durch virtuelle Tätigkeiten, indem sie beginnen, eine parallele Wertschöpfungskette in der Informationssphäre zu schmieden. Im dritten Schritt schließlich verwenden sie Informationen *zur Schaffung neuer Kundenbeziehungen*; in diesem Stadium verwenden Manager den Informationsfluß ihrer virtuellen Wertschöpfungskette, um den Kunden auf neuen Wegen mehr Nutzwert anzudienen. Sie wenden die altvertrauten wertsteigernden Tätigkeiten in ihrer virtuellen Wertschöpfungskette an und nutzen damit das, was wir die *Wertematrix* nennen.
Wenn Unternehmen in der Informationswelt aktiv werden, um dort wertsteigernde Schritte auszuführen, erschließen sie sich ein hochklassiges Wachstumspotential. Und jeder der drei Schritte eröffnet Managern beträchtliche Chancen.

Sichtbar machen

In den vergangenen 30 Jahren haben viele Unternehmen in Technologiesysteme investiert, um ihre Manager in den Stand zu versetzen, Geschäftsprozesse besser zu koordinieren, zu bewerten und manchmal auch zu kontrollieren. Die mit diesen Systemen über die Schritte in der Wertschöpfungskette gesammelten Informationen halfen Managern, Ergebnisse präziser und rascher zu planen, zu realisieren und einzuschätzen. Mit anderen Worten, die Informationstechnik gestattete es Managern, ihre Vorgehensweisen mit Hilfe der Informationswelt genauer zu sehen. In jüngster Zeit gewannen die Manager immer besseren Zugang zu den Informationen, die im Verlauf herkömmlicher Operationen anfallen, und diese Informationen helfen ihnen nun, ihre physischen Wertschöpfungsketten als einen integralen Vorgang zu begreifen statt als eine Folge einzelner, wenn auch aufeinander bezogener Verrichtungen. So lassen sich jetzt neue Einsichten gewinnen in die Handhabung der Wertschöpfungskette als ganze, statt nur einer Reihe von Teilschritten.

Unternehmen wie FedEx, Wal-Mart und Frito-Lay haben diese Form des »Sichtbarmachens« in Wettbewerbsvorteile verwandelt. Wie erfolgreich diese Unternehmen ihre erstklassigen Informationssysteme nutzen, ist zwar heute allgemein bekannt, doch betrachten wir einen Fall – Frito-Lay – einmal von der Informationswelt aus. Fritos Großtat in Gestalt seiner weithin bekannt gewordenen »Informationsrevolution« illustriert die notwendigen ersten Schritte, die erfolgen müssen, wenn Unternehmen ihre virtuellen Wertschöpfungsketten etablieren und dann nutzen wollen.

Hinter der Herstellung und Lieferung der verschiedenen Schnellgerichte der Marke Frito steht ein effizientes Informationssystem, das Manager in die Lage versetzt, beinahe jedes Element der Wertschöpfungskette als Teil eines integrierten Ganzen zu überschauen. Es ist ein zentrales Nervensystem innerhalb des Unternehmens, das Marketing, Verkauf, Herstellung, Logistik und Finanzen einbezieht. Zudem versorgt es die Manager mit Informationen über Lieferanten, Kunden und Wettbewerber. Täglich sammeln Fritos Außendienstler von Geschäft zu Geschäft im ganzen Land Informationen zum Verkauf der Produkte und schicken sie auf elektronischem Weg dem Unternehmen zu. Die Mitarbeiter dort sammeln ebenfalls Informationen über die Verkäufe und Verkaufsförderungsaktionen bei Konkurrenzprodukten oder über Produktneuheiten, die von Mitbewerbern an ausgesuchten Orten eingeführt und getestet werden.

Durch Kombinieren all dieser Daten mit Informationen von jeder Stufe der Wertschöpfungskette können Fritos Manager die Menge anzuliefernder Einsatzstoffe zuverlässig bestimmen, die Herstellungsvorgänge besser auf die verfügbaren Produktionskapazitäten verteilen und die Routen der Lieferfahrzeuge optimal festlegen. Die Fähigkeit des Unternehmens, dem örtlichen Nachfrageverhalten mit genau darauf abgestimmten Verkaufsförderungsmaßnahmen zu entsprechen, bedeutet auch, daß es die Gewinnrisiken zu hoher Bestände bestmöglich im Griff hat.

Kurz, Frito ist in der Lage, Tätigkeiten im Verlauf der physischen Wertschöpfungskette genau zu verfolgen und schnell zu reagieren. Das Unternehmen führt Tätigkeiten auf dem physischen Markt aus und koordiniert sie mit Mitteln der Informationssphäre.

Übertragen von Fähigkeiten

Haben Unternehmen sich erst einmal die Infrastruktur geschaffen, daß physische Abläufe gut sichtbar werden, können sie noch einiges mehr tun, als die wertsteigernden Schritte lediglich zu überwachen. Sie können damit beginnen, Operationen in der Informationssphäre auszuführen oder dort sogar wertsteigernde Schritte unternehmen – schneller, besser, flexibler und zu weit geringeren Kosten. Anders herum: Die Entscheider können beginnen zu fragen: Was machen wir heute im physischen Markt, und was könnten wir in der Informationssphäre effizienter und effektiver zustande bringen? Welche zur Zeit in der physischen Wertschöpfungskette ausgeführten wertschöpfenden Schritte ließen sich in die Spiegelwelt der virtuellen Wertschöpfungskette verlegen? Wenn Unternehmen Tätigkeiten vom physischen Markt in die Informationssphäre transferieren, sind sie dabei, sich eine virtuelle Wertschöpfungskette zu schaffen, die neben der physischen verläuft, aber diese zugleich verbessert.
Manager von Ford befaßten sich in den vergangenen zehn Jahren mit derlei Fragen, als beim Autobauer voller Eifer Videoconferencing und CAD/CAM-Technologien eingeführt wurden. Als Ford dann das »Global Car« entwickelte (in Nordamerika als Modell Contur angeboten), übertrug man ein Schlüsselelement der physischen Wertschöpfungskette – die Produktentwicklung – in die Informationssphäre. Ford wollte ein Fahrzeug

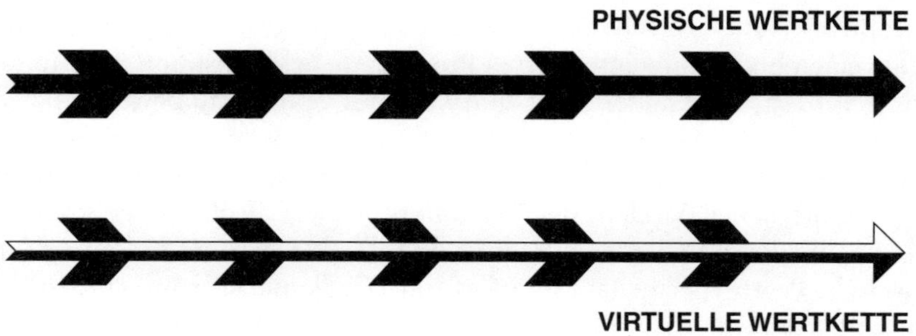

Ist erst einmal eine integrierte Informationsunterlage geschaffen, können die Unternehmen daran gehen, ihre Mehrwert schöpfenden Tätigkeiten effizienter und effektiver auszuführen – durch und mit den Informationen. Anders gesagt: Diese auf Information gestützen Tätigkeiten spiegeln die einzelnen Abschnitte der Wertkette. Sobald Unternehmen eine Reihe von Mehrwert schaffenden Tätigkeiten von einem konkreten Markt in die Informationssphäre verlagern, nutzen sie die virtuelle Wertkette mit Gewinn.

Abb. 2: Die Wertschöpfungskette gewinnbringend nutzen

schaffen, für das seine weltweit besten Konstrukteure, Designer und Marketingleute unter der Vision zusammenarbeiten sollten, ein Auto zu verwirklichen, das auf allen wichtigen Weltmärkten gut ankommt. Um die erheblichen Investitionen in informationstechnische Systeme als wirksamen Hebel zu nutzen, brachte Ford seine Fähigkeiten und Fertigkeiten aus allen Teilen der Welt in der Informationssphäre zusammen: Keine nationalen Entwicklungsteams, keine umständlichen Gipfeltreffen der Konstrukteure, sondern ein einziges *virtuelles* Entwicklungsteam.

Mit der Verlagerung der Produktentwicklung aus der physischen Welt in die Informationssphäre taten die Ford-Manager mehr, als nun dort Aufgaben erledigen zu lassen, die bislang durch physische Handlungen erfüllt worden waren. In der virtuellen Welt konnte das Konstruktionsteam die Beschränkungen von Raum und Zeit überspringen, die für jedes Vorgehen in der physischen Welt so kennzeichnend sind. In einem per Computer simulierten Umfeld baute und erprobte das Team Prototypen und tauschte Konstruktionsdetails und sonstige Daten mit Kollegen weltweit aus – 24 Stunden am Tag über ein Computernetz. In der virtuellen Informationswelt erarbeiteten sie gemeinsam globale Spezifikationen für die Fertigung, integrierten Bauteilesysteme und bezogen sogar Lieferanten in den Konstruktionsprozeß ein.

Ford vollzog entscheidende wertsteigernde Schritte entlang der virtuellen Wertschöpfungskette – in einer Welt also, die herkömmliche geschäftliche Realitäten widerspiegelt. Mit einer vollständig informationsgestützten Präsentation des Produkts konnte jedes Mitglied des Teams ganzheitlich in der Spiegelwelt verfolgen, wie nahe man dem Ziel war, »ein globales, weltweit attraktives Auto« zu schaffen. Die virtuelle Wertschöpfungskette ermöglichte einen hochgradig integrierten Prozeß. Am Schluß ist nun das Marketing gefordert, die Kunden auch zum Kauf des Conturs zu bewegen.

Die Manager von Boeing gingen in ihrer Nutzung der Spiegelwelt noch einen Schritt weiter. Vor einigen Jahren wurde das Gehäuse für die Triebwerke eines neuen Modells der 737 umkonstruiert. Früher hatte Boeing – wie andere Flugzeugbauer – Rumpf und Tragflächen entwickelt, indem physische Prototypen gebaut und diese im Windkanal erprobt wurden, um die Luftströme an den Außenlinien zu messen. Dazu waren stets viele Tests nötig.

Als Boeing nun vor der Frage stand, wie ein neues Triebwerk zur Verbesserung der Leistung der existierenden 737 konstruiert sein müßte, machte man die Versuche nicht mehr in einem realen Windkanal, sondern in einer künstlichen Umgebung – in einer aus Informationen zusammengesetzten Spiegelwelt. Die Boeing-Ingenieure entwickelten nämlich einen virtuellen Prototypen, bei dem die einschlägigen Gesetze der Physik und Materialwissenschaft berücksichtigt wurden und der als ein vom Computer simuliertes Modell in einem virtuellen Windkanal getestet werden konnte. Vor-

teil: Es ließen sich erheblich mehr Konstruktionsvarianten bei drastisch geringeren Kosten und in wesentlich kürzerer Zeit prüfen.
Heraus kam für das Gehäuse eine Tropfenform, die die Fachwelt in Erstaunen versetzte. Warum? Weil mit einem Verfahren, bei dem verschiedene Möglichkeiten ohne nennenswerte Zusatzkosten per synthetischer Prototypen endlos getestet werden können, eine Produktkonzeption entstand, die die Grenzen konventionellen Denkens hinter sich ließ. Durch Verlagern von Elementen der physischen Wertschöpfungskette – F+E, Produktkonstruktion, Erzeugen von Prototypen und Produkterprobung – in die Spiegelwelt der virtuellen Wertschöpfungskette war es Boeing gelungen, ein herrschendes Paradigma in der Triebwerkslehre zu erschüttern und eine Lösung zu finden, die die Konkurrenz aus dem Feld schlug.
Jeder Manager weiß, daß Wettbewerbsfähigkeit heute davon abhängt, den Kunden mehr Leistung zu bieten und dabei in F+E und Fertigung die Kosten deutlich zu senken. Schon immer schafften es Unternehmen, mit weniger Mitteleinsatz mehr zu leisten, indem sie sich die enormen Größenvorteile in der Produktion zunutze machten und zugleich auf mehr Qualität konzentrierten. Japanische Autohersteller wie Toyota haben diese Strategie erfolgreich angewandt und liefern höchst unterschiedliche Produkte bei geringstmöglichen Kosten. Wo aber Größenvorteile unerreichbar sind – wie bei vielen Dienstleistern –, da können sich Manager zwecks besserer Leistung bei niedrigeren Kosten die Spiegelwelt erschließen, in der völlig andere ökonomische Bedingungen gelten. Die virtuelle Wertschöpfungskette kann Unternehmen außerordentlich kostengünstige Vorgehensweisen zum Erbringen ungewöhnlich hochwertiger Resultate für die Kunden bieten.

Neue Kundenbeziehungen schaffen

Freilich müssen Unternehmen mehr tun, als in der virtuellen Welt nur mehr Wert zu kreieren: Sie müssen aus ihr auch Nutzen für sich selbst ziehen. Das kann oft gelingen, wenn sie zu Kunden Beziehungen aufbauen, die mit der virtuellen Welt in enger Verbindung stehen.
Sobald Unternehmen ihre wertsteigernden Tätigkeiten quer durch die parallelen Wertschöpfungsketten geschickt auszuführen verstehen, können sie neue Kundenbeziehungen entwickeln. Im Sektor Hochtechnologie finden sich viele Beispiele dafür, wie solche Beziehungen in der virtuellen Wertschöpfungskette auf- und ausgebaut werden. Tausende Unternehmen haben sich heute Plätze im World Wide Web eingerichtet, um für ihre Produkte zu werben oder Kundenmeinungen einzuholen. Einige sind schon weiter und haben die Schnittstelle zum Kunden automatisiert; sie können nun Kundenwünsche feststellen und befriedigen und das zu geringeren Kosten.

Digital Equipment, ein Unternehmen, das sich gerade von seinem Einbruch Ende der 80er Jahre erholt, entwickelte einen neuen Kanal für die Bedienung von Kunden im Internet. DECs World-Wide-Web-Adresse ermöglicht es Kaufinteressenten, mittels Personal-Computer Kontakt zu Verkaufsrepräsentanten aufzunehmen, nach Produkten und Dienstleistungen zu forschen, Spezifikationen von DEC-Geräten zu überprüfen und sogar einen »Test« mit einer DEC-Maschine zu machen. Auf ähnliche Weise vertreibt Oracle, ein Hersteller von Software für Datenbanken, ein neues Produkt inzwischen über Internet wie auch über physische Kanäle. Diese Firmen reihen sich unter die anschwellende Zahl von Unternehmen, die ihre gewerblichen Kunden via Internet ansprechen. Zu dieser Gruppe gehören auch GE Plastics, Sun Microsystems und Silicon Graphics. Sie alle nutzen das Netz zur Herstellung und Aufrechterhaltung von Beziehungen zu ausgewählten Kunden.

Andere Unternehmen sehen ihre Hauptaufgabe in der Pflege jeder einzelnen Kundenbeziehung in der virtuellen ebenso wie in der physischen Welt. Die erfolgreichen unter ihnen bekommen Gelegenheit, ihr Kerngeschäft oder sogar das einer ganzen Branche neu zu erfinden. Ein außerordentliches Erfolgsbeispiel ist in dieser Hinsicht die United Services Automobile Association (USAA), der es gelang, ihre Chancen zur Bereitstellung von mehr Wert für Kunden in der virtuellen wie der physischen Welt zu maximieren und damit zu einem Mitbewerber von Weltrang aufzusteigen.

Am Anfang war USAA eine Versicherungsgesellschaft. Später verwendete man seine Informationssysteme – zwecks Automatisierung des Kerngeschäfts (Verkauf von Versicherungen und Risikodeckung) installiert –, um erhebliche Mengen an Informationen über Kunden zu gewinnen, auf individueller wie kollektiver Basis. USAA faßte diese Erkenntnisse zusammen und verbreitete sie im ganzen Unternehmen, so daß die Mitarbeiter nun imstande sind, den Kunden bei jedem Kontakt Produkte, Dienstleistungen und Empfehlungen anzubieten. Nach dieser Investition in das Sichtbarmachen merkte man bei USAA, daß man unter anderem nun auch in der Lage war, Kunden-Risikoprofile und speziell angepaßte Policen in der virtuellen Wertschöpfungskette zu erstellen. Angesichts des in ihrer virtuellen Wertschöpfungskette angesammelten Reichtums an Informationen erfanden die USAA-Manager auf spezifische Kundenbedürfnisse zielende Geschäftszweige wie zum Beispiel Versicherungen für Bootsbesitzer.

Doch die USAA benutzte ihre wachsende Sachkunde auf dem Gebiet Information auch, um neuen Wert für Kunden zu schaffen, die wenig oder nichts mit dem Versicherungsgeschäft zu tun hatten. So ging das Unternehmen im Fall der Bootsbesitzer dazu über, Finanzierungspakete für den Kauf von Booten zu entwickeln. Inzwischen bietet USAA ein breites Spektrum von Finanzprodukten an, darunter Finanzierungen für alles mögliche, von Schmuck bis zu Autos. Rufen Versicherte wegen eines Diebstahls an, so läßt

das Unternehmen sie wählen: Übersendung eines Schecks oder Ersatz des gestohlenen Gegenstands. (Viele Kunden optieren für letzteres, weil das weniger Mühe macht und ihr Problem damit gelöst ist.)
Durch Zusammenfassen von Nachfragestatistiken und mutmaßlichen Verlustquoten wurde USAA für ihre loyalen Kunden zu einem geschickten Wareneinkäufer, dem auf Grund hoher Bestellmengen Discountpreise gewährt werden und der diese Einsparungen zum Teil oder ganz an den Kunden weitergibt.
Heute ist USAA im Bereich Direktvertrieb einer der größten Warenhändler des Landes. Und er liefert reale Güter über seine physische Wertschöpfungskette entsprechend seiner Wahrnehmungsfähigkeit in seiner virtuellen Wertschöpfungskette. USAA stellt selbst keine Produkte her, doch ist er ein vertrauenswürdiger Mittler zwischen den von ihm aufgespürten Abnehmern und seinen Lieferquellen.
Obwohl die »Produktlinie« von USAA bunt gemischt ist, stellt sie dennoch eine vernünftige, preisgünstige und gewinnbringende Reihe von neuen geschäftlichen Unternehmungen dar, die sich allesamt auf die in der virtuellen Wertschöpfungskette der Firma gesammelten Informationen über Kunden stützen. (Wie mit diesen Informationen richtig umzugehen ist, weiß man bei USAA aus dem alten Kerngeschäft Versicherungen.)
Mit geschickter Integration der in der virtuellen Wertschöpfungskette gewonnenen Informationen und einer physischen Wertschöpfungskette, die sowohl Güter als auch Dienstleistungen liefert, schafft USAA zusätzlich Wert für Kunden, indem diese in breiterem Umfang bedient werden.

Die Wertematrix

Die neuen Beziehungen, die Unternehmen wie USAA mit den Kunden entwickeln, lassen sich in einer Matrix der Werte-Chancen erfassen. Jede Stufe der virtuellen Wertschöpfungskette – als Spiegel der physischen – ermöglicht viele neue Extrakte aus dem Fluß der Informationen, und jeder davon könnte für ein neues Produkt oder eine neue Dienstleistung stehen. Wenn Manager eine dieser Chancen verfolgen wollen, müssen sie Prozesse installieren, mit denen sich die fünf wertsteigernden Schritte – Informationen sammeln, systematisieren und so weiter – vollziehen lassen. In Verbindung mit der virtuellen Wertschöpfungskette geht aus diesen Schritten eine Wertematrix hervor, die es Unternehmen ermöglicht, Kundenwünsche effektiver aufzuspüren und zu erfüllen.
Wenn zum Beispiel ein Autohersteller seine F+E-Arbeiten von der physischen Wertschöpfungskette in die virtuelle verlagert, wird es dem Unternehmen möglich, die Matrix zu nutzen, indem es Kunden in die Neuent-

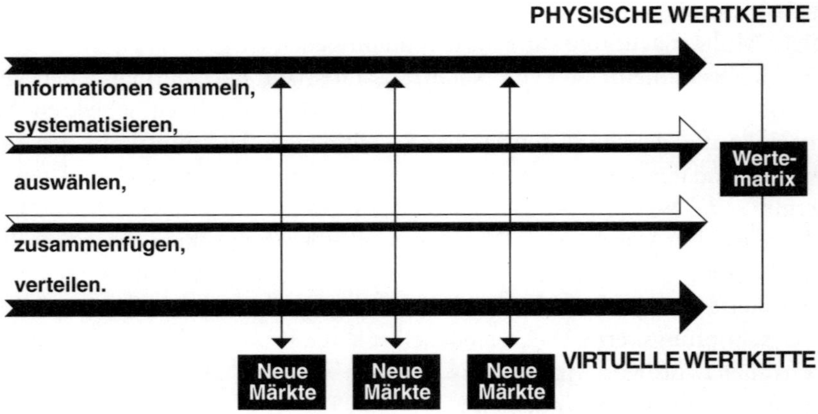

Unternehmen schaffen neue Märkte und neue Beziehungen zu vorhandenen Märkten, indem sie die fünf allgemeinen, wertschöpfenden Grundschritte in der Welt der Information auf jede Tätigkeit entlang der virtuellen Wertkette anwenden. Jedes Unternehmen, das so vorgeht, schafft sich eine Wertematrix.

Abb. 3: Die Wertematrix: Neue Kundenbeziehungen aufbauen

wicklung mit einbezieht, selbst wenn diese Kunden über die ganze Welt verstreut sitzen. Das Unternehmen könnte Informationen aus dem F+E-Prozeß dazu verwenden, den Kunden eine Computersimulation des neuen Produkts zu präsentieren; die Kunden sind dann quasi im virtuellen Konstruktionsbüro versammelt und können ihre Ansichten vorbringen, die dann in dem voranschreitenden Konstruktionsprozeß berücksichtigt werden und für mehr Wert sorgen.

Außerdem lassen sich diese Informationen für anfallende Nebenprodukte verwerten: Digital erfaßte Produktentwürfe können etwa zur Grundlage computer- oder TV-gestützter Multi-Media-Software werden wie das Lamborghini Autorennen, jenes heute weithin angebotene Softwarepaket. Wenngleich die für solche Produkte verwendeten Informationen auch physische Prozesse unterstützen und in ein physisches Ergebnis münden – ein Auto, eine CD oder Versicherungspolice –, ist sie auch Rohstoff für neue Arten von Wert.

Die Zeitungsbranche ist ein weiteres Beispiel dafür, wie sich solche Prozesse von der physischen in die virtuelle Welt verlagern lassen. Die Manager können die fünf wertsteigernden Schritte auf jedes Glied in der virtuellen Wertschöpfungskette anwenden, um zu einer Matrix von Chancen zum Schaffen von Wert zu gelangen. Die Zeitungen könnten zum Beispiel, indem sie Hintergrundinformationen zu ihren Berichten dem Leser zugänglich machen, Informationspakete anbieten, die Tonbandaufzeichnungen von Reporter-Interviews, Abbildungen ihrer schriftlichen Notizen, unveröffentlichten Fotos oder sogar Anmerkungen der Redakteure zu ersten Fassungen früherer Entwürfe von Stories enthalten. Die Wertematrix leitet Manager bei den Überlegungen, wie die notwendigen Prozesse zur Nutzung neuer Chancen einzurichten sind.

Durch mutiges Nachdenken über die Integration der physischen und der virtuellen Sphäre können Entscheider eine wertstiftende digitale Basis schaffen, von der aus sich dann die Wettbewerbsdynamik ganzer Branchen verändern ließe. Betrachten wir nur Image Technology International (kürzlich von MCI Communications Corporation übernommen), eine Firma, die auf dem Bildbearbeitungsmarkt antrat mit einem völlig digitalisierten Verfahren zum Aufzeichnen, Strukturieren, Selektieren, Manipulieren und Distribuieren von Bildmaterial.

Durch Verwendung des digitalen Codes als Rohmaterial – anstelle von Chemikalien wie bei der herkömmlichen Photographie – kann Image Technology seinen Kunden in mehrfacher Hinsicht einen höheren Nutzwert verschaffen. Erstens bietet die Firma kostengünstigere Druckvorstufen-Leistungen an. Ein hochwertiges professionelles Photo für einen Katalog kostet bei Verwendung herkömmlicher Filme 150 bis 250 Dollar oder mehr; seine mehrmalige Verwendung hat Grenzen: Die Zusatzkosten einer für einen Werbekatalog hergestellten Abbildung in einem weiteren Produkt – etwa einer weiteren Werbebroschüre – beginnen mit 15 Dollar und steigen danach weiter. In der digitalen Welt kostet die Abbildung (eingefangen mit einer digitalen Kamera) in der Herstellung nur halb soviel, da der Photograph produktiver ist, chemische Behandlung vermieden und die Wiedergabequalität besser wird und auch die Bearbeitung effizienter vor sich geht. Zweitens kann Image Technology ein digitales Photo auf mehrfache Weise manipulieren und wiederverwenden, um es Abnehmern zu ermöglichen, mit ihren Kunden im physischen Markt oder in Datennetzen zu kommunizieren. So kann das Unternehmen beispielsweise mit speziell dafür entwickelter Software eine Abbildung auf Acetatfilm oder für eine digitale Druckmaschine anfertigen; beides spielt beim Druck von Werbebroschüren eine Rolle.

Dasselbe Bild kann einem Kopiergerät zugeleitet werden, um Handzettel als Schwarzweiß- oder Farbkopien herzustellen, wenn eine Verkaufsaktion publik gemacht werden soll. Image kann ein digitales Photo manipulieren (in einer Datenbank mit anderen relevanten Daten zusammenstellen wie dem Preis des abgebildeten Gegenstands und einer Produktbeschreibung), so daß Kunden es in CD-ROM-Katalogen, Videoaufzeichnungen oder On-Line-Diensten verwenden können.

Kurz, das Unternehmen kann ein Bild mittels der virtuellen Wertschöpfungskette effizienter herstellen und dann so umformen, daß es in vielen verschiedenen physischen und virtuellen Verfahren verwendbar ist – vom

Farbphotodiapositiv über die Photokopie bis zur Videoaufzeichnung. Image schafft so ein Aktivum von enormen Größen- und Bandbreitenvorteilen.
Sehen wir uns auch einen der vertikal organisierten Märkte an, in denen Image als Wettbewerber mitmischt: die Branche der Hersteller und Händler von Eisenwaren. Jede Firma der Branche kann die Druckvorstufentechnologie von Image zur kostengünstigeren Veröffentlichung von Produktabbildungen und Daten nutzen. Ein lokales Eisenwarengeschäft kann die Bild-Datenbank von Image für Hämmer, Schraubenschlüssel und andere Produkte anzapfen, um eine Zeitungsbeilage mit Bildern in Halbton, manuell montiert, auf konventionelle Weise herzustellen – oder digital durch Nutzung der Bildbearbeitungssoftware von Image. Ein großer Anbieter, der einen umfassenden Katalog mit all seinen Produktgruppen produzieren möchte, kann dies mit informationsgestützten Diensten und Produkten von Image billiger, schneller und flexibler leisten als je zuvor. Wo früher zur Herstellung eines Katalogs Zehntausende von Bildern und monatelange Arbeit am Layout nötig waren, kann Image dem Kunden eine Bild- und Textdatenbank fast im Handumdrehen fertigstellen. Spätere Kataloge lassen sich durch Nutzen der gleichen digitalen Vorlagen binnen weniger Tage veröffentlichungsreif gestalten, wenn der Anbieter mehrere Artikel aus der Liste streicht, bei vielen anderen den Preis ändert oder eine breite Auswahl an Hämmern mit verschiedenen Farben hinzufügt. Image kann die Größe der Abbildungen manipulieren, ihre Reihenfolge ändern und Text oder sogar Farben digital weitaus einfacher verändern, als dies konventionell möglich wäre.
Bei seinem Bestreben, der Eisenwarenbranche zu helfen, die Kosten der Kommunikation mit ihren Kunden zu senken, baut Image eine gewaltige Bilddatenbank auf, die der Firma eine dominante Position eintragen wird. Wenn diese Datenbank erst einmal von beinahe jedem Artikel der Branche ein Bild in brauchbarer Qualität enthalten wird, kann sich kaum noch ein Mitspieler auf diesem Sektor – sei er Hersteller, Groß- oder Einzelhändler – an eine andere Quelle als Image wenden oder ein Bild aufnehmen, das bereits in physischer und virtueller Form verfügbar ist. (Derselben Logik folgend kaufen Bill Gates und andere Pioniere des Elektronikgeschäfts rasch die Digitalisierungsrechte an Kunstwerken und vielen anderen Objekten auf.)
Für jeden, der die Bildbearbeitungsweise von Image nur strikt als eine informationsgestützte Parallele zu dem herkömmlichen chemischen Verfahren betrachtet, mag die Wertschöpfungskette der Firma allein als wesentlich effizienter vorkommen als die physischen Wertketten anderer Unternehmen. Betrachten wir jedoch, wie in der Informationswelt mehr Wert geschaffen wird, dann zeigt sich deutlich, daß Image das Geschäft mit dem Festhalten und Wiedergeben von Abbildungen neu erfunden hat. Um ein Photo herzustellen und zu bearbeiten, sammelt Image zahllose Informatio-

nen (sucht Gegenstände und photographiert sie), systematisiert diese Informationen (und schafft die Bilddatenbank), wählt Informationen aus (im Zuge des Aussuchens von Abbildungen in der Datenbank zur Reproduktion), fügt Informationen zusammen (durch Bearbeiten der Abbildungen für verschiedene Medien) und verteilt Informationen (durch Liefern von Abbildungen an die auftraggebenden Nutzer). Was Image produziert, ist nicht das digitale Äquivalent für photographisches Filmmaterial und ähnliches, sondern Image transferiert seine digitalen Aktiva zu vielen Anwendern – vom Zeitungsdruck über Kataloge bis zu Videoaufzeichnungen. Das aber heißt: Indem die Firmenmanager in den Begriffen einer virtuellen Wertschöpfungskette *und* einer physischen Kette denken, erkennen sie weit mehr Chancen, Wert zu schaffen und zu extrahieren, als wenn sie ihr Geschäft nur in den Kategorien einer herkömmlichen physischen Wertkette betrachten würden. Nachdenken über ihr Geschäft in Ansicht der Wertematrix kann es Managern ermöglichen, Spielregeln neu zu bestimmen; sie können eine ganze Branche neu erfinden.

Diese neue Art des Denkens ist weltweit zu verfolgen. So wird zum Beispiel die China Internet Company, unterstützt von der Nachrichtenagentur Xinhua, noch vor Ende 1995 ein Netz mit Internet-Adressen für 40 chinesische Industriestädte einführen. In diesem Netz soll es Multimedia-Dokumente geben, die eine breite Palette von Produkten beschreiben, von Spielzeugen über Handtücher bis zu Autoteilen. China Internet will außerdem einen vollständigen Katalog der chinesischen Handels- und Exportgesetze bieten, einen Übersetzungs- sowie Nachrichtendienst.

Da in China bisher keine hinlängliche physische Infrastruktur für Exportinformationen existiert, hoffen die Chinesen, sich damit als erste eine virtuelle Plattform zu schaffen. Diese neue Informationsinfrastruktur könnte leicht die Grundlage für eine gänzlich neue Transaktions- und Kommunikationsinfrastruktur abgeben, mit Kanälen nach und aus China. Schließlich wird China Internet, anders als ein Unternehmen, das am physischen Markt neu antritt, sofort über globale Reichweite verfügen, wenn es ans Netz geht.

Konsequenzen für das Management

Für Manager bedeutet all dies, daß sie sich bewußt auf die Prinzipien konzentrieren müssen, die das Schaffen und Extrahieren von Wert quer über beide Wertketten hinweg bestimmen. So unterschiedlich beide Ketten sind, zur Wertschaffung taugen beide. Allerdings verläuft die virtuelle Wertschöpfungskette nicht linear – sie entspricht einer Matrix potentieller Einsätze und Ergebnisse, die über ein breites Spektrum von Kanälen zustande kommen können. USAA etwa vermag Kundenbedürfnisse zu erfüllen, gleich an welchem Ort und in welcher Form sie sich manifestieren. Image kann Abbildungen und Daten zahlreichen Plattformen zuliefern und über eine Vielzahl von Vertriebsformen vertreiben. China Internet könnte ähnliche Funktionen für eine rasch wachsende Volkswirtschaft ausüben. Wie läßt sich dieser neue Bereich von geschäftlichen Tätigkeiten sinnvoll ordnen – diese Informationssphäre, die die Schaffung einer virtuellen Wertschöpfungskette ebenso erlaubt wie die Nutzung einer Wertematrix? Manager müssen lernen, mit den Ansprüchen beider Sphären klarzukommen. Insbesondere sollten sie eine Reihe aktueller Führungsprinzipien beherzigen, denn viele Grundsätze, die das Handeln bisher leiteten, haben in der Informationssphäre keine Gültigkeit mehr. Fünf neue Prinzipien bieten wir hier an.

Das Gesetz der digitalen Aktiva

Im Gegensatz zu physischen Aktiva werden digitale Aktiva bei ihrer Nutzung nicht aufgezehrt. Unternehmen, die mit ihnen Wert schaffen, können sie in einer potentiell unendlichen Zahl von Transaktionen wiederverwenden. Den Wettbewerb in einer Branche kann das umkrempeln. Wenn beispielsweise Image Technology eine Million Abbildungen von Metallwaren sammelt und systematisiert, so verschafft sich das Unternehmen der Metallwarenbranche gegenüber einen dominierenden digitalen Aktivposten. Andere Unternehmen, die mit im herkömmlichen chemischen Verfahren erstellten Photos arbeiten, werden es schwer haben, sich im Wettbewerb mit Image zu behaupten, weil die variablen Kosten der Wertschöpfung auf Basis digitaler Informationen gegen Null gehen. Deshalb dürften Anbieter von Produkten oder Diensten, die ihre Preise nach dem überlieferten Modell des Verzehrs an Einsatzfaktoren bemessen müssen, kaum konkurrenzfähig bleiben gegenüber Unternehmen, die durch Ausbeuten ihrer virtuellen Wertketten sogar bei niedrigen Preisen noch Geld verdienen.

Die neuen Größenvorteile

In der virtuellen Wertschöpfungskette ergeben sich erstaunliche Skaleneffekte, die es selbst kleinen Firmen ermöglichen, mit geringen Stückkosten bei Produkten und Diensten auf Märkten mitzuhalten, die eigentlich von Großunternehmen beherrscht werden. Der U. S. Postal Service, der die Welt mit den Augen eines Branchenriesen betrachtet, könnte es sich niemals leisten, in jedem Haushalt des Landes eine Poststelle einzurichten. Doch

FedEx kann es, denn genau das ist dem Unternehmen in der Informationssphäre gelungen, wo man einzelnen den Zugang zum Internet ermöglicht, um Pakete über die Adresse des Transporteurs im World Wide Web zu verfolgen. (Die Kunden können zudem Software von FedEx anfordern, mit der sie sich auch jederzeit ansehen können, wie das mit ihren früheren Transaktionen bei FedEx zugegangen ist.) Die neuen Größenvorteile gestatten es FedEx nun, jedem einzelnen Kunden quasi eine Minigeschäftsstelle zu bieten, egal ob zu einem beliebigen Zeitpunkt Millionen von ihnen diesen Dienst beanspruchen oder ob es nur ein einziger ist.

Die neuen Bandbreitenvorteile

Solche Vorteile können sich Unternehmen in der Informationssphäre schaffen, indem sie auf Basis einer Reihe von digitalen Aktiva für viele unterschiedliche und weit auseinanderliegende Märkte mehr Nutzwert anbieten. Im Marktsegment Versicherungen für Offiziere der US-Streitkräfte dominiert USAA mit dem stattlichen Anteil von 97 Prozent, ein Geschäftsumfang, der mittels Direktmarketing aufgebaut wurde. Heute erweitert das Unternehmen die Bandbreite seiner Geschäfte mit Hilfe seiner neuen digitalen Aktiva in Form der über seine Kunden gesammelten Informationen, die ständig weitere Geschäftsmöglichkeiten eröffnen. Durch Nutzung ihrer virtuellen Wertkette kann die USAA auf ganz verschiedenen Märkten eine immer breitere Palette von hochwertigen Waren und Dienstleistungen anbieten.

Schrumpfende Transaktionskosten

Entlang der virtuellen Wertschöpfungskette sind die Transaktionskosten weit geringer, als sie es entlang der physischen Kette sind; und dazu fallen sie noch rapide wegen der sich alle 18 Monate pro Kosteneinheit verdoppelnden Leistungsfähigkeit der Mikroprozessoren. In den 60er Jahren kostete die Aufbewahrung von Informationen über einen einzelnen Kunden rund einen Dollar, heute machen sie nicht einmal einen Cent aus. Geringere Transaktionskosten gestatten es Unternehmen, Informationen zu kontrollieren und zu verfolgen, deren Erfassung und Verarbeitung vor einigen Jahren noch zu teuer war. So kann zum Beispiel Frito auf Grund geringerer Transaktionskosten heute seine Wertkette von der Maisanlieferung bis zu den Vorräten an seinen Produkten im einzelnen Laden überwachen.

Die neue Balance zwischen Angebot und Nachfrage

Zusammen lassen sich die bisherigen vier Leitsätze zu einem fünften kombinieren: Geschäftliche Tätigkeit heute verlangt in zunehmendem Maß eine Verlagerung von angebots- zu nachfrageseitigem Denken. Während die Unternehmen auf dem realen Markt den Strom ihrer Vor- und Fertigprodukte steuern, können sie in der virtuellen Welt die Informationen, die sie zusammengetragen und aufbereitet haben, nutzen, um Kundenwünsche aufzuspüren und auf sie einzugehen (siehe Haeckel/Nolan 1993). Die USAA spürt unter ihren treuen Kunden Bedürfnisse auf und knüpft die Verbindung zu einer Lieferquelle. Kein anderes Vorgehen ist angesichts weltweiter Überkapazitäten richtiger.

Topmanager müssen ihr Unternehmen – seine Stärken und Schwächen, Chancen und Risiken – in den Wertketten beider Welten einschätzen, der virtuellen wie der physischen. Was sie daraus an Schlüssen ziehen, wird darüber entscheiden, ob ihr Unternehmen reüssiert oder Pleite macht.

Literatur

Stephen H. Haeckel und Richard L. Nolan: Managing by Wire, in: Harvard Business Review, September/Oktober 1993.

Jeffrey F. Rayport und John J. Sviokla: Managing in the Marketspace, in: Harvard Business Review, November/Dezember 1994.

Neue Unternehmens-modelle

Thomas W. Malone, Robert J. Laubacher

Vernetzt, klein und flexibel – die Firma des 21. Jahrhunderts

Linus Torvalds war 21 Jahre alt und studierte Informatik an der Universität Helsinki, als er im Oktober 1991 den Kern eines neuen, von ihm geschriebenen Computer-Betriebssystems ins Internet stellte. Er nannte sein Produkt Linux, und es handelte sich dabei um eine grundlegende Abart des allgegenwärtigen Betriebssystems Unix, das damals schon länger als zehn Jahre eine Hauptstütze der Datenverarbeitung in vielen Großunternehmen und in der Forschung bildete.

Torvalds forderte andere Programmierer auf, seine Software – gratis – herunterzuladen, sie zu benutzen, sie zu testen und je nach Bedarf zu modifizieren. Einige Interessierte griffen das Angebot auf. Sie merzten Fehler aus, bastelten an dem Ursprungscode herum, fügten neue Eigenschaften hinzu und stellten die Ergebnisse ihrer Arbeit ebenfalls ins Internet.

In der Folge wuchs der Kern von Linux zusehends und zog die Aufmerksamkeit von immer mehr Programmierern auf sich, die dann ihre Ideen und Verbesserungsvorschläge ebenfalls beisteuerten. So nahm die Linux-Gemeinde ständig zu und umfaßte bald Tausende von Leuten rund um den Globus. Alle tauschten ihre Arbeitsergebnisse miteinander kostenlos aus. Innerhalb von nur drei Jahren entwickelte diese lockere, informelle Gruppe, die ohne Manager arbeitete und hauptsächlich übers Internet in Verbindung stand, Linux zu einer der besten Unix-Versionen, die je kreiert wurden.

Aber stellen Sie sich nun vor, wie das Projekt einer derartigen Software-Entwicklung wohl in einem Unternehmen wie IBM oder Microsoft organisiert worden wäre. Entscheidungen und Forschungsmittel hätten viele Managementebenen passieren müssen. Formelle Teams von Programmierern, Qualitätsprüfern und Fachautoren wären gegründet und ihre Aufgaben ganz genau zugeteilt worden. Es hätte Kundenbefragungen und Fokusgruppen gegeben, und die dabei erzielten Ergebnisse wären in dicken Berichtsbänden festgehalten worden. Es hätte Budgets gegeben, Meilensteine, Abschlußtermine, Statuskonferenzen, Ergebnisüberprüfungen, Genehmigungen. Es wäre zum Gerangel um Zuständigkeiten gekommen, zu totalen Erschöpfungszuständen, Terminüberschreitungen und Verzögerungen. Das Projekt hätte gewaltige Finanzmittel verschlungen, weit länger als vorgesehen gedauert und am Ende wahrscheinlich ein System hervorgebracht, mit dem die Anwender weniger hätten anfangen können als mit Linux.

Vielen Topmanagern dürfte die Entwicklung von Linux eher als eine geheimnisumwitterte Geschichte über Hacker im Cyberspace vorkommen (womit sie den Hergang gründlich mißverstehen) – eben als eine hübsche Story nach Art des Kultmagazins »Wired«, aber mit wenig Relevanz für die seriöse Welt des Big Business. Diese Ansicht mag zwar nachvollziehbar sein, doch sie ist zu kurzsichtig. Denn in Wahrheit stellt die Linux-Story unter Beweis, welche Macht eine neue Technologie haben kann – im diesem Fall elektronische Vernetzung –, indem sie bislang bestehende Arbeitsweisen von Grund auf verändert. Die Linux-Gemeinde, ein zeitlich begrenzter, sich selbst organisierender Zusammenschluß von gänzlich unterschiedlichen Individuen, die sich für eine gemeinsame Aufgabe einsetzen, kann als Modell einer neuen Form von Unternehmensorganisation gelten und zur Grundlage eines ganz neuen Wirtschaftssystems werden.

Die elementare Einheit einer solchen Ökonomie stellt nicht die Kapitalgesellschaft dar, sondern das Individuum. Arbeitsaufgaben werden nicht mehr durch eine eng zusammenarbeitende Gruppe von Managern zugewiesen und kontrolliert, sondern eher autonom ausgeführt durch selbständige, freischaffende Auftragnehmer. Diese elektronisch verbundenen Freelancer – nun als E-Lancer zu bezeichnen – finden sich in leicht veränderlichen, nur zeitweilig bestehenden Netzen zusammen, um Produkte und Dienstleistungen zu produzieren und zu vertreiben. Ist ein Arbeitsauftrag (Job) – nach einem Tag, einem Monat oder einem Jahr – erledigt, so löst sich das Netz auf. Aus seinen Mitgliedern werden wieder unabhängige Akteure, die durch die Wirtschaft zirkulieren auf der Suche nach der nächsten Aufgabe.

Diese Sicht ist keineswegs wild hypothetisch. Schließlich gibt es die E-Lance-Wirtschaft auf vielfältige Weise schon längst. Wir erkennen sie nicht nur am Fall der Linux-Entwicklung, sondern auch an der Entstehung des Internets selbst. Wir können sie am Aufkommen der virtuellen Unternehmen verfolgen, an der wachsenden Rolle von Outsourcing und elektronischem Datenaustausch sowie an der wachsenden Verbreitung der Arbeitskräfte, die als Freelancer oder Zeitarbeiter tätig sind.

Selbst in großen Unternehmen können wir beobachten, wie Ad hoc-Projekt-Teams zunehmend wichtiger, wie »Intrapreneure« gefördert werden und wie es zur Bildung unabhängiger Geschäftseinheiten kommt (siehe Anmerkung 1).

All diese Trends deuten darauf hin, daß sich die großen, dauerhaft bestehenden Erwerbsunternehmen zurückentwickeln und in flexible, zeitlich begrenzte Netze von Individuen verwandeln. Noch kann heute niemand genau sagen, wie wichtig oder wie verbreitet diese neue Organisationsform künftig sein wird. Aber angesichts der derzeitigen Entwicklungssignale läßt sich durchaus denken, daß Netze einmal die Arbeitswelt im 21. Jahrhundert prägen werden – ähnlich wie die industrielle Organisation im 20. Jahrhundert. Sollte es so kommen, werden sich Wirtschaft und Gesellschaft nachhaltig verändern.

Der Aufstieg der Ein-Personen-Firmen

Erwerbsorganisationen sind im wesentlichen Koordinationsmechanismen. Es gibt sie, um den Fluß der Arbeitsabläufe, Materialien, Ideen und Gelder zu steuern. Die Form, die sie dazu annehmen, hängt stark von den verfügbaren Koordinationstechniken ab. Diese waren bis vor etwa 200 Jahren recht primitiv. Güter und Nachrichten wurden hauptsächlich per Fuß, per Pferd oder per Schiff transportiert. Der ganze Ablauf war langsam, unzuverlässig und zudem oft gefährlich. Weil es noch keine effizienten Methoden gab, um verschiedenartige Verrichtungen zu koordinieren, arbeiteten die meisten Menschen in der Nähe ihrer Häuser, oft sogar dort selbst, und produzierten dabei Güter oder Dienstleistungen für ihre direkten Nachbarn. Gewöhnlich waren die damaligen Erwerbsbetriebe – Bauernhöfe, Ladengeschäfte, Gießereien – klein und umfaßten nur wenige Eigentümer und unselbständig Beschäftigte. Sollten ihre Produkte weiter entfernte Kunden erreichen, bedurfte es einer langen Kette von Transaktionen mit etlichen selbständigen Großhändlern, Effektenhändlern, Transporteuren, Ladeninhabern und herumziehenden Hausierern.
Erst in der zweiten Hälfte des 19. Jahrhunderts, nachdem Eisenbahnschienen und Telegraphenmasten das Land durchzogen, wurden komplexe Erwerbsorganisationen möglich. Die schnelleren, weit zuverlässigeren Kommunikations- und Transportsysteme erlaubten es den Unternehmen, Märkte landesweit und sogar im Ausland zu erreichen. Die Eigner dieser Unternehmen besaßen nun die Mittel, um die Aktivitäten von großen und räumlich verstreuten Personengruppen zu koordinieren. Das hierarchisch organisierte Industrieunternehmen war geboren, vereinigte bald eine große Bandbreite von Funktionen und oft von Geschäften bei sich und wurde rasch zum vorherrschenden Organisationsmodell des 20. Jahrhunderts.
Bei allem derzeitigen Gerede über dezentralisierte Führung, stärker ermächtigte Mitarbeiter und horizontale Prozesse ist das große Industrieunternehmen noch immer prägend für die heutige Wirtschaft. Wir leben weiterhin im Zeitalter der multinationalen Megakonzerne, und diese scheinen alles daranzusetzen, um zu immer größeren Einheiten zu verschmelzen.
Wie lauten doch die Schlagzeilen der Wirtschaftspresse weltweit? Compaq kauft Digital. WorldCom kauft MCI. Citibank fusioniert mit Travelers. Daimler übernimmt Chrysler. British Airways verbündet sich mit American Airlines (und die wiederum mit US Airways). Manche Beobachter, die diese Fusionswelle in die Zukunft projizieren, sehen eine Welt voraus, in der

gigantische Weltkonzerne an die Stelle der Nationen als den Organisationseinheiten der Menschheit treten. Wir wären dann Bürger von Sony, Shell oder Wal-Mart, Tag für Tag auf dem Marsch, uns mit den Bürgern von Philips, Exxon oder Sears herumzuschlagen.

Gewiß erscheint solch ein Szenario plausibel. Doch wenn wir hinter die Fassade all dieses Übernahme- und Fusionsgeschehens blicken, sehen wir auch Anzeichen für eine gegenläufige Entwicklung: die Desintegration der großen Konzerngesellschaften nämlich. Wir sehen Menschen, die die Großunternehmen verlassen und entweder zu kleineren Firmen gehen oder sich selbständig machen – als Subunternehmer, Freelancer oder Angestellte auf Zeit.

Noch vor 25 Jahren war jeder fünfte Arbeitnehmer in den USA bei einem der 500 größten Unternehmen beschäftigt. Heute ist es nicht einmal jeder zehnte mehr. Der größte private Arbeitgeber der Vereinigten Staaten ist weder General Motors noch IBM oder UPS – es ist die Zeitarbeitsagentur Manpower Incorporated, die 1997 zwei Millionen Menschen unter Vertrag hatte. Während die Großunternehmen immer größere Geldströme kontrollieren, üben sie ständig weniger Kontrolle über das laufende wirtschaftliche Geschehen aus. Man könnte sie als wachsende Hohlkörper bezeichnen.

Selbst innerhalb der Großunternehmen verliert die traditionelle Führung per Anweisung und Kontrolle an Bedeutung. Entscheidungen werden zunehmend nach unten verlagert und Mitarbeiter nicht mehr dafür belohnt, daß sie Anordnungen effizient ausführen, sondern dafür, daß sie überlegen, was zu tun ist, und es dann erledigen. Einige große Industrieunternehmen wie Asea Brown Boveri und British Petroleum haben sich in eine Vielzahl unabhängiger Einheiten aufgespalten, die untereinander Geschäfte tätigen, als gehörten sie nicht unter das gleiche Dach. Zudem ist es in manchen Branchen wie dem Investment-Banking und dem Beratungswesen oft leichter, die vorhandene Organisation nicht als traditionelle Hierarchie zu begreifen, sondern als eine Konföderation von Unternehmern, vereint lediglich durch einen gemeinsamen Markennamen.

Was steckt hinter diesem Trend? Warum zeigen sich an der herkömmlichen industriellen Organisation so viele Anzeichen eines Zerfalls? Warum gibt es immer mehr E-Lancer? Die Antwort läßt sich in den wirtschaftlichen Grundgegebenheiten von Organisationen finden. Ökonomen, Organisationstheoretiker und Wirtschaftshistoriker haben sich lange mit der Frage abgemüht, warum einige Unternehmen wachsen, während andere klein bleiben. Ihre Untersuchungen ergaben: Wenn es billiger ist, Transaktionen intern, also innerhalb der Unternehmensgrenzen, abzuwickeln, dann wachsen sie; wenn es aber kostengünstiger ist, sie extern, von selbständigen Wirtschaftseinheiten des freien Marktes ausführen zu lassen, bleiben sie klein oder schrumpfen wieder. Falls zum Beispiel die Besitzer einer Eisenschmelze meinen, es sei billiger, für den Absatz der eigenen Produkte eine Ver-

kaufstruppe einzusetzen statt mit externen Handelsvertretungen zusammenzuarbeiten, so werden sie Verkäufer einstellen, und die Organisation wird wachsen. Glauben sie indes, eine externe Vertriebsorganisation koste weniger, heuern sie keine Verkäufer an, und die Firma wächst nicht.
Die Koordinationstechniken der industriellen Ära – Bahn und Telegraph, später Auto und Telephon, dann Großrechner – machten unternehmensinterne Transaktionen nicht nur möglich, sondern auch gewinnbringend. Die Unternehmen konnten so große Organisationseinheiten zentral führen; und das brachte ihnen Kostenvorteile in der Herstellung und Vermarktung, im Vertrieb und bei anderen Aktivitäten. Es rechtfertigte sich wirtschaftlich, viele unterschiedliche Aufgaben und Geschäftsprozesse direkt zu kontrollieren. Dazu waren Legionen an Verwaltern und Aufsehern nötig, um alles zu managen. Größe war etwas Gutes.
Aber mit der Einführung leistungsstarker PC und weitreichender elektronischer Netze – den Koordinationstechniken des 21. Jahrhunderts – verändert sich die Kalkulationsgrundlage. Weil Informationen umgehend und billig vielen Menschen an vielen Orten übermittelt werden können, sinkt der Wert einer zentralen Entscheidungsfindung und teurer Verwaltungen. Individuen können sich nun selbst managen und ihre Arbeitsbemühungen durch elektronische Verbindungen mit anderen unabhängigen Beteiligten abstimmen. Klein sein wird zu etwas Gutem.
In einem gewissen Sinne gestatten uns die neuen Koordinationstechniken die Rückkehr zum vorindustriellen Modell winziger, autonomer Firmen, die nur aus einer oder ganz wenigen Personen bestehen und Transaktionen problemlos mit anderen Marktteilnehmern durchführen. Aber es existiert ein entscheidender Unterschied: Elektronische Vernetzung erlaubt diesen neuen Mikrounternehmen, weltweit Reservoirs für Informationen, Fachkenntnisse und Finanzierungen anzuzapfen, die früher allein Großunternehmen zur Verfügung standen. Damit erfreuen sich die Kleinfirmen vieler Vorteile der Großen, ohne dafür ihre Schlankheit, Flexibilität und Kreativität preisgeben zu müssen.
Der Trend zu diesen E-Lancern könnte sich in Zukunft im Einklang mit den Fortschritten der Kommunikationstechnik und der höheren Effizienz von Netzen sehr verstärken. Sollte das tatsächlich eintreten, dann könnte die vorherrschende Organisationsform der Zukunft nicht die dauerhaft bestehende Kapitalgesellschaft sein, sondern das elastische Netz von Akteuren, das gelegentlich nur für ein oder zwei Tage existiert. Taucht ein konkretes Vorhaben auf, werden Vorschläge erbeten oder elektronische Suchanzeigen veröffentlicht. Einzelpersonen oder kleine Teams können reagieren, ein Netz bildet sich heraus. Und weitere Beteiligte werden eingebunden, sobald deren besondere Fähigkeiten gefragt sind. Wenn das Projekt erledigt ist, löst sich das Netz wieder auf. Gewissermaßen in den Fußspuren des jungen Linus Torvalds betreten wir das Zeitalter des temporären Unternehmens.

Die temporäre Firma

Von den 20er bis in die 40er Jahre wurde das Filmgeschäft von den großen Studios wie MGM und Columbia beherrscht. Sie hatten Schauspieler, Regisseure, Drehbuchautoren, Kameramänner, Werbetrommler und selbst Filmvorführer unter Vertrag – all jene Leute, die gebraucht wurden, um Filme zu produzieren, in die Kinos zu bringen und diese mit Zuschauern zu füllen. Manager an zentraler Stelle entschieden, welcher Film produziert würde und wer an ihm mitarbeiten sollte. Die ganze Filmindustrie funktionierte nach dem Organisationsmodell für industrielle Großunternehmen.

In den 50er Jahren zerfiel das Studiosystem jedoch. Von den einst allmächtigen Studiobossen verlagerte sich das Filmgeschäft zu den eigentlichen Filmemachern, Schauspielern, Regisseuren und Autoren. Sie wurden zu Freelancern, die für sich selbst entschieden, an welchen Projekten sie mitwirken wollten. War ein Film abgedreht, gingen alle wieder ihrer Wege. Dieser Wandel im Filmgeschäft, bei dem an die Stelle von dauerhaft bestehenden Kapitalgesellschaften zeitweilige Produktionsfirmen traten, zeigt, wie sich ganze Industrien ziemlich schnell von zentralisierten Strukturen zu Netzwerken entwickeln können. Denn solche Transformationen sind keineswegs auf die verrückte Welt von Hollywood beschränkt. Schauen Sie sich doch nur die Art und Weise an, mit der viele Hersteller heutzutage radikale Outsourcing-Strategien verfolgen und bislang selbst vorgenommene Aktivitäten mehr und mehr unabhängigen, externen Akteuren überlassen.

So beschloß beispielsweise die amerikanische Computer-Display-Sparte des finnischen Unternehmens Nokia, mit nur fünf Mitarbeitern in den US-Markt einzusteigen. Technische Unterstützung, Logistik, Verkauf und Marketing wurden landesweit Spezialisten übertragen. Topsy Tail, ein Anbieter von modischen Accessoires, erzielt mit lediglich drei Angestellten einen Umsatz von 80 Millionen Dollar, ohne mit seinen Produkten entlang der gesamten Lieferkette nur ein einziges Mal direkt in Berührung zu kommen. Alle Artikel werden von diversen Spritzgußfirmen hergestellt, Design-Studios mit den Verpackungsentwürfen beauftragt. Und vertrieben werden alle Produkte über ein Netz von unabhängigen Dienstleistern, Händlern und Vertretern. Die stark dezentralisierten Operationen von Nokia und Topsy Tail ähneln gewiß mehr dem Netzmodell für Organisationen als dem herkömmlichen Industriemodell.

Ein noch prägnanteres Beispiel liefert aus der Textilindustrie die Region Prato in Italien. In den frühen 70er Jahren erbte Massimo Menichetti die dahinsiechende Textilfabrik seiner Eltern. Er zerlegte das Unternehmen in acht selbständige Firmen und verkaufte eine Reihe Firmenanteile – zwischen einem Drittel und der Hälfte – an leitende Angestellte. Dabei stellte er eine Bedingung: Mindestens 50 Prozent des Umsatzes der neuen Firmen müßten mit Kunden erzielt werden, die vordem nicht beliefert worden waren. Innerhalb von drei Jahren hatten alle acht Firmen die Wende zum Besseren geschafft und ihre Maschinenauslastung wie Produktivität beträchtlich erhöht.

Viele andere große Fabriken in Prato kopierten das Menichetti-Modell und splitteten sich selbst in weit kleinere Einheiten auf. Bereits 1990 gab es in der Region 15 000 Kleinfirmen, die im Durchschnitt mit nicht einmal fünf Mitarbeitern arbeiteten. Aber diese Mini-Firmen errichteten Fabriken und Lagerhäuser nach dem neuesten Stand der Technik. Sie gründeten Gemeinschaftsunternehmen für solche Bereiche wie Einkauf, Logistik oder F+E, wo Größenvorteile zu Buche schlagen. Die Textilproduktion hat sich in dieser Region seither verdreifacht, obwohl die Branche im übrigen Europa stark schrumpfte. Zugleich wurde die Qualität der Produkte dank mannigfaltiger Innovationen ständig erhöht. Heute werden Stoffe aus Prato von Modeschöpfern in der ganzen Welt bevorzugt.

Eine Schlüsselrolle in der Textilindustrie von Prato spielen Handelsmakler – sogenannte impannatori –, die als Schaltstellen zwischen den Kleinstherstellern und den Textilabnehmern fungieren. Diese Impannatori helfen, den Design- und Produktionsprozeß aufeinander abzustimmen, indem sie jeweils passende Gruppen von Firmen zusammenbringen, um die speziellen Bedürfnisse eines Kunden zu erfüllen. Sie haben sogar einen elektronischen Markt geschaffen, der als Clearing-Stelle für alle Informationen dient, die die voraussichtliche Fabrikauslastung und zu erwartende Kundenwünsche betreffen. Das erlaubt, die Produktionskapazitäten wie einen Rohstoff zu behandeln.

Die Erfahrungen von Prato machen glaubhaft, daß sich eine Wirtschaft nach dem Netzmodell organisieren läßt. Freilich kann eingewandt werden, Prato sei nur eine kleine, homogene Region. Wie würde aber eine komplexe, vielförmige Industrie nach dem Netzmodell operieren können? Die Antwort ist weit leichter zu geben, als man erwarten möchte. Greifen wir uns für ein Gedankenexperiment einen Tag in der Mitte des 21. Jahrhunderts heraus und schauen, wie ein Auto, das Urbild eines industriellen Produkts, konstruiert wird:

General Motors hat sich in etliche Dutzend separate Sparten aufgespalten, diese haben wiederum die meisten ihrer herkömmlichen Aktivitäten ausgelagert. Die Sparten sind nun kleine Firmen, die sich hauptsächlich damit befassen, ihre Marken zu führen sowie die Entwicklung neuer Wagentypen und Modelle zu finanzieren. Eine Anzahl unabhängiger Hersteller bietet jedem, der dafür zahlen will, auf Vertragsbasis die Fabrikation und Montage der Fahrzeuge an. Und diese werden von freiberuflich tätigen Ingenieuren und Designern entwickelt, die sich zu kleinen, ständig wechselnden Koalitionen zusammenfinden, um an bestimmten Projekten zu arbeiten. Eine

Gruppe konzentriert sich beispielsweise auf die Konstruktion eines elektrischen Systems, eine andere auf die des Chassis, eine dritte auf das Bewältigen der Integration all dieser Subsysteme zu kompletten Automobilen.
Diese Design-Koalitionen können vielerlei Formen annehmen. Einige sind als Joint-ventures organisiert; bei anderen sind die Beteiligten zugleich Kapitaleigner. Manche sind um elektronische Märkte herum gruppiert, von denen Preise und Löhne bestimmt werden. Alle Gruppen aber sind autonom und organisieren sich selbst; und alle sind abhängig von einem universellen, blitzschnell arbeitenden Computer-Netz – dem Nachfolger des Internets –, das sie miteinander verknüpft und elektronische Zahlungen vollzieht. Eine hochentwickelte Infrastruktur für Wagniskapital überwacht und bewertet die verschiedenen Teams und sorgt für die Finanzierung der erfolgversprechendsten unter ihnen.
Über ihre hohe Effizienz hinaus hat diese marktorientierte Struktur auf Grund ihrer geringen Verwaltungskosten auch die Innovation in der gesamten Automobilindustrie beschleunigt. Zwar fließt das meiste Wagniskapital noch immer in traditionelle Konstruktionskonzepte, aber einiges Geld kommt auch spekulativeren, ja sogar wilden Ideen zugute, die im Erfolgsfall gewaltige Erträge einbringen.
Eine kleine Gruppe von Ingenieuren könnte beispielsweise Geld bekommen, um eine Fabrik zu konzipieren, die individuelle Scheinwerfersysteme für den Kühlergrill herstellen soll. Sollte sich ihre Idee bewähren, dürften die Beteiligten über Nacht zu Multimillionären werden. Einen Tag später können sie ihr Bündnis wieder auflösen und sich auf die Suche nach neuen Kollegen und neuen Herausforderungen machen.
Bei einem Forschungsvorhaben des MIT, das der Entwicklung neuer Organisationsformen für die Wirtschaft im 21. Jahrhundert gewidmet ist, arbeiten wir seit einigen Jahren mit einer Gruppe von Wirtschaftsprofessoren und Managern zusammen. Wir ziehen die verschiedenen Wege in Betracht, auf denen sich Unternehmen in Zukunft formieren könnten (siehe Anmerkung 2). Das geschilderte Szenario der Autoproduktion haben wir in dieser Gruppe eingehend erörtert und verfeinert. Dann wurde es Managern und Ingenieuren großer Autokonzerne vorgestellt. Sie stimmten uns nicht nur zu, daß dies ein plausibles Modell sei, sondern wiesen auch darauf hin, daß sich die Industrie in gewisser Weise schon auf dem Weg zu diesem Modell befinde. Viele Hersteller haben bereits große Teile ihrer grundlegenden Entwicklungsarbeiten ausgelagert, wobei sie externen Konstruktionsstudios immer mehr Autonomie gewähren.
Die Verschiebung hin zu einer E-Lance-Ökonomie würde bei buchstäblich jeder geschäftlichen Aufgabe zu fundamentalen Veränderungen führen, nicht nur bei der Produktentwicklung. Lieferketten würden dann Ad hoc-Strukturen sein, die mit Blick auf die Anforderungen eines speziellen Vorhabens geschaffen und nach Projektende wieder abgebaut werden. Ferti-

gungskapazitäten würden am offenen Markt gekauft und verkauft. Selbständige, spezialisierte Produktionsfirmen würden Kleinserien fertigen für eine Vielzahl von Maklern, Konstruktionsbüros und sogar Endverbraucher. Marketingaufgaben würden in manchen Fällen von Maklern übernommen, in anderen von Kleinfirmen mit Eigenmarken, die für die Qualität der unter ihrem Label verkauften Artikel geradestünden.
In anders gelagerten Fällen würde sich wiederum jegliches Marketing erübrigen, weil sich die Verbraucher die Produktinformationen übers Internet beschaffen können; sie müssen einfach »ausschwärmen«, um die besten Offerten zu finden. Die Finanzierung würde weniger von einbehaltenen Gewinnen und den großen Kapitalmärkten kommen, sondern vermehrt von Wagniskapitalgebern und interessierten Einzelpersonen. Kleininvestoren können Aktienanteile an projektgebundenen Ad hoc-Firmen über das Internet vertreiben. Die Wirtschaft würde sich durch all dies von Grund auf wandeln. Aber nirgends wären die Veränderungen so groß wie der Managementfunktion selbst.

Die gewandelte Rolle des Managements

Mitte der 90er Jahre, als die Existenz des Internets den meisten Führungskräften der Wirtschaft allmählich bewußt wurde, war die Presse voll von Katastrophenberichten. Das Internet, so posaunten die Experten lauthals, werde ins Chaos stürzen: Zu schnell habe sich der Verkehr auf den Datenautobahnen des World Wide Web verdichtet. Zu viele Web-Sites gäbe es, und zu viele Menschen gingen online. Die Nachfrage übersteige die Kapazitäten, und es sei nur noch eine Frage von Monaten, bis das ganze Netz zusammenbreche oder völlig erstarre.
Nichts dergleichen ist wirklich passiert. Vielmehr erweiterte sich das Internet in erstaunlichem Tempo. Seine Kapazität verdoppelte sich seit 1988 von Jahr zu Jahr, und heute sind bereits über 90 Millionen Menschen angeschlossen. Sie benutzen das Netz, um Bücher oder Blumen zu bestellen, Wetterberichte für ferne Orte einzuholen, um mit Aktien oder Rohstoffen zu handeln, Mitteilungen zu versenden, für irgend etwas zu werben oder sich Diskussionsgruppen über alles und jedes, von der Seifenoper bis zur Teilchenphysik, anzuschließen.
Und wer hat diese großartige und beispiellose Leistung vollbracht? Wer hat diese unbestreitbar wichtigste wirtschaftliche Entwicklung der zurückliegenden 50 Jahre vorausgesehen? Niemand. Kein Mensch kontrolliert das Internet, ist dafür verantwortlich, ist dessen Lenker. Das Internet erwuchs aus den vereinten Anstrengungen seiner Nutzer – ohne jegliche zentrale Leitung. Wenn wir Leute fragen, ob sie vielleicht überzeugt sind, das Internet

hätte auch unter der Regie eines einzigen Unternehmens – etwa von AT&T – so schnell wachsen können, so verneinen das die meisten. Eine derart gewaltige und unvorhersehbare Explosion von Kapazität und Kreativität zu managen liegt außerhalb der Fähigkeiten selbst der gewitztesten und tüchtigsten Manager. Das Internet *mußte* sich selbst managen.

Heute ist das Internet der größte Modellfall einer umfassend vernetzten Organisation, die bereits existiert. Und diese offenbart eine überraschende Erkenntnis: In einer von E-Lancern dominierten Wirtschaft wandelt sich die Rolle des herkömmlichen Wirtschaftsmanagers dramatisch und verschwindet gelegentlich völlig. Die Arbeit einer nur für begrenzte Zeit bestehenden Firma wird durch die Individuen koordiniert, aus denen sie sich zusammensetzt, mit kaum einer oder gar keiner zentralen Leitung und Kontrolle. Makler, Wagnisfinanziers und Generalunternehmer üben Schlüsselrollen aus – sie initiieren Projekte, beschaffen die Mittel und koordinieren die Arbeit. Aber es bedarf keiner zentralen Aufsicht. Statt dessen kommt das Endergebnis infolge der individuellen Handlungen und Interaktionen all der verschiedenen Mitspieler im System zustande.

Natürlich erfolgt diese Art von Koordination die ganze Zeit über einen freien Markt, wo Güter – vom Auto über Photokopierer bis zu Erfrischungsgetränken – hergestellt und konsumiert werden, ohne daß irgendeine zentrale Autorität bestimmen würde, was und in welcher Menge produziert wird. Vor mehr als 200 Jahren nannte Adam Smith diese Form einer dezentralisierten Koordination »unsichtbare Hand«, und wir nehmen es gewöhnlich als selbstverständlich hin, daß dieser Weg für Unternehmen der effektivste ist, um zu interagieren.

Was wäre nun, wenn wir diese Form von dezentralisierter Koordination auch bei all den unterschiedlichen Arten von Aktivitäten nutzen würden, die heutzutage *innerhalb* von Unternehmen ablaufen? Eine der Voraussetzungen für das Funktionieren eines freien Marktes stellt die Einführung und Anerkennung einer Reihe von Standards – den Spielregeln – dar, nach denen alle Transaktionen erfolgen. Diese Spielregeln können viele Formen annehmen – darunter die Form von Verträgen, Eigentumsverhältnissen oder auch Verfahrensweisen zur Lösung von Streitfällen. In ähnlicher Weise müssen für eine E-Lance-Wirtschaft ganz neue Arten von Vereinbarungen, Spezifikationen und gemeinsamen Geschäftsarchitekturen entwickelt werden. Im Internet können wir dies bereits beobachten. Das Netz funktioniert, weil alle Beteiligten gewisse verfahrensgerechte Besonderheiten akzeptieren. Niemand muß um Erlaubnis gebeten werden, wenn jemand als Netz-Provider, Service-Provider oder Nutzer auftreten will. Jeder hat lediglich die Kommunikationsprotokolle zu befolgen, die das Internet regulieren. Standards sind der Leim, der das Netz zusammenhält, und sie werden auch der Leim sein, der zeitweilig bestehende Unternehmen verbindet und ihnen hilft, effizient zu operieren.

Kommen wir zurück zu unserem Szenario der Autoindustrie der Zukunft. Konstrukteure werden in der Lage sein, unabhängig zu arbeiten, weil sie online Zugang zu höchst diffizilen fachlichen Verhaltensregeln haben. Diese Standards stellen sicher, daß die Entwürfe für einzelne Komponenten kompatibel mit dem Gesamt-Design des Fahrzeugs sind. So erfahren Frontlicht-Konstrukteure beispielsweise den exakten Raum, der für das Licht-Ensemble vorgesehen ist, ebenso wie die Stelle aller Anschlüsse an das Elektro- und Kontrollsystem des Fahrzeugs.

Standards müssen nicht stets die Form technischer Spezifikationen haben. Sie können auch für die Form von Routineprozessen bestimmend sein, wie wir das bereits heute in der Medizin sehen. Wenn sich Ärzte, Schwestern und Techniker in der Notfallchirurgie zusammenfinden, so wissen gewöhnlich alle Beteiligten über den Ablauf Bescheid, jeder kennt die Rolle, die er dabei spielen wird, und weiß, wie sie miteinander interagieren müssen. Selbst wenn die Beteiligten noch nie zusammengearbeitet haben, können sie unverzüglich kooperieren. In anderen Fällen beziehen sich die Standards auch nur einfach auf Verhaltensmuster, die als maßgeblich anerkannt sind – etwa die Kultur eines Unternehmens oder das branchenübliche Vorgehen.

Eine der Hauptaufgaben von Großunternehmen, die es auch in Zukunft geben wird, besteht wohl darin, die Regeln, Standards und Kulturen für vernetzte Organisationen festzulegen, die teilweise innerhalb und teilweise außerhalb der Unternehmensgrenzen agieren. Einige globale Beratungsunternehmen gehen bereits mehr oder weniger nach diesem Muster vor. McKinsey & Co. beispielsweise hat eine starke Firmenkultur mit eindeutigen Normen etabliert. Sie regelt, wie Leute ausgewählt und befördert werden und wie sie mit anderen im Unternehmen zusammenarbeiten sollen.

Aber die Topmanager schreiben ihren jeweiligen Partnern nicht vor, was sie tun, für welche Klienten sie arbeiten oder wen sie in ihre Teams aufnehmen sollen. Statt dessen entscheiden McKinsey-Partner weitgehend für sich selbst, was und wie sie es tun wollen. Mit anderen Worten, der Wert, den die Firma für ihre Angehörigen darstellt, beruht hauptsächlich auf etablierten Standards – Spielregeln – und nicht auf den strategischen oder operativen Fähigkeiten ihrer Topmanager.

So wie immer mehr Großunternehmen bei sich dezentrale, marktorientierte Organisationsstrukturen einführen, werden die Grenzen zwischen den einzelnen Geschäftseinheiten unwichtiger. Transaktionen innerhalb einer solchen Großorganisation unterscheiden sich dann nicht mehr von Transaktionen zwischen verschiedenen Organisationen; und Geschäftsprozesse, die bislang ganz der eigenen Regie unterlagen, überschreiten nun ungehindert betriebliche Grenzen. Die Schlüsselrolle vieler einzelner – ob sie sich nun selbst Manager nennen oder nicht – wird auf ihren Anteil an der Bildung eines Netzes beruhen, das weder sie selbst noch andere Leute kontrollieren.

Nachdenken über die Zukunft

Das meiste von dem, was Sie hier bis jetzt zu lesen bekommen haben, ist natürlich spekulativ. Manches davon dürfte eintreffen, anderes nicht. Großunternehmen mögen sich aufspalten oder zusammenbleiben, wenngleich sie im letzteren Fall wohl stärker dezentralisierte Strukturen einführen werden.

Die Zukunft der Unternehmen könnte sich als weit weniger revolutionär erweisen, als wir sie hier skizziert haben. Aber sie könnte ebenso noch revolutionärer geraten. Von einer Sache sind wir freilich fest überzeugt: Eine von E-Lancern geprägte Wirtschaft ist, so radikal es klingen mag, keineswegs eine unmögliche oder gar unplausible Vorstellung. Die meisten dazu erforderlichen Bausteine – Breitband-Netze, Standards für den Datenaustausch, Groupware, elektronische Währung, Mikromärkte für Wagniskapital – gibt es bereits oder sind in Entwicklung.

Allein unsere Phantasie hinkt der Technologie hinterher. Für die meisten Menschen übersteigt eine vollständig neue Form des Wirtschaftens die Grenzen ihrer Vorstellungskraft. Mitch Resnick, ein MIT-Kollege von uns, meint, die meisten Menschen seien einem »zentralistischen Denken« verhaftet. Wenn wir am Himmel eine Vogelschar im Formationsflug sehen, so neigen wir dazu, den vorn fliegenden Vogel als Anführer zu betrachten, der den Flug all der anderen Vögel organisiert. In Wirklichkeit, das erklären uns die Biologen, folgt jeder Vogel einigen einfachen Regeln – Verhaltensstandards –, die dann zu einer wohlorganisierten Flugbewegung führen: Der Vogel voran ist nicht wichtiger als der Vogel am Ende der Schar oder der Vogel in der Mitte. Für das Verhaltensmuster, das sie miteinander zeigen, haben alle die gleiche Bedeutung.

Warum liegt uns so viel daran, eingefahrene Denkschemata zu erkennen und in Frage zu stellen? Weil der Aufstieg einer E-Lance-Ökonomie tiefreichende Auswirkungen auf Wirtschaft und Gesellschaft hätte. Deshalb sollten wir alsbald damit anfangen, uns Gedanken zu machen. Die E-Lance-Wirtschaft könnte ja zu einer Blüte individuellen Wohlstands, persönlicher Freiheit und Kreativität führen. Die Unternehmen könnten in Zukunft möglicherweise weit flexibler und effizienter agieren. Und die Menschen gewinnen womöglich mehr Zeit zum Entspannen, zur Weiterbildung oder für andere nützliche Tätigkeiten. Ein goldenes Zeitalter könnte anbrechen.

Aber ebenso wäre es möglich, daß eine E-Lance-Wirtschaft tiefe soziale Brüche und Verwerfungen hervorruft. Befreit von ihren traditionellen Verankerungen, könnte die Geschäftswelt chaotisch und halsabschneiderisch werden.

Die Kluft zwischen den Besitzenden und den armen Schluckern der Gesellschaft könnte sich noch vergrößern, weil all jene durchs Raster fallen, die über keine besonderen Talente oder einen Netzzugang verfügen. Das ge-

genwärtige Netz sozialer Sicherheit – beispielsweise Kranken- oder Invaliditätsversicherung – könnte reißen (siehe Anmerkung 3).
E-Lancer, die von den Gemeinschaften, die Unternehmen heute darstellen, getrennt agieren, könnten sich verloren und entfremdet vorkommen. All diese möglichen Probleme lassen sich vermutlich vermeiden. Aber das wird uns nicht gelingen, wenn wir ihnen gegenüber blind bleiben.
In 23 Jahren, also im Jahr 2022, wird die *Harvard Business Review* ihr 100jähriges Bestehen feiern. Als Teil ihrer Jubiläumsaktivitäten könnte sie dann eine Artikelserie bringen, in der auf die Wirtschaftsgeschichte zurückgeblickt und die massiven Veränderungen beleuchtet werden, die sich inzwischen ereignet haben. Die Autoren beschreiben die industrielle Organisation des 20. Jahrhunderts vielleicht als eine Übergangsstruktur, die nur eine relativ kurze Blütezeit erlebte. Sie kommentieren womöglich das Tempo, mit dem gigantische Unternehmen in Myriaden von Mikrounternehmen zerfallen sind, die nun die Wirtschaft dominieren. Und sie könnten sich verwundert fragen, warum das zur Jahrtausendwende nur so wenige kommen sahen.

Anmerkungen

1. Mehr über den Einfluß der Informationstechnik auf die Geschäftsunternehmen findet sich bei Thomas W. Malone: »Is ›Empowerment‹ Just a Fad? Control, Decision-Making, and Information Technology«, in: Sloan Management Review, Winter 1997;
Thomas W. Malone, Jo Anne Yates und Robert I. Benjamin: »Electronic Markets and Electronic Hierarchies«, in: Communications of the ACM, Juni 1987; Thomas W. Malone und John F. Rockart: »Computers, Networks, and the Corporation«, in: Scientific American, September 1991.
2. Zu diesem Forschungsprojekt siehe Robert J. Laubacher, Thomas W. Malone und die MIT Scenario Working Group: »Two Scenarios for the 21st Century Organizations: Shifting Networks of Small Firms for All-Encompassing ›Virtual countries‹?«, MIT Initiative on Inventing the Organizations of the 21st Century, Working Paper No. 001, Cambridge, Mass., Januar 1997. Die Studie ist erhältlich über das World Wide Web: http://ccs.mit.edu/21c/21CWP001.html.
3. So könnten Zünfte wie im Mittelalter wieder an Bedeutung gewinnen und viele der sozialen Aufgaben übernehmen, die derzeit noch von Großunternehmen erfüllt werden; siehe dazu Robert J. Laubacher und Thomas W. Malone: »Flexible Work Arrangements and 21st Century Worker‘s Guilds«, MIT Initiative on Inventing the Organizations of the 21st Century Working Papers No. 004 (Cambridge, Mass., Oktober 1997); erhältlich über das World Wide Web: http://ccs.mit.edu/21c/21CWP004.html.

David M. Upton, Andrew McAfee

Die wirkliche virtuelle Fabrik

Zum gegenwärtigen Zeitpunkt sollte die monolithische Fabrik bereits durch die virtuelle Fabrik verdrängt worden sein – eine Gemeinschaft von Dutzenden, wenn nicht gar Hunderten von Fabriken, deren jede sich auf das konzentriert, was sie am besten kann, und die alle untereinander elektronisch vernetzt sind, so daß sie unabhängig vom jeweiligen Standort flexibel und kostengünstig als eine Einheit funktionieren können. Diese Vernetzung würde es Unternehmen mit unterschiedlichen Computersystemen ermöglichen, Informationen über Lagerbestände und Lieferfristen auszutauschen; sie würde Unternehmen mit unterschiedlichen CAD-Systemen die elektronische Zusammenarbeit in der Konstruktion erlauben; sie würde möglichen Lieferanten Zugang zur Gemeinschaft verschaffen, um ohne viel Aufwand und mit geringen Kosten (oder gar kostenlos) Angebote abzugeben. Und schließlich würde sie dem kleinen Hersteller denselben Zugang zu Informationen verschaffen wie dem großen Partner.

In den meisten Unternehmen bleibt die echte elektronische Zusammenarbeit jedoch ein schwer erreichbares Ziel. Selbstverständlich gibt es Netzwerke zur Produktion von Autos, Textilien und vielen anderen Gütern. Aber wenn man einmal näher hinschaut, wie Informationen ausgetauscht werden, dann fühlt man sich an den Satz von Dr. Samuel Johnson erinnert: »Es wird nicht gut gemacht, aber man ist überrascht zu sehen, daß es überhaupt gemacht wird.« Auch hochentwickelte Unternehmen haben feststellen müssen, daß der Aufbau eines nahtlosen elektronischen Netzwerks zur »schlanken«, CIM-gesteuerten Produktion eine schwierige und frustrierende Aufgabe ist. In den meisten dieser Unternehmen mühen sich die Manager immer noch ab, die Informationssysteme flexibler zu gestalten. Sie wundern sich, warum immer noch soviel Papier im Umlauf ist. Sie brüten darüber, wie das Netz auf noch mehr Partner ausgedehnt werden kann, ohne daß ihnen die Kosten aus dem Ruder laufen. Und sie können nicht verstehen, warum die enormen Summen, die sie für Informationstechnik ausgegeben haben, die Arbeitsabläufe in ihren Unternehmen nicht radikal verändert haben.

Offensichtlich stellen die drei wichtigsten Technologien, durch die die virtuelle Fabrik realisiert werden sollte – elektronischer Datenaustausch, gruppenspezifische Programme (wie zum Beispiel Lotus Notes) und festgeschaltete WAN (wide-area networks, Großraumnetzwerke) –, keine vollständigen Lösungen dar. Obwohl diese Schlußfolgerung kaum als Offen-

barung gelten kann, verstehen viele Manager nicht genau, weshalb diese Technologien nicht das halten, was man sich von ihnen versprach. Die Gründe dafür werden erkennbar, wenn man einmal darüber nachdenkt, welchen unterschiedlichen Anforderungen ein Netzwerk genügen muß, wenn eine virtuelle Fabrik in großem Maßstab erfolgreich funktionieren soll.
Durch die Zusammenarbeit mit Unternehmen in verschiedenen Branchen wie Elektronik, »weiße Ware«, Papier und Luft- und Raumfahrt konnten wir drei grundsätzliche Anforderungen an ein Netzwerk ausmachen:

- Es muß für Teilnehmer zugänglich sein, deren IT-Ausstattung von höchst unterschiedlichem Niveau ist – und zwar von der kleinen Werkstatt mit einem PC in der Ecke bis hin zum Großunternehmen mit Zentralrechnern und Arbeitsstationen.
- Es muß hohe Datensicherheit bieten, obwohl sich die Zusammensetzung des Netzwerks aus Kunden und Lieferanten ständig ändert und diese Teilnehmer in höchst unterschiedlichen Beziehungen zueinander stehen.
- Es muß auf sehr hohem Niveau funktionsfähig sein und u. a. den Austausch von Dokumenten zwischen den Computern zulassen, den Zugang zu gemeinsamen Datenbeständen gewährleisten und den Zugriff auf alle Programme in einem Computer an einem anderen Ort sowie deren Fernbenutzung ermöglichen.

Der elektronische Datenaustausch, unternehmenseigene Programme und Großraumnetzwerke (WAN) können jeweils einigen dieser Anforderungen genügen, aber keiner dieser Ansätze kann allen Anforderungen gerecht werden, und auch die Kombination aller drei kann es nicht. Bedeutet diese ernüchternde Tatsache nun, daß die virtuelle Fabrik eine Fata Morgana bleibt – eine wunderbare Vision, die nie Wirklichkeit wird? Die Antwort lautet: nein. *Wirkliche* virtuelle Fabriken entstehen bereits. So hat zum Beispiel AeroTech – ein kleines, recht junges Unternehmen im Bereich der Informationsdienstleistungen – für McDonnell Douglas Aerospace eine virtuelle Fabrik errichtet, die sich radikal von anderen bisherigen Modellen unterscheidet (siehe »Die wirkliche virtuelle Fabrik von AeroTech« auf S. 108). AeroTech hat eine vernetzte Produktionsgemeinschaft geschaffen, die selbst gegenüber dem unbedarften Teilnehmer offen und freundlich ist, eine sehr hohe Funktionsfähigkeit aufweist und diese auch gewährleistet, obwohl sich die Zusammensetzung der Gemeinschaft laufend verändert.
Diese Art von vernetzter Produktionsgemeinschaft wird durch zwei kritische Faktoren ermöglicht: eine Funktion, die wir als Informationsmakeln bezeichnen, und offene Normen auf der Grundlage der Protokolle, die für das Internet entwickelt wurden. Wie jeder weiß, der schon einmal das World Wide Web benutzt hat, ermöglichen offene Normen einen relativ einfachen Datenaustausch unabhängig von Systemunterschieden. Darüber

hinaus ermöglichen sie den Teilnehmern den Zugriff auf die Computerleistung eines anderen. Und schließlich erlauben es die offenen Normen des Internets jedem Teilnehmer, sich die Kommunikationsmittel – von normaler Telefonleitung bis hin zu einem Hochleistungsanschluß – auszusuchen, die für ihn am besten geeignet sind, um seine Rolle in der virtuellen Fabrik wahrzunehmen. In der wirklichen virtuellen Fabrik ist das Netzwerk die Fabrik.

Der Informationsmakler, der in McDonnell Douglas' virtueller Fabrik ein außenstehender Händler ist, hat mehrere Aufgaben. Er nimmt neue Teilnehmer auf. Er überwacht die Teilnehmer sowie die Anzahl und Art der Kontakte, die jeder Teilnehmer zu anderen im Netzwerk hat. Er ist für die Datensicherheit zuständig und gewährleistet stets, daß jeder Teilnehmer die entsprechende Freigabe und Zugriffscodes erhält. Obwohl AeroTech noch nicht so vorgeht, könnte ein Informationsmakler auch als Konvertierer funktionieren, der leistungsfähige Programme einsetzt, um Teilnehmern, die unterschiedliche Datenformate oder unternehmensspezifische Programme benutzen, den Datenaustausch zu ermöglichen.

Die Anforderungen der virtuellen Fabrik

Bevor wir den Mechanismus eines informationsgestützten Produktionsnetzwerks – also der wirklichen virtuellen Fabrik – beschreiben, ist es angebracht, erst einmal der Frage nachzugehen, warum die vorhandenen Formen des elektronischen Datenaustauschs, die unternehmenseigenen Programme und die WAN-Netzwerke unzulänglich sind. Dazu wollen wir untersuchen, wie jeder dieser Ansätze den drei Hauptanforderungen der virtuellen Fabrik genügt – oder auch nicht:

1. Das Netzwerk muß Partner in jedem *Stadium* ihrer Beziehung aufnehmen können;
2. es muß Partner ungeachtet des technischen *Niveaus* ihrer IT-Ausstattung aufnehmen können; und
3. es muß die erforderliche *Funktionsfähigkeit* besitzen.

Verschiedene Stadien

Wie Menschen in einer romantischen Beziehung durchlaufen die Partner einer Produktionsgemeinschaft typischerweise auch verschiedene Stadien der Annäherung, vom ersten Rendezvous über die Verlobung bis zur Hochzeit. Während der Phase der gegenseitigen Erkundung lernen sich Unternehmen kennen, stellen die Grundlagen einer weiteren Zusammenarbeit fest und die

Normen dafür auf. In dieser Phase werden Informationen über Waren und Dienstleistungen angefordert und ausgetauscht, Angebote erbeten und erstellt, Verträge abgeschlossen und Aufträge erteilt. Zusammenarbeit erfordert ein Mehr an Teilen und Planung. In diesem Stadium haben Unternehmen zum Beispiel vereinbart, als Kunde und Lieferant zusammenzuarbeiten und wollten daher umfangreichere Daten wie CAD/CAM-Dokumente und Produktionsunterlagen austauschen und prüfen. Produktionspartner peilen eine langfristige Beziehung an – zum Beispiel im Rahmen eines Jointventures. Dazu gehören der Austausch von Informationen über die Produktion, die Lagerbestände und Termine sowie der Zugang zu Informationen und Programmen in den Computern des jeweiligen Partners.
Es ist normal, daß sich die Beziehungen eines Unternehmens zu seinen Partnern zu irgendeinem beliebigen Zeitpunkt in unterschiedlichen Stadien der Entwicklung befinden. Das Unternehmen kann mehrere Joint-venture-Partner haben, und gleichzeitig können Veränderungen in der Kundenstruktur und in den Beziehungen zu seinen Lieferanten stattfinden. Um eine Vielzahl von Beziehungen in allen Entwicklungsstadien zu unterstützen, müssen Informationssysteme leichte Zutritts- und Austrittsbedingungen bieten: Ein Netzwerk, das teuer ist oder dem man nur unter schwierigen Bedingungen beitreten kann, wird nicht zur Erkundung ermutigen. Des weiteren müssen Netzwerke sicher sein: Potentielle Teilnehmer werden sich keinem System anschließen, das ihre internen Netze oder Übertragungen nicht vor dem Zugriff von Spionen und Hackern schützt.

IT-Systeme auf unterschiedlichem Niveau

Unabhängig vom Stadium ihrer Geschäftsbeziehungen werden die Partner in einer virtuellen Fabrik meist über IT-Systeme von sehr unterschiedlicher Qualität verfügen. Das Leistungsniveau eines solchen Systems hängt von verschiedenen Faktoren ab – unter anderem von der Hardware und Software, dem durchschnittlichen und höchsten Stand an Computerwissen in der Belegschaft und dem Ausmaß, in dem die Belegschaftsmitglieder bereits untereinander vernetzt sind.
In dem typischen großen Fertigungsunternehmen befinden sich verschiedene Gruppen selbst auf verschiedenen Niveaus. Eine Konstruktionsgruppe mag über eine Anzahl vernetzter Arbeitsplätze verfügen, auf denen hochentwickelte Zeichen- und Konstruktionsprogramme laufen. Die Fertigungskontrolle mag von einfachen Terminals aus Zugriff auf das Fertigungslogistikprogramm des Zentralrechners haben; ein Verkaufsmanager könnte mit einem einzelnen PC ausgestattet sein. Und es wäre nichts Ungewöhnliches, wenn keiner dieser drei Akteure elektronisch mit den anderen interagieren könnte, obwohl sie sich alle am selben Ort befinden.

Auch gibt es enorme Unterschiede zwischen kleinen Unternehmen. Ein Spezialist auf dem Gebiet der finiten Elementenanalyse oder ähnlichen Konstruktionstechniken zum Beispiel wird wahrscheinlich ein hochentwickeltes EDV-System haben, während ein Lieferant von Verpackungsmaterialien mit einem sehr einfachen System zurechtkommt. Diese Bandbreite des Leistungsniveaus macht es unerläßlich, daß jede Technologie, die einer virtuellen Fabrik zugrunde liegt, leicht zu bedienen sein muß – auch durch Benutzer einfacher Systeme.

Hochgradige Funktionsfähigkeit

Das Teilen von Informationen unter Produktionseinheiten ist eine umfangreiche und auch komplizierte Aufgabe. Das Wort *umfangreich* bezieht sich auf die riesige Menge an Daten, die mit jedem Fertigungsverfahren verbunden ist. Man stelle sich vor, wieviel Information erforderlich ist, um nur ein recht einfaches Bauteil herzustellen, in welch unterschiedlichen Formaten diese Informationen üblicherweise anfallen und welche Informationen benötigt werden, um das Teil durch den Fertigungsprozeß zu steuern. Während das Teil die Standorte der verschiedenen Partner durchläuft, muß diese ständig wachsende Menge an Informationen mitgeführt werden. Bei komplizierten Produkten kann die Informationsmenge überwältigend sein. Die Menge an Papier, die benötigt wird, um die Herstellung einer Boeing 747 vollständig zu beschreiben, würde zweifelsohne nicht in das fertige Flugzeug hineinpassen.

Die Anforderungen an das Teilen von Informationen in der Fertigung sind auch überaus kompliziert. Das Verfahren zur Übermittlung einer Bestellung unterscheidet sich doch sehr von dem zur Übertragung einer Bauzeichnung. Im ersten Fall haben wir es mit der einfachen Übertragung von Text zu tun, im zweiten mit dem interaktiven Umgang mit graphischen Daten. Beide Vorgänge gehören jedoch zu den häufigen Aktivitäten, die eine virtuelle Fabrik ermöglichen muß.

Das Teilen und die Handhabung von allen Informationen in einem Netzwerk bedingt drei Funktionen, die sich deutlich voneinander unterscheiden. In der Reihenfolge zunehmender Kompliziertheit sind dies die einfache Datenübertragung, der Zugriff auf Daten und der Zugriff auf Anwendungsprogramme – was wir als *Telepräsenz* bezeichnen.

Die Datenübertragung ist am einfachsten; sie besteht darin, daß ein Informationsbündel von einem Ort an einen anderen geleitet wird. Die Partner in der virtuellen Fabrik müssen alle möglichen Informationen austauschen, vom E-Mail bis zu Bestellungen und NC-Steuerungsprogrammen. Übertragungen wie Videokonferenzen sollten in Echtzeit erfolgen, was aber meistens nicht der Fall ist.

Die Möglichkeit des Datenzugriffs versetzt die Partner in die Lage, sich die Informationen in gemeinsamen Datenbeständen besser zu teilen als durch den einfachen Versand von Nachrichten untereinander. So kann zum Beispiel durch die Einrichtung von virtuellen »schwarzen Brettern« und Aktenschränken, die für autorisierte Anwender zugänglich sind, sichergestellt werden, daß alle Teilnehmer an einem Entwicklungsprojekt den Zeitplan einhalten, aktualisierte CAD-Dokumente stets für die Zulieferer verfügbar sind und die Umweltschutzbeauftragten Immissionswerte überwachen können. Die echte virtuelle Fabrik muß es einigen Teilnehmern auch ermöglichen, Datenbestände nicht nur anzusehen, sondern auch zu ergänzen oder abzuändern.

Die Telepräsenz stellt das höchste Niveau der erforderlichen Funktionalität dar. Sie gestattet allen autorisierten Teilnehmern den Zugriff auf die Anwendungsprogramme in einem beliebigen Computer, und zwar unabhängig davon, ob der Teilnehmer zum Unternehmen gehört oder nicht und ob er vor Ort ist oder nicht. Darin liegt einer der Hauptvorteile des Internets – es läßt die »Cybernauten« von einem Computer zum anderen rund um die Welt reisen und jeweils von den Programmen und Informationen Gebrauch machen.

In der virtuellen Fabrik ist die Telepräsenz von außerordentlicher Bedeutung. Durch sie können zum Beispiel kleine Unternehmen die Computerleistung eines großen Partners für rechenintensive Simulationen nutzen, und ein Kunde kann sich über den Bearbeitungsstand seiner Bestellung informieren, indem er sich in das Auftragsverwaltungssystem seines Lieferanten einklinkt. Letzteres ist sogar über eine Homepage im World Wide Web möglich (siehe den Abschnitt »Virtuelle Fabriken, das World Wide Web und Java« auf S. 112).

Die wirkliche virtuelle Fabrik stellt also allen Teilnehmern – unabhängig vom Stadium ihrer Beziehungen und dem technischen Niveau ihrer IT-Systeme – die genannten Funktionen zur Verfügung. Die Abbildung 1 (»Drei Faktoren bestimmen, wie leicht Informationen geteilt werden«) liefert die Koordinaten mittels derer Manager feststellen können, ob die vorhandene IT-Lösung ihren Bedürfnissen entspricht. Aus der Abbildung geht zum Beispiel hervor, daß es für Unternehmen im Integrationsstadium wesentlich leichter ist, sich auf ein System des Informationsaustauschs zu einigen und dies zu realisieren als für Unternehmen, die erst das Zusammenarbeitsstadium erreicht haben. Ähnlich läßt es auch erkennen, daß es viel schwieriger ist, unbedarfte IT-Anwender an das Netzwerk anzuschließen als erfahrene oder echte Telepräsenz – den Zugriff auf Anwendungsprogramme – herzustellen.

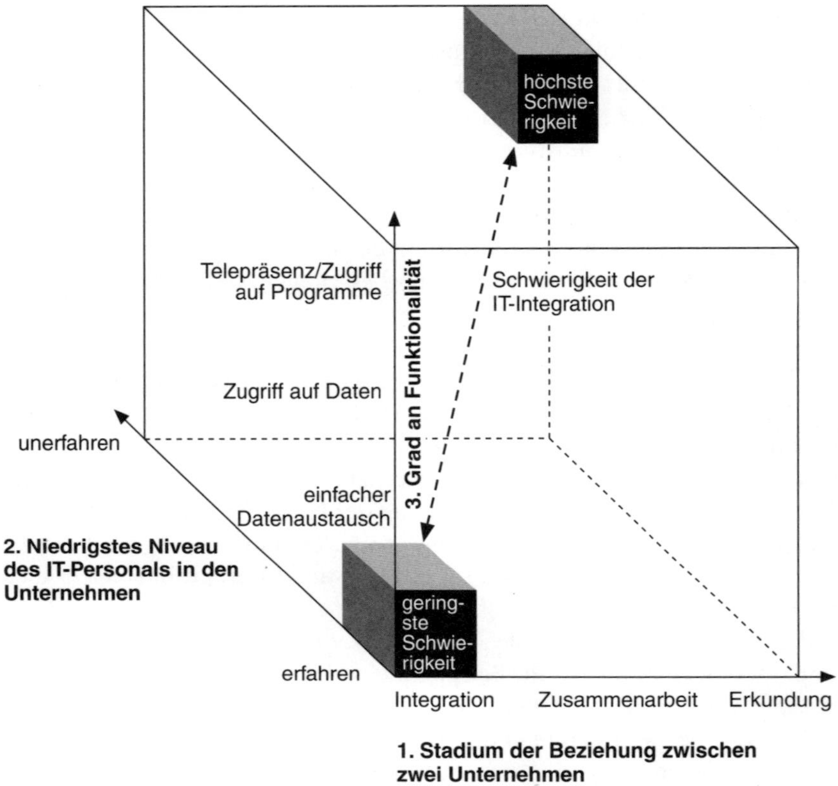

Abb. 1: Drei Faktoren bestimmen, wie leicht Informationen geteilt werden

Gegenwärtige Ansätze

Um die verschiedenen Ansätze zur elektronischen Zusammenarbeit zu vergleichen, beachte man die Größe des jeweiligen Blocks im Würfel. Ein System, das viel Raum einnimmt, besonders wenn es nahe der hinteren Ecke des Würfels angesiedelt ist (wo unerfahrene Teilnehmer im Erkundungsstadium transparenten Zugriff auf den Computer des Partners haben), macht die virtuelle Fabrik möglich. Wir wollen nun die drei verschiedenen Technologien, die gegenwärtig eingesetzt werden, näher betrachten und miteinander vergleichen.

Elektronischer Datenaustausch

Der elektronische Datenaustausch (EDA) ist die älteste Form der elektronischen Zusammenarbeit. Seine Entwicklung geht auf die Notwendigkeit zurück, die Schreibarbeiten im Zusammenhang mit der Berliner Luftbrücke zu bewältigen. Heute gibt es eine Anzahl gängiger Datenformate für den Austausch. Am häufigsten wird der EDA benutzt, um zum Beispiel Bestellungen zu übermitteln, Geldbeträge zu überweisen oder Kunden Lieferdaten zur Verfügung zu stellen. Die Normen für den EDA legen fest, wie jeder dieser Vorgänge zu handhaben ist, so daß jeder, der sich daran hält, auch von jedem anderen Anwender Übertragungen empfangen kann.

Allerdings können die üblichen Formen des EDAs nicht allen Anforderungen der virtuellen Fabrik genügen. Obwohl es einige Normen gibt, sind viele Systeme immer noch geschütztes Unternehmenseigentum und inflexibel. Folglich ist es teuer und zeitraubend, neue Teilnehmer in ein solches Netzwerk aufzunehmen und den Umfang der darin ausgetauschten Informationsarten zu erweitern. Je nach Netzwerk kann es einige Zehntausend Dollar kosten, um einen neuen Zugang einzurichten und die eigenen Computerprotokolle an die des dominierenden Teilnehmers anzupassen. Darum ist der herkömmliche elektronische Datenaustausch am besten für verhältnismäßig kleine und stabile Gemeinschaften geeignet, insbesondere dann, wenn ein Mitglied genügend Macht hat, um von allen anderen die Einhaltung seiner Übertragungsnormen zu verlangen. Umgekehrt ist der EDA für Gemeinschaften mit einer Vielzahl von vorübergehenden Teilnehmern oder Teilnehmern mit begrenzten IT-Möglichkeiten schlecht geeignet. Beim herkömmlichen Datenaustausch muß für jeden neuen Teilnehmer am Netz ein eigener Festanschluß geschaltet und oft auch noch ein besonderes Terminal an seinem Standort eingerichtet werden.

Der herkömmliche elektronische Datenaustausch hat auch noch weitere Nachteile. Die Kommunikation zwischen den Mitgliedern der Gemeinschaft ist nicht einfach, weil das System besonders dafür konfiguriert werden muß, jeweils die Verbindung zwischen den beiden, die Daten austauschen wollen, herzustellen. Solche Netzwerke werden meist nur für die Übertragung von Datenbündeln genutzt; sie taugen wenig zur Errichtung von Online-Verbindungen. Auch sind die üblichen Systeme nicht dafür ausgelegt, daß die Teilnehmer ihre Computer wechselseitig aus der Ferne bedienen können, um die Anwendungsprogramme zu nutzen oder auf Dateien zuzugreifen.

Der übliche EDA genügt den Anforderungen der virtuellen Fabrik nur in geringem Maß. Er bietet nur einen niedrigen Grad an Funktionalität und ist aufgrund der Kosten nur für Partner im Integrationsstadium geeignet (Abb. 2).

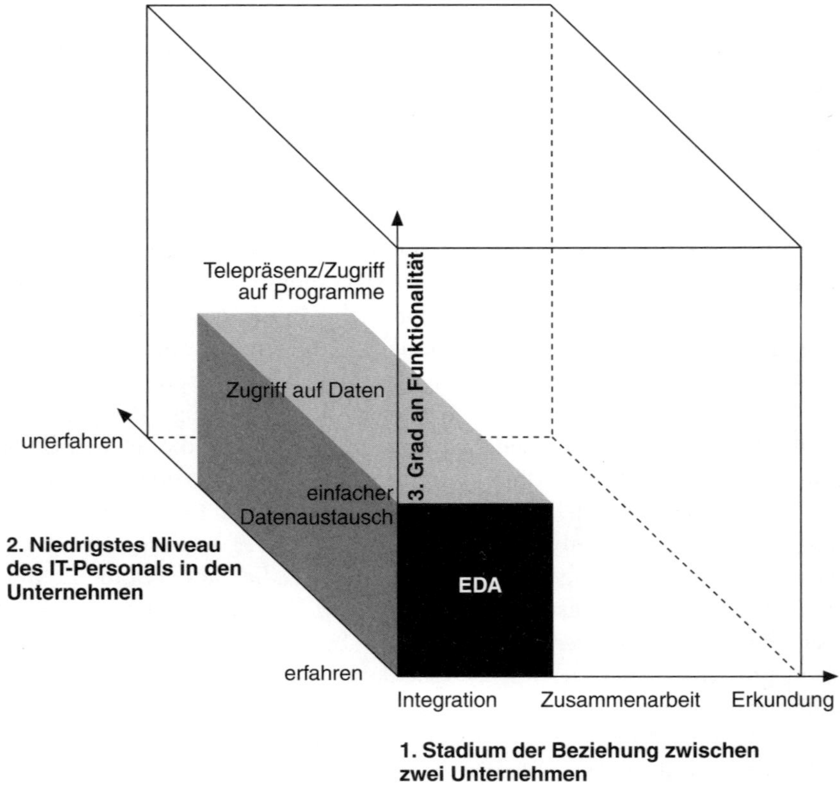

Abb. 2: Elektronischer Datenaustausch und die Anforderungen der virtuellen Fabrik

Gruppenspezifische Programme

Gruppenspezifische Programme überwinden einige der Nachteile des EDAs und sind daher beliebt, wenn es um die firmenübergreifende Zusammenarbeit geht. Solche Anwendungsprogramme unterstützen die Koordination auf dreifache Art. Zum einen stellen sie einen gemeinsamen Datenbestand zur Verfügung, so daß zum Beispiel ein Handelsvertreter von unterwegs den Lagerbestand eines Artikels für einen Kunden abfragen kann. Zweitens überwachen sie Arbeitsabläufe, so daß Gruppenmitglieder auch aus der Ferne an Dokumenten und Projekten zusammenarbeiten können: So können alle Angehörigen einer Konstruktionsgruppe mit der gruppenspezifischen Software sicherstellen, daß sie mit der neuesten Version einer Zeichnung arbeiten. Und drittens bieten diese Programme eine Kommunikationsebene für alles vom E-Mail über das „schwarze Brett« bis hin zum Video. Ein wesentlicher Vorteil der gruppenspezifischen Software liegt darin, daß

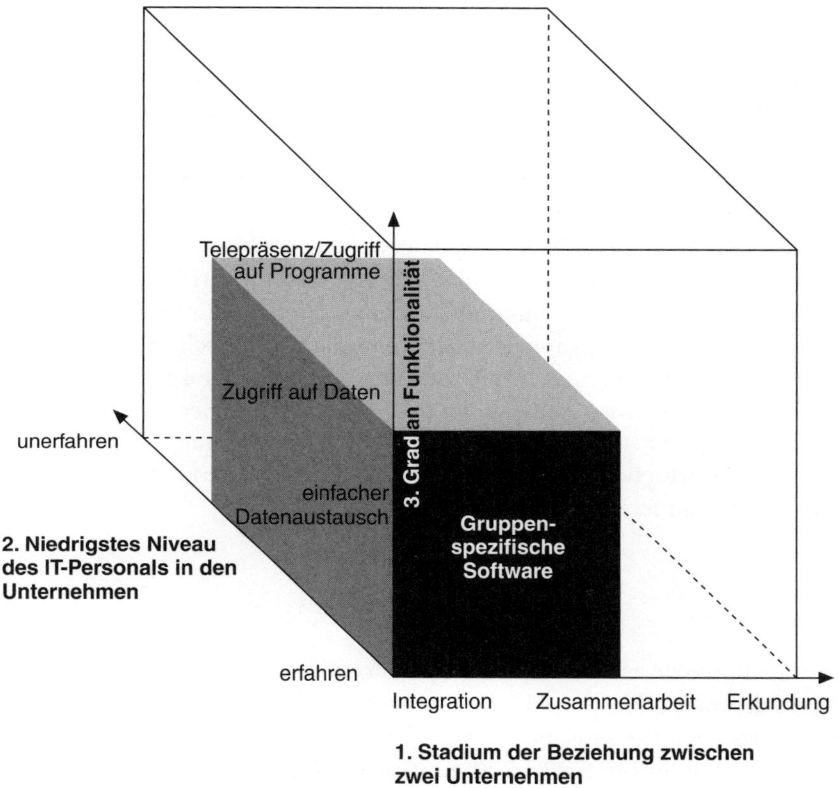

Abb. 3: Gruppenspezifische Software und die Anforderungen der virtuellen Fabrik

die Verbindungen nicht alle im voraus eingerichtet werden müssen, weil autorisierte Benutzer sich nach Belieben in das System einschalten und es wieder verlassen können.

Als Minuspunkt muß vermerkt werden, daß gruppenspezifische Programmpakete teuer sein können. Für jeden einzelnen Anwender muß ein Exemplar gekauft werden, und die Kosten für Schulung und Verwaltung des neuen Systems sind hoch. Lotus Notes zum Beispiel kostet über einen Zeitraum von drei Jahren zwischen $ 1 000 und $ 5 000 je Anwender (*PC Week* vom 30. 1. 1995).

Ein weiterer Nachteil liegt darin, daß die gruppenspezifische Software keinen Zugriff auf fremde Server zuläßt. So kann zum Beispiel Lotus Notes nicht zur Einschaltung in das System eines anderen Herstellers benutzt werden, um dessen Inventurdaten zu durchforsten oder dessen CAD-Programm zur Bearbeitung einer Konstruktionszeichnung zu benutzen.

Zusammengefaßt kann man sagen, daß die herkömmliche gruppenspezifische Software viele Übertragungs- und Datenzugriffsmöglichkeiten aufweist, die eine funktionierende virtuelle Fabrik benötigt. Darüber hinaus stellt sie geringe Anforderungen an das technische Niveau der IT; wer mit einem PC zurechtkommt, kann diese Software ohne größere Probleme benutzen, aber ihre Leistungsfähigkeit reicht nicht zur Telepräsenz aus. Die Anwender können nicht auf die Programme anderer zugreifen. Und weil gruppenspezifische Software mit erheblichem Verwaltungsaufwand und Kosten verbunden ist, wird sie normalerweise erst dann von den Unternehmen eingesetzt, wenn feststeht, daß sie ihre Zusammenarbeit fortführen werden – nicht aber im Erkundungsstadium, oder wenn von einer kurzfristigen Beziehung ausgegangen wird. Wenn die Gemeinschaft aus wenigen Partnern besteht, die nur elementare Informationen wie zum Beispiel Bestellungen austauschen muß, ist dem EDA aufgrund seiner Einfachheit der Vorzug zu geben. Obwohl gruppenspezifische Programme den Anforderungen der virtuellen Fabrik besser genügen als der herkömmliche EDA, sind sie alles andere als perfekt (siehe Abb. 3).

Wide-Area Networks (WAN)

Die Technologie der Großraumnetzwerke (WAN) bietet festgeschaltete Hochleistungsverbindungen, die einzelne lokale Netzwerke miteinander verknüpfen. Anders als bei der gruppenspezifischen Software sind die WAN- Verbindungen permanent eingerichtet und bieten den Teilnehmern üblicherweise sämtliche Übertragungs-, Datenzugriffs- und Telepräsenzkapazitäten, die eine wirkliche virtuelle Fabrik benötigt. Sie erlauben den universellen Zugriff auf alle Daten und Anwendungsprogramme, die in den lokalen Netzwerken der Teilnehmer vorhanden sind.

Die Teilnahme an einem WAN ist jedoch eine exklusive und teure Angelegenheit. Das Rückgrat des WAN bilden Telekommunikationskanäle von hoher Bandbreite, die üblicherweise über $ 1 000 pro Monat kosten. Des weiteren ist die Verwaltung eines weitverzweigten Netzwerks schwierig, und die Teilnehmer brauchen eine IT-Ausstattung auf recht hohem technischen Niveau. Folglich werden WAN meistens nur innerhalb eines Unternehmens eingerichtet und selten für andere Partner zugänglich gemacht.

Aufgrund der genannten Einschränkungen beziehen selbst große Hersteller nur einige wenige ihrer großen Standorte in ein WAN ein und schließen die kleineren Standorte und Partner davon aus. WAN erfüllen ein hohes, aber schmales Segment des Anforderungsblocks der virtuellen Fabrik (siehe Abb. 4) und können nicht Unternehmen unterstützen, die sich erst im Stadium der beginnenden Zusammenarbeit oder Erkundung befinden.

Diese Einschränkungen führen dazu, daß das unternehmenseigene WAN so etwas wie einen exklusiven Klub darstellt. Es ist zum Beispiel sehr schwie-

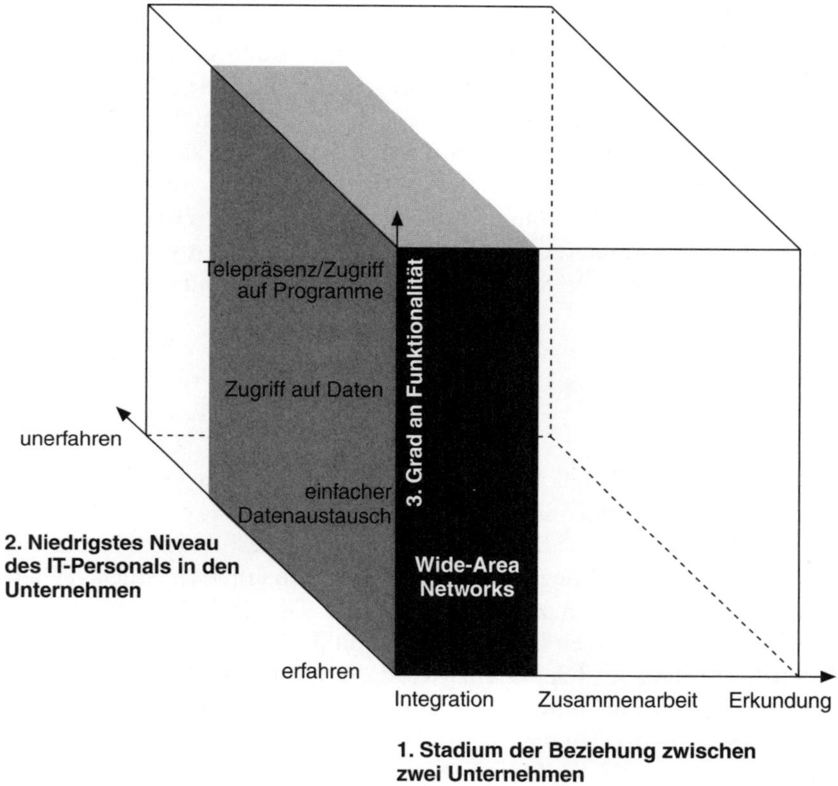

Abb. 4: Wide-Area Networks und die Anforderungen der virtuellen Fabrik

rig, über ein WAN CAD-Dokumente mit potentiellen Partnern zu teilen, die vielleicht Aufträge akquirieren möchten. Es ist auch schwierig, schnell einen neuen Teilnehmer in das Netzwerk aufzunehmen, um die Chance einer Kooperation bei der Konstruktion eines Produkts wahrzunehmen – und das ist im Zeitalter der schnellen Produktentwicklung ein gravierender Nachteil.

Das auf Informationsmakler gestützte Netzwerk

Könnte jemand den EDA, gruppenspezifische Software und WAN zu einem Mosaik zusammenfügen, das den Anforderungen einer wirklichen virtuellen Fabrik entsprechen würde? Nein. Rechtlich geschützte, unternehmenseigene und voneinander abweichende Normen machen ein solches Netzwerk außerordentlich teuer, kompliziert, schwerfällig und – langfristig gesehen – funktionsunfähig. Hinzu kommt, daß keine der drei genannten Technologien für Beziehungen im Erkundungsstadium geeignet ist.

Aber schon gibt es eine flexiblere und kostengünstigere Alternative, die gemeinschaftliche Produktion ermöglicht: das auf Informationsmakler gestützte Netzwerk. Dieser Ansatz wird durch das zeitliche Zusammentreffen von mehreren Entwicklungen möglich: die Verbreitung von offenen Normen, die auf breite Akzeptanz stoßen; der ständige Preisverfall bei leistungsfähigen Computern; die zunehmende Verfügbarkeit von Bandbreite; die nahezu vollendete Perfektion der Datensicherheit; und das Anwachsen des Fachwissens.

Offene Normen

EDV-Normen sind lediglich Vereinbarungen darüber, wie Daten zu formatieren oder zu übertragen sind. Zu den wichtigsten für die entstehenden virtuellen Fabriken zählen die TCP/IP-Protokolle, die für das Internet entwickelt wurden und festlegen, wie Daten zwischen unterschiedlichen Computern und Netzwerken zu übertragen sind. Die TCP/IP-Protokolle gewährleisten die drei oben beschriebenen Funktionen der Übertragung, des Datenzugriffs und der Telepräsenz. Wie das unglaubliche Wachstum des Internets beweist, waren diese allmählich dominierenden Protokolle nützlich, weil sie umfassend, offen (veröffentlicht) und nicht rechtlich geschützt (frei) waren.

Gleichzeitig wurden Normen für Textdokumente, Tabellenkalkulation, CAD-Zeichnungen und andere elektronische Dokumente entwickelt, die Unternehmen mit unterschiedlichen Anwendungsprogrammen den Datenaustausch erleichtern. Folglich können Partner, die dieselben Normen anwenden, sich darauf verlassen, daß bei der Datenübertragung zwischen ihnen nichts verlorengeht.

Preiswerte EDV-Leistung

Weil die EDV-Leistung pro Dollar so phänomenal zugenommen hat, kann heute selbst das kleinste Unternehmen die Kosten verkraften, um an fast allen Informationsaustauschvorgängen einer virtuellen Fabrik teilzunehmen.

Verfügbare Bandbreite

Die Kapazität von Verbindungen, Informationen zu übertragen – die sogenannte Bandbreite –, wächst fast genauso schnell wie die Leistung der Com-

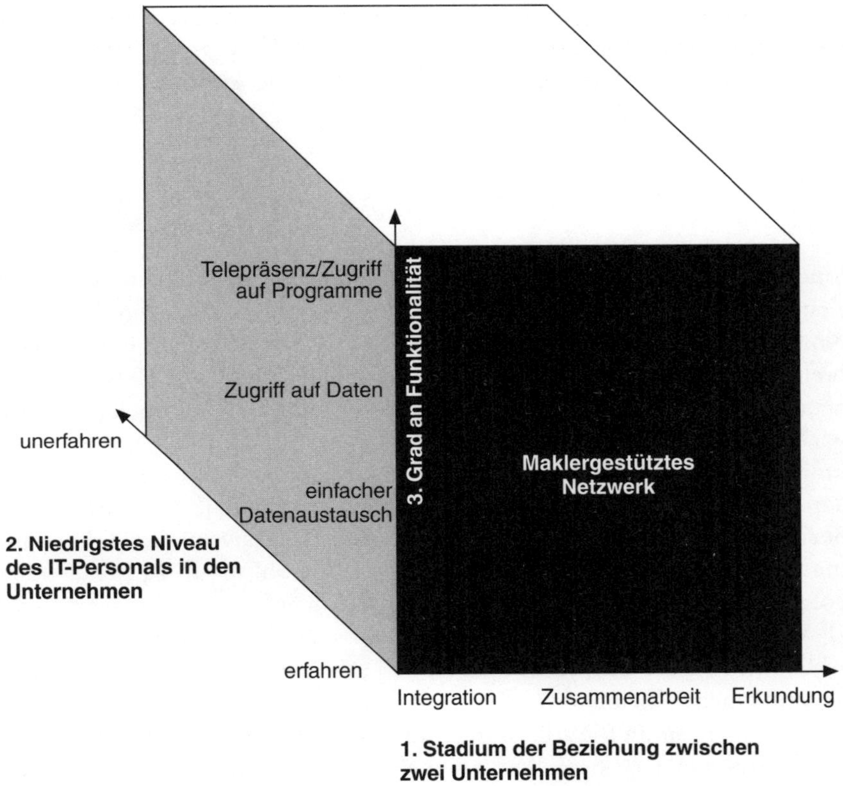

Abb. 5: Das auf Makler gestützte Netzwerk und die Anforderungen der virtuellen Fabrik

puter. So bieten die gängigen Modems heutzutage dieselbe Bandbreite wie die leistungsfähigsten Modelle vor zehn Jahren, und festgeschaltete Verbindungen zwischen zwei Partnern haben eine Bandbreite, die zur Übertragung von Echtzeit-Videokonferenzen ausreicht – eine sehr anspruchsvolle Übertragungsform. Neu aufkommende Technologien verheißen eine dramatische Erweiterung der Bandbreite in naher Zukunft.

Datensicherheit

Datensicherheit ist verständlicherweise von großer Bedeutung für Unternehmen, die eine virtuelle Fabrik errichten wollen. Trotz allen Geredes über Einbrüche in Systeme und Handstreiche von Hackern sind Werkzeuge wie Netzwerk-»Firewalls« (Computer, die als »Rausschmeißer« funktionieren und alle eingehenden Daten überprüfen) hinreichende Mittel, um Außenseiter fernzuhalten und den Zugriff eines jeden Teilnehmers einzuschränken oder sonstwie persönlich zuzuschneiden. Darüber hinaus garantieren praktisch unentschlüsselbare Kryptographiesysteme, daß Information, die über das Internet versendet wird, erst vom Empfänger gelesen werden kann.

Wachsendes Fachwissen

Eine in der Entwicklung befindliche Technologie zu meistern braucht seine Zeit. Aber die Unternehmen sind mittlerweile mit den gängigen offenen Normen sowie mit den neuen Technologien in den Bereichen EDV, Bandbreite und Datensicherheit vertraut. Tatsächlich sind viele Unternehmen heute sogar in der Lage, diese Technologien innovativ zu nutzen und so wirkliche virtuelle Fabriken zu errichten.

Ein Netzwerk mit den oben beschriebenen Eigenschaften wird den Anforderungen einer virtuellen Fabrik vollkommen gerecht, in jedem Stadium der Beziehungen unter den Teilnehmern und auf jedem Niveau der IT-Ausstattung außer dem primitivsten (siehe Abb. 5). Sowohl vorübergehende oder potentielle Partner als auch kleine Unternehmen und weniger erfahrene IT-Anwender werden bereit und fähig sein, sich der Gemeinschaft anzuschließen, weil die entsprechenden Kosten sehr niedrig sind. Wenn all diese Unternehmen erst einmal vernetzt sind, hat jedes von ihnen Zugriff auf ein großes Reservoir an EDV-Leistung und Informationen. Einige Beispiele:

- Ein großes Unternehmen kann schnell und kostengünstig Ausschreibungen an einen wesentlich größeren Kreis von potentiellen Subunternehmern verteilen als früher.
- Käufer können auf die Online-Kataloge anderer Unternehmen zugreifen, sich alle erforderlichen Produktspezifikationen heraussuchen und Bestellungen von ihrem PC aus tätigen.
- Eine Werkstatt kann die 3D-Konstruktionsprogramme auf einem entfernten Zentralrechner benutzen, um das Teil, das sie herstellen soll, in das digitale Bild einer größeren Baugruppe einzufügen und zu prüfen, ob es paßgenau ist – und zwar bevor das erste Stück überhaupt gefertigt wird.

Diese Beispiele stellen nur einen winzigen Bruchteil der insgesamt möglichen Anwendungen dar, die den Partnern in einer virtuellen Fabrik zur Verfügung stehen werden. Robert Metcalfe, der Erfinder der weitverbreiteten Ethernet-Norm, behauptet, daß der Nutzen eines Computernetzwerks mit der Anzahl der Teilnehmer exponentiell und nicht linear zunimmt. Wir sind zuversichtlich, daß die wirklichen virtuellen Fabriken Metcalfes Gesetz gründlich untermauern werden.

Der Informationsmakler

Natürlich ist es eine Sache, daß die vernetzte Fabrik möglich oder wünschenswert ist, und etwas völlig anderes, sie zu errichten, in Betrieb zu halten und weiterzuentwickeln. Die Konzeption des Systems, dessen Verwaltung, die Aktualisierung der Technologie, die Aufrechterhaltung der Datensicherheit und die Wahrnehmung neuer Chancen so, wie sie sich bieten, stellen insgesamt eine gewaltige Aufgabe dar – und eine, die von den meisten Unternehmen, die nicht vorrangig im IT-Geschäft sind, nur ungern angegangen wird. Tatsächlich hat McDonnell Douglas zu diesem Zweck einen sogenannten Informationsmakler engagiert.

AeroTech ist ein »spin-off«-Unternehmen von McDonnell Douglas und hat dessen virtuelle Fabrik entwickelt. Als Informationsmakler sorgt AeroTech dafür, daß alles glatt funktioniert. Das Unternehmen unterhält eine Datenbank, in der alle Teilnehmer und die Informationen, zu denen sie Zugang haben, erfaßt sind. Es hat auch Programme entwickelt, die kleinen Unternehmen den schnellen und einfachen Anschluß an die Fabrik ermöglichen. Für größere, bereits etablierte Partner richtet AeroTech Zugänge zu deren Netzwerken ein und stellt Verbindungen mit hoher Bandbreite her. Und schließlich könnte AeroTech gegebenenfalls die unterschiedlichen Datenformate, die in der virtuellen Fabrik in Gebrauch sind, konvertieren beziehungsweise übersetzen. Wenn zum Beispiel die CAD-Dokumente eines Herstellers in CATIA erstellt wurden und die eines anderen in Pro/Engineer, dann könnte AeroTech diese Dokumente konvertieren, damit beide zusammenarbeiten könnten. Noch wichtiger ist, daß AeroTech ein System entwickeln könnte, das solche Aufgaben automatisch erledigen würde.

Im Prinzip kann ein Informationsmakler weitaus mehr tun, als für Datensicherheit, -wartung und -konvertierung in der virtuellen Fabrik zu sorgen. Er kann den Partnern helfen, Informationen ausfindig zu machen, die für bestimmte Teilnehmer wichtig sind, und ihnen aufzeigen, wie daraus Erträge zu erwirtschaften sind. So könnten zum Beispiel in einem Unternehmen Testdaten über die Leistung von Ventilkomponenten vorliegen, die für ein anderes Unternehmen bei der Konstruktion außerordentlich nützlich sein könnten. Oder die Konstruktionsabteilung eines Unternehmens könnte fertige CAD-Zeichnungen einer großen Palette von Steckverbindungen haben und bereit sein, diese an einen Partner zu verkaufen, der mit seinen Zeichnungen nicht bei Null anfangen möchte. Und ein Großunternehmen könnte eine Liste der nach ISO 9000 zertifizierten Zulieferer führen – die wiederum für andere Unternehmen interessant sein könnte, die solche Lieferanten suchen.

Nur sehr wenige IT-Subunternehmer stehen derzeit in einer Geschäftsbeziehung, die es ihnen ermöglicht, solche Chancen gemeinsam zu untersuchen und wahrzunehmen. Warum? Die Erkennung von Chancen, die durch

das Teilen von Informationen in einem Netzwerk entstehen, erfordert breit angelegte und gleichzeitig profunde Branchenkenntnisse, die die heutigen Systemintegratoren selten haben.
Die erste Generation von Informationsmaklern, die Netzwerke aufbauen, wird wahrscheinlich entweder aus »spin-off«-Unternehmen (wie AeroTech) oder aus Neugründungen bestehen, die Netzwerkexperten und branchenerfahrene Kenner beschäftigen. Wirkliche virtuelle Fabriken dürften zuerst in einem Umfeld entstehen, in dem es einen großen, dominierenden Partner gibt, der den Anstoß dazu geben und die finanziellen Mittel bereitstellen kann. So hatte man bei McDonnell Douglas Aerospace eine klare Vorstellung von den eigenen Anforderungen und war bereit, am Anfang die gesamten Kosten des Projekts zu übernehmen, obwohl auch andere davon profitieren würden.
Im Lauf der Zeit werden jedoch sicherlich viele verschiedene Modelle für die Errichtung einer virtuellen Fabrik entstehen. Es könnten sternförmige Organisationsstrukturen mit einem dominierenden Kern sein, oder Produktionsgemeinschaften, in denen sich Gruppen von Kleinunternehmen zusammenfinden, um dieselben Vorteile zu genießen wie herkömmliche Großunternehmen mit ihren umfangreichen Ressourcen zur Weiterentwicklung der Informationstechnik. Die starren Abläufe des herkömmlichen elektronischen Datenaustauschs werden dann durch ein viel flexibleres Vorgehen ersetzt.
Wenn erst einmal die Vorteile der wirklichen virtuellen Fabrik nachgewiesen sind, wird eine neue Fertigungskultur entstehen, in der Unternehmen, die darauf beharren, im Alleingang zu arbeiten oder an den heutigen abgeschotteten, rechtlich geschützten Systemen festhalten, es immer schwerer haben werden, zu überleben.

Die wirkliche virtuelle Fabrik von AeroTech

Die AeroTech Service Group mit Sitz in St. Louis im Bundesstaat Missouri hat zusammen mit McDonnell Douglas Aerospace eine hocheffiziente virtuelle Fabrik errichtet. Das offene, flexible Netzwerk nimmt Teilnehmer auf, deren IT-Ausstattung und Beziehungen zueinander höchst unterschiedlich sind. Dennoch können die Teilnehmer in vielfältiger Weise kooperieren. Und es gewährleistet extrem hohe Datensicherheit.
Aufgrund dieser Eigenschaften ist die Anzahl der Teilnehmer in dieser vernetzten Produktionsgemeinschaft seit Mitte 1993, als AeroTech (ein »spin-off«-Unternehmen von McDonnell Douglas) begann, externe Zulieferer in das Netzwerk einzubeziehen, rasant angestiegen. Bis dahin war das Netzwerk auf rund 50 Angestellte von McDonnell Douglas begrenzt, die es benutzten, um Daten zwischen

verschiedenen Computersystemen innerhalb des Konzerns auszutauschen. Als sich die externen Zulieferer anschlossen, waren sie von der Art und Weise, wie ihre Zusammenarbeit mit McDonnell Douglas durch das Netzwerk unterstützt wurde, so beeindruckt, daß sie wiederum *ihre* Lieferanten und Partner aufforderten, sich ebenfalls anzuschließen. Im Herbst 1994 gab es bereits 400 interne und externe Teilnehmer; heute sind es mehrere tausend.

Um einer breiten Palette von Aufgaben und einer Vielfalt an Teilnehmern gerecht zu werden und die Benutzung des Systems möglichst einfach zu machen, verwendet AeroTech Protokolle, die für das Internet entwickelt wurden – das ja selbst nur ein besonders großes Netzwerk ist, das Millionen von unterschiedlichen Computern auf der ganzen Welt miteinander verbindet. Außerdem läßt AeroTech den Teilnehmern die freie Wahl aus einer Vielzahl von Telekommunikationsverfahren mit unterschiedlichen Übertragungsgeschwindigkeiten. Partner, die das Netzwerk nur in bescheidenem Umfang oder gelegentlich nutzen, finden über Modems Zugang, während ständige Teilnehmer wie Kunden in anderen großen Luft- und Raumfahrtunternehmen oder die amerikanische Regierung festgeschaltete Verbindungen mit hoher Bandbreite haben.

Das Netzwerk bietet seinen Teilnehmern enorme Vorteile. Sehen wir uns einmal an, wie McDonnell Douglas und UCAR Composites (ein millionenschwerer Hersteller von Werkzeugen zur Bearbeitung von Bauteilen aus Hochleistungsverbundwerkstoffen mit Sitz in Irvine/Kalifornien) das Netzwerk nutzen, um schnell Prototypen von neuen, komplizierten Bauteilen zu fertigen. McDonnell Douglas wollte UCAR aktualisierte Konstruktionspläne elektronisch übermitteln können, konnte aber aus Sicherheitsgründen UCAR nicht gestatten, eine direkte Verbindung zu seinen Computern herzustellen, weil unter Umständen ein eifriger Hacker sich in eine solche Verbindung einklinken könnte, um auf Datenbestände von McDonnell Douglas zuzugreifen oder diese zu ändern. (UCAR ist zwar ein vertrauenswürdiger Zulieferer, aber McDonnell Douglas hat sehr viele weitere Zulieferer von ähnlicher Größe und Bedeutung, und die Gewährleistung der Datensicherheit würde untragbare Kosten verursachen, wenn jeder eine direkte Verbindung hätte.)

AeroTech hat einen Ausweg gefunden. Bei McDonnell Douglas werden die CAD-Dokumente in den numerischen Code übersetzt, mit dem die Bearbeitungsmaschinen bei UCAR gesteuert werden. Mittels der üblichen Internet-Protokolle werden die CAD-Dokumente und das Bearbeitungsprogramm dann von McDonnell Douglas über eine festgeschaltete Hochgeschwindigkeitsverbindung in das sichere Netzwerk von AeroTech übertragen, aus dem die Daten über die Telefonleitung an UCAR weitergeleitet werden.

Sobald die Bearbeitungsdaten in Kalifornien ankommen, können die Ingenieure von UCAR sie in ihrem eigenen CAD/CAM-System ansehen und letzte Kontrollen vornehmen. Dann wird das Bearbeitungsprogramm in die Maschinensteuerung eingegeben und die Fertigung beginnt. Diese Lösung war für UCAR, wo es bereits eine papierlose Produktion gab, besonders attraktiv, denn jetzt konnten die Daten direkt in die Fertigungs- und Qualitätssicherungssysteme eingespeist werden. Dank des Verfahrens von AeroTech sanken die Kosten solcher Übertragungen von $ 400 pro Datei (für Magnetbänder und Eilzustellung) auf $ 4 – und die Übertragung dauert nur Sekunden statt Tage.

Diese Methode zur Übertragung von Bearbeitungsprogrammen wird auch von Hunderten kleiner Werkstätten benutzt, deren IT-Systeme und -Kenntnisse häufig weit unter dem Niveau sind, das bei UCAR herrscht. Diese Unternehmen – von denen viele nur 5- oder 6-Mann-Betriebe sind – können AeroTech über ein normales Modem anwählen, ein Programm oder eine Konstruktionszeichnung herunterladen und anschließend mit der Fertigung beginnen.

Diese virtuelle Fabrik hilft den Beteiligten auch, die besten Zulieferer viel schneller als früher ausfindig zu machen. In der Vergangenheit ließ McDonnell Douglas die Vertreter von qualifizierten Zulieferern nach St. Louis kommen, um dort die Ausschreibungsunterlagen (Konstruktionszeichnungen und verfahrenstechnische Vorgaben) einzusehen und über die Abgabe eines Angebots zu entscheiden. Man blieb am Konferenztisch zusammen, bis alle Aufträge vergeben waren – oft mehrere Tage lang.

Mit dem elektronischen Ausschreibungsverfahren der virtuellen Fabrik kann ein Einkäufer bei McDonnell Douglas nun qualifizierte Zulieferer in aller Welt per E-Mail von der Ausschreibung benachrichtigen und ihnen über das Internet einen sicheren Zugang zu auftragsbezogenen Informationen verschaffen. Die Anbieter können dann auf demselben Weg ihre Angebote nach St. Louis übertragen. Für den Einkäufer erstellt das System sogar eine preisbezogene Rangfolge der Angebote. Bei McDonnell Douglas schätzt man, daß allein die Einsparungen durch das elektronische Ausschreibungsverfahren die Betriebskosten des gesamten Systems decken.

AeroTech hilft der elektronischen Produktionsgemeinschaft ferner, Terminpläne besser zu koordinieren, indem es den Beteiligten die Fernbenutzung von Planungsprogrammen auf fremden Computern ermöglicht. So kann zum Beispiel ein Projektmanager im Verteidigungsministerium in Washington/DC das graphische Projektsteuerungsprogramm auf einen Zentralrechner bei McDonnell Douglas aufrufen und nachprüfen, ob Subunternehmer ihre Aufträge rechtzeitig erfüllen oder ob die Gefahr besteht, daß Termine überschritten werden.

Eine der wichtigsten Leistungen des AeroTech-Systems ist, daß es die Fernbenutzung von mächtigen, komplizierten Programmen unter Wahrung der Datensicherheit ermöglicht, ohne daß der Benutzer vor Ort eine komplizierte technische Ausrüstung haben muß. Die US-Armee zum Beispiel überprüft im Rahmen ihres Vertrags mit McDonnell Helicopter regelmäßig die Konstruktionspläne für den neuen »Longbow«-Hubschrauber. Die Armee kann diese Pläne jetzt durch Fernbedienung eines McDonnell-Computers einsehen, statt die Dokumente herunterzuladen, was bedeuten würde, daß die Armee dieselbe leistungsstarke CAD-Software auf ihren eigenen Computern haben müßte. So befinden sich die Zeichnungen und das zu deren Betrachtung erforderliche Programm in einer Arbeitsstation in Phoenix/Arizona. AeroTech hat diesen Computer so eingerichtet, daß er authorisierten Kunden wie der US-Armee Zugriff auf das Programm gestattet. Mittels einer Datenbank überwacht AeroTech laufend, wer über welche zugelassene Verbindung zu welchem Computer Zugang hatte und auf welchem Funktionsniveau. Alle Übertragungen werden in Echtzeit durch AeroTechs »Wachhund«-Computer geschleust, um zu verhindern, daß über das Internet Hacker in den Computer in Phoenix oder in die Computer der am Netzwerk beteiligten Kunden eindringen.

In abgeschotteten Gruppen von Unternehmen, die technisch auf hohem Niveau ausgestattet sind und schon lange Geschäftsbeziehungen pflegen, finden auch viele solcher Aktivitäten statt. Aber anders als diese hat es AeroTech möglich gemacht, daß sowohl Partner, die seit langem zusammenarbeiten als auch solche, deren Beziehung erst seit kurzem besteht, einfach, sicher und kostengünstig kooperieren können, ohne in neue, rechtlich geschützte Informationstechnik investieren zu müssen.

AeroTech und McDonnell Douglas suchen nun nach Möglichkeiten, mit diesem System noch mehr an Wert zu schaffen. Insbesondere stellt man bei AeroTech Überlegungen dazu an, das Unternehmen zum Informationsmakler für ingenieurtechnische Daten zu machen und als Vertriebskanal für McDonnell Douglas' Konstruktionspläne für Ersatzteile dienen zu lassen. Gegenwärtig werden Ersatzteile von der Defence Logistics Agency beschafft, die von den Herstellern Angebote einholt. Weil viele potentielle Hersteller die entsprechenden Konstruktionszeichnungen nicht schnell genug erhalten können, machen einige wenige Unternehmen – darunter auch McDonnell Douglas – das Geschäft.

McDonnell Douglas könnte aber beschließen, den schnellen Zugriff auf die Zeichnungen zu verkaufen, damit mehr qualifizierte Hersteller Angebote abgeben könnten. Durch die zunehmende Konkurrenz könnte in der Folge die Qualität bei den Zulieferern angehoben werden, so daß McDonnell Douglas sich auf die Fertigung jener Ersatzteile konzentrieren könnte, die den größten Gewinn bringen; ferner würde dieses Vorgehen den Ertrag vergrößern, der durch die Informationssysteme zur Verwaltung der technischen Daten erwirtschaftet wird. AeroTech würde mehr Ersatzteilherstellern den Anschluß an die virtuelle Fabrik ermöglichen, ihnen Zugang zu den erforderlichen Fertigungsdaten verschaffen und mit dem Datenlieferanten nach den Vorgaben von McDonnell Douglas abrechnen. Ganz offensichtlich haben McDonnell Douglas, AeroTech und die weiteren Beteiligten an dieser virtuellen Fabrik gerade erst begonnen, deren riesiges Potential anzuzapfen.

Virtuelle Fabriken, das World Wide Web und Java

Der Fortschritt in der Netzwerktechnologie erleichtert die Errichtung von virtuellen Fabriken. Zunächst einmal gibt es die vielzitierte Wachstumsexplosion des World Wide Webs. Aus der Sicht der Fertigung liegt dessen Bedeutung vor allem darin, daß es eine visuelle Universalschnittstelle für den Anschluß an ein Computernetzwerk ist.

Immer mehr Unternehmen akzeptieren diese Standard-Browser und Protokolle als Mittel der Kommunikation zwischen Standorten in verschiedenen Organisationen, und diese breite Akzeptanz macht das World Wide Web zu einem enorm leistungsfähigen Kommunikationskanal für Transaktionen zwischen Unternehmen. Die Leistungsfähigkeit und universelle Gültigkeit dieser Protokolle und Schnittstellen wird das Web auf lange Zeit zu einer der tragenden Säulen der virtuellen Fabrik machen. Webseiten helfen bereits Einkäufern von elektronischen Bauelementen zu finden, was sie suchen (siehe http://www.centralres.com), und bringen Ein- und Verkäufer in mehr als 26 000 Unternehmen der Textil- und Bekleidungsindustrie zusammen (http://www.apparelex.com). Und Netscape schließt sich mit General Electric Information Services zusammen, um EDA-Dienstleistungen über das Web anzubieten.

Es gibt noch eine zweite Entwicklung, die letztendlich von gleicher Bedeutung wie das Web sein könnte: Gemeint ist die Entwicklung von Computersprachen (wie Java von Sun), die es dem Anwender ermöglichen, von einem anderen Computer winzige Programmabschnitte – »*Applets*« genannt – herunterzuladen. Jeder Computer, der einen Web-Browser betreiben kann, kann mit dieser Sprache arbeiten. Es ist schon viel spekuliert worden, daß dies mit der Zeit die heutige programmbezogene Arbeitsweise des PCs in Frage stellen wird. Heute muß der Benutzer eines PCs zunehmend größere, komplizierte Programme kaufen, um Aufgaben wie Textverarbeitung oder Tabellenkalkulation zu erledigen. Diese Programme enthalten eine riesige Anzahl von Funktionen, die der einzelne Anwender nie benutzen wird. Dagegen ermöglichen internetgestützte Sprachen wie Java dem Anwender den Zugriff auf bestimmte Funktionsmodule nach Bedarf: Er kann sie über das Internet – das immer schneller und zuverlässiger wird – einfach herunterladen, und er zahlt nur für das, was er auch braucht. Ein Kunde, der zum Beispiel ein Textverarbeitungsprogramm kauft, muß nicht notwendigerweise die Funktion Rechtschreibprüfung mitkaufen; sollte er diese jedoch einmal brauchen, kann er sie als »Applet« aus dem Internet herunterladen. Übrigens wurden bei Java Sicherheitsmechanismen zur Abwehr von Viren und anderen Gefahren eingebaut.

Man überlege einmal, was diese Möglichkeit für die virtuelle Fabrik bedeutet. Ein Unternehmen kann Funktionsblätter auf seinen Webseiten unterbringen, die es Kunden ermöglichen, die Funktionsweise eines Produkts zu simulieren, bevor sie es kaufen. So könnte ein Ventilhersteller ein »Applet« bereitstellen, das dem Ingenieur nicht nur Abbildungen und CAD-Zeichnungen bietet, sondern auch eine

Tabellenkalkulation, mit der er kritische Berechnungen durchführen und sich die Ergebnisse anzeigen lassen kann.
Derartige »Applets« werden Unternehmen in die Lage versetzen, ausgefeilte Ausschreibungen über das Web zu veröffentlichen, die neben den üblichen Vordrucken und Konstruktionsplänen auch die Produkte, für die Angebote abgegeben werden sollen, in Bewegung zeigen.
Über eine javagestützte Schnittstelle für ein 3D-CAD-System können Unternehmen nicht nur ihre Kataloge im Internet präsentieren, sondern kann auch den potentiellen Kunden die 3D-Darstellung eines Produkts von allen Seiten betrachten lassen, um festzustellen, ob es seinen Anforderungen entspricht (http://www.deneb.hbs.edu/public/javademo/viewer.html). Falls der Anwender auf eine große Datenbank eines anderen Unternehmens zugreifen möchte und nicht über das richtige Terminal verfügt, kann Java sogar einen Web-Browser durch eine Emulation als »richtiges« Terminal erscheinen lassen (siehe http://www.unige.ch/hotjava/Emulator3270.html). Die Weiterentwicklung der netzwerkgestützten Software wird auch neue Möglichkeiten eröffnen, die Leistungsfähigkeit des Webs in der Produktion auszunutzen.

Marco Iansiti , Alan MacCormack

Produktentwicklung im Internet-Takt

Das Aufkommen des World Wide Webs hat die Produktentwicklung vor eine der größten Herausforderungen in der Neuzeit gestellt. Der Marktbedarf, den ein Produkt befriedigen soll, und die Technologien dazu können sich radikal verändern – und zwar noch während das Produkt in der Entwicklung steckt. Als Reaktion auf diesen Umstand mußten die Unternehmen ihre herkömmliche Produktentwicklung, bei der mit der Konstruktion erst begonnen wird, wenn das Gesamtkonzept vorliegt, völlig umstellen. Statt dessen wurde ein *flexibles* Verfahren zur Produktentwicklung ausgearbeitet, das den Designern Änderungen am Produkt noch während der Umsetzungsphase ermöglicht. Dadurch können Internet-Unternehmen kurzfristige Veränderungen der Kundenbedürfnisse wie der entstehenden Technologien bis auf die letzte Sekunde vor der Markteinführung des Produkts berücksichtigen.

Die flexible Produktentwicklung ist im Umfeld des Internets dank der dort stattfindenden Umwälzungen am weitesten fortgeschritten, aber die Grundlagen dafür sind in vielen Industriezweigen vorhanden, wo es auf die Reaktionsfähigkeit ankommt. Von der Computerbranche bis zum Bankwesen finden sich Produktentwickler zunehmend in einem dynamischen und unvorhersehbaren Umfeld wieder, das durch rasante technologische Entwicklungen, wechselnde Kundenbedürfnisse und weitreichende Änderungen in der Gesetzgebung gekennzeichnet ist. In diesen Branchen setzen Unternehmen, die angefangen haben, flexiblere Ansätze zur Produktentwicklung umzusetzen, neue Maßstäbe des Wettbewerbs.

Wie steigert man die Flexibilität der Produktentwicklung? Viele der Unternehmen, die wir untersucht haben, haben ein einheitliches Maßnahmenpaket eingeführt, das es den Produktentwicklern ermöglicht, neue Informationen über Kundenbedürfnisse und technologische Fortschritte im Lauf des Projekts zu generieren und darauf einzugehen. Dadurch wird nicht nur ein kontinuierlicher Informationsfluß in bezug auf Kundenbedürfnisse und neue Technologien gewährleistet, sondern sowohl die Kosten als auch der Zeitaufwand für die Einarbeitung dieser Informationen in das Produktdesign werden gesenkt. Die Designer können ständig die Kundenbedürfnisse *erahnen*, alternative technische Lösungen *prüfen* und das angesammelte Wissen in ein einheitliches Produktdesign *integrieren*. Dieses flexible Vorgehen wird während der gesamten Produktentwicklung ständig wiederholt.

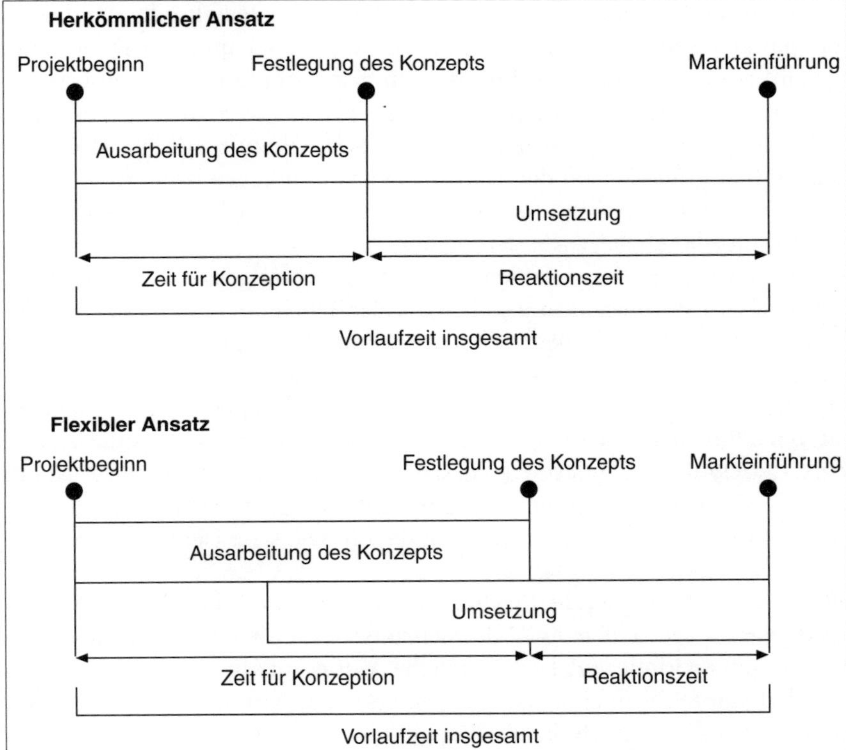

Tempo ist bei diesem Modell ein subtiler Begriff. Vorlaufzeit insgesamt – also die Zeit, die benötigt wird, um die primären Ziele des Projekts zu erreichen – ist offensichtlich ein wichtiges Maß, aber die Zeit für die Konzeption und die *Reaktionszeit* sind selbst kritische Faktoren. Die Zeit für Konzeption ist jenes Zeitfenster, in dem neue Informationen mit einbezogen und die Anwendung der Technologie optimiert werden können; in der Reaktionszeit ist das Zeitfenster geschlossen, die Produktkonstruktion eingefroren und das Projekt nicht mehr in der Lage, neue Informationen zu verarbeiten. Zwar ist die Vorlaufzeit insgesamt bei beiden der oben abgebildeten Verfahren die gleiche, aber bei dem flexiblen Verfahren ist die Reaktionszeit kürzer, so daß es in Umfeldern, die einem raschen Wandel unterliegen, vorzuziehen ist.

Abb. 1: Zwei Ansätze zur Produktentwicklung

Die herkömmliche Produktentwicklung, wie sie in vielen Unternehmen abläuft, ist streng strukturiert. Ein künftiges Produkt wird konzipiert, entwickelt, an die Fertigung übergeben und dann auf den Markt gebracht – in einer Abfolge von deutlich abgrenzbaren Einzelschritten. Der erste ist meistens die Ermittlung der Bedürfnisse der Benutzer oder Anwender und die Bewertung der verschiedenen technischen Möglichkeiten. Anschließend wird eine umfassende Produktspezifikation erarbeitet, die nach der Freigabe durch die Unternehmensleitung als in Stein gemeißelt gilt. Ab diesem Zeitpunkt verlagert sich das Interesse auf die Umsetzung von Design und Spezifikation in ein richtiges Produkt durch eine funktionell integrierte Arbeitsgruppe. Wenn die Vorarbeiten richtig durchgeführt wurden, bleiben an sich kostspielige Änderungen der Produktspezifikation auf ein Minimum reduziert. Tatsächlich gilt die Anzahl von nachträglichen Konstruktionsänderungen oft als Maßstab für die Projekteffizienz: Viele Änderungen weisen auf unzulängliche Vorbereitung hin.

Dagegen wird bei der flexiblen Produktentwicklung jede Festlegung auf eine endgültige Konstruktion so lange wie möglich hinausgeschoben. Folglich überschneiden sich die Stadien der Produktkonzeption und der Umsetzung, anstatt aufeinander zu folgen. Indem sie die Notwendigkeit von Änderungen akzeptieren und deren Kosten senken, können die Unternehmen auf neue Informationen reagieren, die sich in der Entwicklungsphase ergeben. Zweckmäßige Änderungen des Ziels und der grundlegenden Ausrichtung des Projekts werden initiativ durchgeführt; die Designer beginnen ihre Arbeit ohne eine klare Vorstellung davon, wie sie ausgehen wird (siehe Abb. 1).

Wenn die Technologie, die Produkteigenschaften und die Wettbewerbsbedingungen vorhersehbar sind oder sich langsam verändern, funktioniert die Produktentwicklung auf herkömmliche Weise gut. In einem turbulenten Geschäftsumfeld jedoch ist ein sukzessives Vorgehen nicht nur ineffizient, sondern beinhaltet auch das Risiko, ein überholtes Produkt hervorzubringen – eines, das nicht den Kundenbedürfnissen entspricht und nicht auf den neuesten Technologien beruht. Wenn über Nacht neue Wettbewerber und neue Technologien am Markt auftreten können, wenn Normen und Gesetze im Umbruch sind und wenn die gesamte Kundschaft eines Unternehmens einfach den Lieferanten wechseln kann, dann brauchen Unternehmen bei der Produktentwicklung keine Verfahrensweise, die Veränderungen verhindert, sondern eine, die dafür empfänglich ist.

Wie ein flexibles Verfahren funktioniert

Nicht jedes Unternehmen, das eine flexible Produktentwicklung einführen möchte, muß dabei so radikal vorgehen wie Netscape. Doch indem wir Netscapes Erfahrungen näher betrachten, können wir erkennen, wie ein hochflexibles Verfahren funktioniert. Das Unternehmen wurde 1994 gegründet und entwickelte als erstes den einfach zu bedienenden Web-Browser: eine Software-Schnittstelle, die den Zugang zum World Wide Web herstellt. Der Web-Browser hat das Internet von einem Kommunikationsmittel für Wissenschaftler und Techniker in ein Netzwerk verwandelt, das Mil-

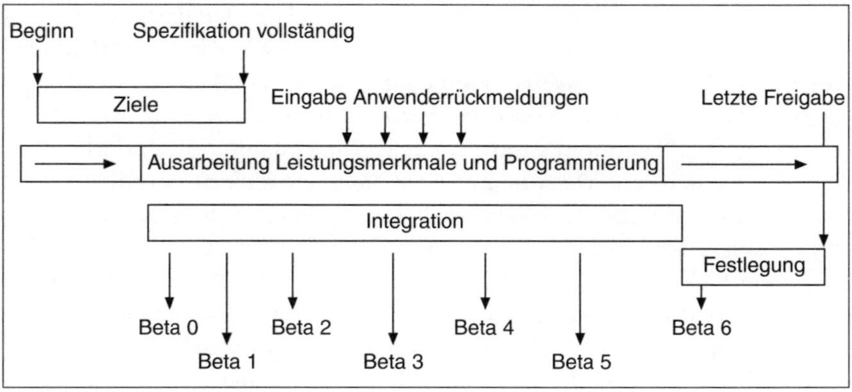

Abb. 2: Die Entwicklung von Navigator 3.0: Die Zeitachse

lionen von »Normalbenutzern« über Zeit und Raum hinweg verbindet – und somit zu einer eigenständigen Branche gemacht.

Aber Netscape stand bei der Entwicklung des Web-Browsers »Navigator« vor keiner einfachen Aufgabe. In der sich schnell entwickelnden Internet-Branche buhlen viele alternative Technologien und Anwendungen um Aufmerksamkeit, und Produktentwicklung ist der Alptraum eines jeden Projektmanagers. Die größte Schwierigkeit bei der Entwicklung eines Web-Browsers liegt im Grad der technischen Kompliziertheit. Ein typisches Browser-Programm ist etwa so umfangreich wie eines zur Textverarbeitung oder Tabellenkalkulation, und es muß mit zahllosen unterschiedlichen Hardware- und Softwarekomponenten reibungslos funktionieren. Die Ungewißheit ist so groß, daß sogar die elementarsten Entscheidungen bezüglich des Produkts ständig revidiert werden müssen, wenn neue Informationen eingehen. Und die Tatsache, daß der Branchenriese Microsoft (der bereits eine flexible Produktentwicklung eingeführt hatte) an einem konkurrierenden Browser arbeitete, verschärfte nur den Druck auf Netscape.

Im Januar 1996 brachte Netscape Navigator 2.0 auf den Markt und begann sofort mit der Entwicklung der nächsten Version – Navigator 3.0 –, die im August desselben Jahres auf den Markt kommen sollte (siehe Abb. 2). Die Projektgruppe, der Ingenieure sowie Mitarbeiter aus dem Marketing und der Verkaufsförderung angehörten, entwickelten den ersten Prototyp in kurzer Zeit. Am 14. Februar – gerade sechs Wochen später – installierte sie zu Testzwecken eine »Beta 0«-Version des Programms auf der unternehmensinternen Webseite. Obwohl viele der geplanten Funktionen noch nicht vorhanden waren, stellte der Prototyp das Wesentliche des neuen Produkts hinreichend dar, um der Entwicklungsgruppe sinnvolle Aussagen zu ermöglichen. Am 22. Februar – nur acht Tage später – installierte die Gruppe eine neuere Version, »Beta 1«, die wiederum nur der internen Weiterentwicklung galt. Anfang März, als die wesentlichen »Kinderkrankheiten« des Produkts ausgemerzt waren, installierte Netscape die erste öffentliche Version – »Beta 2« – auf seiner Homepage im Internet. Danach wurden alle paar Wochen weitere Versionen veröffentlicht, die jeweils ausgefeilter waren, bis das Programm dann im August offiziell auf den Markt kam.

Die Abfolge der Beta-Versionen war für Netscape äußerst vorteilhaft, weil sie es der Entwicklungsgruppe ermöglichte, noch während der Entwicklung des Browsers sowohl auf Rückmeldungen von Benutzern als auch auf Veränderungen am Markt zu reagieren. Die Benutzer der Beta-Versionen sind im großen und ganzen technisch anspruchsvoller als die breite Kundschaft von Netscape und daher eine wertvolle Informationsquelle. Den größten Nutzen bringen dabei die Entwickler in anderen Internet-Softwareunternehmen, die dazu neigen, sich sehr deutlich auszudrücken. Da viele dieser Kunden den Navigator-Browser im Umfeld ihrer eigenen Produkte nutzen, sind sie oft die ersten, denen die subtileren Programmierfehler auffallen – Fehler, die sich erst dann bemerkbar machen, wenn das Programm bei komplizierten Anwendungen bis an seine Grenzen ausgenutzt wird.

Im Lauf des Projekts waren die Rückmeldungen der Benutzer jedoch nur eine Quelle von neuen Informationen für die Navigator-Entwicklungsgruppe. Während der siebenmonatigen Entwicklungszeit achtete die Gruppe auch besonders auf die Konkurrenz. Als größter und mächtigster Software-Entwickler in der Branche wurde Microsoft als große Gefahr für Netscapes damals dominierende Position im Browser-Markt erkannt. Der Branchenriese hatte gerade seine Strategie dramatisch (und sehr publikumswirksam) umgestellt und seine gewaltigen Ressourcen voll auf das Internet gerichtet. Folglich überwachte Netscape ständig die neuesten Beta-Versionen von Microsofts Konkurrenzprodukt »Explorer«, um dessen Eigenschaften und Formate mit denen des eigenen Produkts zu vergleichen. Auf der Grundlage der so gewonnenen Informationen nahm die Arbeitsgruppe von Netscape häufig Änderungen an der Beta-Version des eigenen Produkts vor.

Um den ständigen Strom von neuen Informationen, die in die Entwicklung einflossen, zu berücksichtigen, führte die Arbeitsgruppe umfangreiche Experimente und Tests durch. Kleinere Gruppen, die an bestimmten Produktmodulen arbeiteten, bauten die Funktionalität des Programms nach und nach über zahlreiche »Konzipieren – Programmieren – Prüfen«-Zyklen aus. Sobald einzelne Module fertiggestellt wurden, wurden sie in das entstehende Produkt integriert und anschließend darauf geprüft, ob sie auf unerwünschte Weise mit anderen Modulen des Systems interagierten. Diese sogenannten »Systemsynthesen« wurden mit dem Voranschreiten des Projekts immer häufiger; in der Zeit vor der offiziellen Markteinführung wurden sie sogar täglich durchgeführt.

Um die Integration der riesigen Informationsmengen zu erleichtern, die im

Lauf des Projekts anfielen, richtete Netscape auf seinem Intranet eine Web-Projektseite ein. Darauf waren der Zeitplan für die Entwicklung und die Produktspezifikationen angegeben, die aktualisiert wurden, wenn sich Änderungen ergaben. Des weiteren gab es »schwarze Bretter« anhand derer die Mitglieder der Gruppe die Entwicklung von Teilen des Programms verfolgen sowie die Realisierung von bestimmten Funktionen und das Auftreten von Problemen vermerken konnten. Als der Navigator dann in den Beta-Versionen zu Testzwecken veröffentlicht wurde, erwies sich diese Intranet-Seite als besonders wichtig, weil immer mehr Informationen eingingen, die geordnet und bearbeitet werden mußten.

Netscape hat sein Produktentwicklungsverfahren sehr flexibel gestaltet, um auf Änderungen der Kundenbedürfnisse und der Technologie eingehen zu können, und was bereits für Unternehmen der Internet-Branche gilt, gilt zunehmend auch für andere. Unsere Untersuchung der Computerbranche im Hinblick auf Arbeitsstationen und Server erbrachte, daß auch dort ein flexibleres Vorgehen zur Leistungssteigerung führt. In diesem Umfeld leisten Unternehmen mit kurzen Entwicklungszeiten – gemessen vom Bau des ersten Prototyps bis zur Auslieferung an den Handel – deutlich mehr als Unternehmen mit längeren. Mit ausgefeilten Simulationsprogrammen können Arbeitsgruppen eine beachtliche Zeitlang mit einem virtuellen Prototyp arbeiten – was eine deutliche Überschneidung der Konzeptions- und Umsetzungsstadien zur Folge hat.

In ihrem Artikel »The Second Toyota Paradox: How Delaying Decisions Can Make Better Cars Faster« (in *Sloan Management Review*, Frühjahr 1995) stellen Allan Ward und seine Kollegen fest, daß man auch in der Automobilindustrie zu einer flexibleren Vorgehensweise übergeht. In der Produktentwicklung bei Toyota werden viele Konstruktionsfragen erst in späteren Stadien der Entwicklung entschieden. Die Arbeitsgruppe erstellt mehrere Konstruktionsvarianten, von denen schließlich am Ende eines negativen Ausleseverfahrens nur noch eine übrig bleibt und realisiert wird. Im Ergebnis also kann Toyota auf veränderte Marktbedingungen später reagieren als viele seiner Wettbewerber.

Die Grundlagen eines flexiblen Verfahrens

Wie sollten Unternehmen die flexible Produktentwicklung einführen? Die Erfahrungen führender Unternehmen lassen erkennen, daß zunächst einmal die leitenden Führungskräfte begreifen müssen, was ein Verfahren flexibel macht. Eine flexible Produktentwicklung erfordert die Fähigkeit, die Entwicklung eines Produkts an Veränderungen in dessen Anwendungsumfeld anzupassen. Das Ziel ist, im Lauf des Projekts ein großes Verständnis

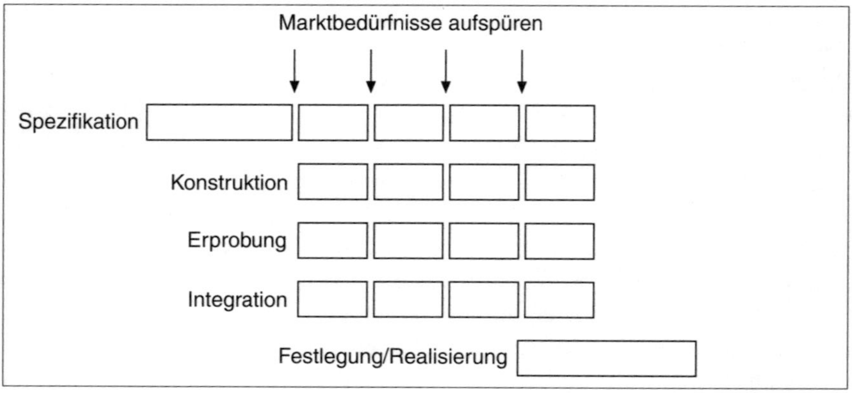

Abb. 3: Struktur eines flexiblen Produktentwicklungsverfahrens

für die Bedürfnisse der Kunden und für alternative technische Lösungen zu entwickeln, um dann dieses Wissen in die voranschreitende Konstruktion des Produkts einfließen zu lassen. Je schneller die Projektgruppe solche Informationen verarbeiten kann, desto schneller kann sie auf Veränderungen im Produktumfeld reagieren.

Der Wert einer flexiblen Produktentwicklung wird allerdings durch das Verfahren bestimmt, mit dem Informationen über die Wechselwirkungen zwischen technischen Alternativen und Kundenbedürfnissen gewonnen werden. Genügt es bei der herkömmlichen Entwicklung, wenn periodisch ein Schwall von Daten über Kundenbedürfnisse anfällt, so ist bei Projekten in sich rasant verändernden Umfeldern eine kontinuierliche Rückmeldung erforderlich. Um diese Informationen zu gewinnen und zu verarbeiten, muß das Entwicklungsverfahren die Kundenbedürfnisse *erahnen*, alternative technische Lösungen *prüfen* und das so gewonnene Wissen in ein einheitliches Produktdesign *integrieren* können (siehe Abb. 3).

Bei der Beschreibung des Vorgehens führender Unternehmen zur Einführung von flexibleren Entwicklungsverfahren gibt es viele Beispiele, die auf unsere Zusammenarbeit mit mehreren Software-Unternehmen zurückgehen, die erst kürzlich im Internet Waren oder Dienstleistungen präsentiert haben. Allerdings ist dies nicht die einzige Branche, für die die entsprechenden Erfahrungen Gültigkeit haben. Wir beschreiben auch das Vorgehen in anderen (herkömmlichen) Industrien, um aufzuzeigen, daß die Ansätze nicht auf das Internet begrenzt sind. Tatsächlich stellen sie einen Querschnitt der Praxis in diversen Umfeldern dar, in denen Veränderung die Norm ist oder wird.

Ein Gespür für den Markt entwickeln

Der erste Schritt zu einem flexiblen Verfahren besteht darin, ein Gespür für den Markt zu entwickeln. Bei flexibel gestalteten Projekten gibt es Mechanismen zur kontinuierlichen Erfassung der Rückmeldungen vom Markt, inwieweit das in der Konstruktion befindliche Produkt den Kundenbedürfnissen entspricht. Dazu wird die Kundenbasis intensiv in den Prozeß mit einbezogen, von breitangelegten Erprobungen bei einer Vielzahl von Kunden bis zu ausgewählten Tests bei wenigen Meinungsbildnern. Auch müssen diese Test-Kunden nicht Außenstehende sein – führende Unternehmen machen dabei auch umfangreiche Erhebungen in ihrer Belegschaft.
Die kontinuierliche Erfassung der Rückmeldungen von Kunden war für Netscape wegen des dramatischen Kopf-an-Kopf-Rennens mit Microsoft von entscheidender Bedeutung. Durch die breitangelegte Veröffentlichung von mehreren Beta-Versionen konnten die Anwender bei der Produktentwicklung eine gewichtige Rolle spielen; gleichzeitig konnte Netscape so ein äußerst kompliziertes technisches Produkt erproben. Zwar haben nicht alle Kunden von Netscape die Beta-Versionen ausprobiert, aber die erfahrensten Benutzer des Web-Browsers mußten dies tun, da sie selbst an Produkten arbeiteten, die reibungslos mit dem neuen Navigator funktionieren mußten. Und deren Rückmeldungen zeigten deutlich Wirkung, denn erhebliche Teile der neuen Codes, Leistungsmerkmale und Technologie, die in die neue Version eingebaut wurden, wurden erst nach der Veröffentlichung der ersten Beta-Version entwickelt.
Microsoft – Netscapes größter Konkurrent – hat erst spät die Möglichkeiten erkannt, die das World Wide Web eröffnet. Erst gegen Ende des Jahres 1995 begann man sich auf die Entwicklung von internetfähigen Produkten zu konzentrieren. Als aber Bill Gates und die Geschäftsleitung endlich die Notwendigkeit einer Änderung der Unternehmensstrategie erkannt hatten, kamen Microsofts Entwicklungskapazitäten erstaunlich schnell zum Einsatz. Bis zur Jahresmitte 1996 gelang es dem Unternehmen, das bis dahin auf dem wichtigen Browser-Markt überhaupt nicht präsent gewesen war, ein Produkt herauszubringen, daß nach Meinung einiger Branchenexperten dem Navigator von Netscape ebenbürtig oder sogar überlegen war.
Microsoft konnte schnell reagieren, weil sein Verfahren zur Produktentwicklung auf einer raschen Folge von Prototypen, frühzeitiger Veröffentlichung von Beta-Versionen und einem flexiblen Ansatz hinsichtlich der Programmstruktur und der Produktspezifikation basierte. (Michael A. Cusumano und Richard W. Selby haben eine ausführliche Abhandlung über Microsofts Produktentwicklungsverfahren veröffentlicht: *Microsoft Secrets*, Free Press [1995].) Bei der Entwicklung des Internet-Explorers verfuhr Microsoft ähnlich wie Netscape, aber mit stärkerer Orientierung nach innen. Mit mehr als 18 000 Betriebsangehörigen (gegenüber 1 000 bei Netscape) konn-

te Microsoft die einzelnen Beta-Versionen des Explorers testen, indem das Programm einfach auf dem eigenen Intranet veröffentlicht wurde. »Wir ermutigen jeden bei Microsoft, damit herumzuspielen«, erläuterte ein Manager. »Interne Erprobung heißt, daß wir das Programm Tausenden von Menschen zur Verfügung stellen, die es dann wirklich in die Mangel nehmen. Wir strapazieren es weitaus mehr als der durchschnittliche Web-Nutzer.« Microsoft verband die breitangelegte interne Erprobung mit sorgfältig vorbereiteten Veröffentlichungen von Beta-Versionen, wobei hier nur zwei oder drei zum Einsatz kamen statt sechs oder sieben wie bei Netscape. Das Unternehmen begrenzte damit das Risiko, daß Fehler in den ersten Versionen seinem Ruf schaden könnten.

Ein ähnlich flexibler Ansatz kann auch bei der Entwicklung von Dienstleistungen vorteilhaft sein. Nehmen wir einmal Yahoo!. Dieses Unternehmen wurde 1995 gegründet und bietet den Nutzern des World Wide Webs Such-, Auskunfts- und Programmierleistungen. Als Dienstleister vertritt das Unternehmen den Standpunkt, daß ein neues Produkt robuster sein muß als die typische Beta-Version eines Internet-Programms, ehe man es auf den Markt bringt. Das Risiko breitangelegter, öffentlicher Erprobung ist zu groß, denn Anwender, die eine neue Dienstleistung einmal ausprobieren und dabei schlechte Erfahrungen machen, werden entweder nur in Ausnahmefällen darauf zurückkommen oder – schlimmer noch – zur Konkurrenz abwandern. Außerdem nimmt man bei Yahoo! an, daß Wettbewerber die innovativen Merkmale einer neuen Dienstleistung kopieren, sobald diese bekanntgegeben werden. Diese Überlegungen sprechen dafür, öffentliche Erprobungen erst im fortgeschrittenen Stadium der Produktentwicklung durchzuführen.

Aus den genannten Gründen stellt Yahoo! frühe Versionen seiner neuen Dienstleistungen nur zum internen Gebrauch online zur Verfügung. Aufgrund des Fachwissens und der Erfahrung der Entwicklungsgruppe werden bei solchen Erprobungen alle wesentlichen Defekte aufgedeckt und neue Vorschläge zur Verbesserung der Funktionalität erarbeitet. Erst dann läßt Yahoo! das neue Produkt »weich« veröffentlichen, d. h. die Dienstleistung wird auf Yahoo!s Web-Seite installiert, aber ohne Verknüpfungen zu den stark nachgefragten Funktionen. Folglich dürften nur die technisch »gewieften« Benutzer die Dienstleistung in diesem Stadium ausfindig machen und benutzen. Yahoo! bittet auch einige der 30 000 Anwender, die sich freiwillig zur Erprobung von Beta-Versionen zur Verfügung gestellt haben, das neue Produkt auszuprobieren. Auf diese Weise wird eine rigorose externe Erprobung durchgeführt, ohne daß unerfahrene Benutzer, die sich vielleicht über eine langsame, unvollständige oder fehlerhafte Version ärgern würden, davon Kenntnis erlangen.

Die Beispiele von Netscape, Yahoo! und Microsoft veranschaulichen verschiedene Ansätze zur Aufspürung von Kundenbedürfnissen. Unternehmen, die eine flexible Produktentwicklung einführen wollen, sollten deren Vorteile gegeneinander abwägen und überlegen, ob nicht alle drei in ausgewogener Kombination zum Einsatz kommen können. Es muß aber hervorgehoben werden, daß diese Vorgehensweisen nicht allein der Internet-Branche zugute kommen können. Der Fortschritt in der Informationstechnik versetzt Unternehmen heute in die Lage, Kundenbedürfnisse durch Methoden zu ermitteln, die es vor wenigen Jahren noch nicht gab. In vielen Industriezweigen haben führende Unternehmen begonnen, von diesen neuen Möglichkeiten Gebrauch zu machen.

Ähnlich wie Netscape hat z. B. Fiat eine breitangelegte externe Erprobung durchgeführt, um verschiedene Automobilkonzepte zu bewerten. Über eine Verknüpfung auf der Web-Seite des Unternehmens gelangten die Kunden zu einer Seite, auf der ihre Bedürfnisse bezüglich der nächsten Punto-Generation erfaßt wurden (mit einem jährlichen Absatz von ca. 600 000 Stück ist der Punto das am meisten verkaufte Fiat-Modell). Die Kunden wurden gebeten, ein Formular auszufüllen, auf dem ihre Wünsche in bezug auf das Design des Wagens erfaßt wurden. Sie konnten dabei die folgenden fünf Aspekte in einer Rangfolge einstufen: Aussehen, Komfort, Leistung, Preis und Sicherheit. Dann wurden sie gefragt, was ihnen an einem Auto am meisten mißfiel, und um Vorschläge für Neuerungen gebeten. Außerdem ließ das Programm die Kunden ein Auto selbst entwerfen. Dazu hatten sie eine Auswahl unter verschiedenen Karosserien, Rädern, Front- und Heckpartien. Sie konnten ferner verschiedene Ausführungen von Leuchten und anderen Einzelheiten genau betrachten. So konnten die Kunden verschiedene Konstruktionen ausprobieren und das Ergebnis sofort auf dem Bildschirm sehen. Das Programm erfaßte dann das Endergebnis und zeichnete darüber hinaus die Reihenfolge auf, in der die Kunden die Einzeloptionen bewerteten und auswählten. Diese Informationen sagten den Designern sehr viel über die Denkweise der Kunden bei der Bewertung von Merkmalen, Aussehen und Eigenschaften auf dem Weg zu einer bestimmten Konstruktion.

Fiat erhielt innerhalb von drei Monaten über 3 000 Befragungsergebnisse, von denen jedes rund zehn Seiten ausführlicher Informationen enthielt. Die Bandbreite der Vorschläge reichte von pfiffig (ein Schirmhalter im Wageninnern) bis bedeutsam (eine durchgehende Sitzbank vorn). Fiat ließ die Informationen in diverse Entscheidungen zu Gestaltungs- und Konstruktionsfragen bezüglich des Punto der nächsten Generation einfließen. Und die ganze Aktion hatte nur $ 35 000 gekostet – etwa soviel, wie ein paar Zielgruppenbefragungen. Darüber hinaus sagten die Fiat-Manager, daß sie so genau die Informationen erhalten hätten, die sie brauchten. Das Profil der Teilnehmer an dieser Aktion – es waren »Trendsetter« in der Altersgruppe zwischen 31 und 40 Jahren, die hohe Einkommen haben und häufig Autos kaufen – entsprach der Zielgruppe, die für Fiat am wichtigsten ist.

Die Electro-Motive Division von General Motors hat für ihr neues Verfahren der virtuellen Produktentwicklung einen ähnlichen Ansatz gewählt. Mit diesem Verfahren können die Ingenieure den Kunden die nächste Generation von Lokomotiven digital vorführen, während diese noch in der Entwicklung sind. Obwohl das GM-Verfahren noch im Entstehen ist, wird angestrebt, ein völlig digitales Umfeld zu schaffen, in dem das Produkt elektronisch die Stadien der Konzeption, Konstruktion, Analyse, Prototypfertigung und Serienfertigung durchläuft und dabei mehrfach im PC des Kunden »anhält«, damit dieser seine Rückmeldungen dazu abgeben kann.

Technische Lösungen auf dem Prüfstand

Das Aufspüren von Kundenbedürfnissen im Lauf eines Projekts ist nur ein Element einer flexiblen Produktentwicklung. Wenn ein Unternehmen es zuläßt, daß das Produkt noch im Stadium der Realisierung weiterentwickelt wird, dann muß es allerdings auch dafür sorgen, daß die Kosten von Änderungen gering bleiben, die Änderungen schnell durchgeführt und ihre Auswirkungen auf das Ganze überprüft werden. Mechanismen, die es dem Unternehmen ermöglichen, alternative technische Lösungen schnell zu prüfen und auszuwerten stellen daher das zweite Element einer flexiblen Produktentwicklung dar.

Frühzeitig entwickelte Prototypen und die Erprobung technischer Alternativen sind kritische und richtungweisende Faktoren für die Ausrichtung eines Projekts. Betrachten wir einmal NetDynamics, ein Unternehmen, das ausgefeilte Programme entwickelt, um Web-Server mit großen Datenbanken zu verbinden. Für NetDynamics war die möglichst frühe Auswahl der Computersprache die wichtigste technische Frage bei der Entwicklung seines zweiten Produkts. Das Unternehmen konnte entweder eine eigene, rechtlich geschützte Sprache entwickeln oder von Java Gebrauch machen. Zu jenem Zeitpunkt – Anfang 1996 – war die Programmiersprache Java bereits weitgehend bekannt, aber es handelte sich immer noch um ein instabiles, unausgereiftes Produkt, das nur wenige verstanden. Der Ingenieur Yarden Malka erinnert sich: »Wir wußten, daß Java Zukunft hatte, aber es war erst als Beta 1-Version verfügbar. Das bedeutete, daß entweder die zur Verfügung stehenden Entwicklungsprogramme sehr fehlerhaft waren oder überhaupt nicht existierten. Wir wußten, daß wir – wenn wir uns für Java entscheiden sollten – viele Entwicklungsprogramme selbst würden erstellen müssen.«

NetDynamics' Festlegung auf eine offene Plattform sprach für Java. Wenn es eine Norm gab – sei es eine bereits existierende oder eine im Entwicklungsstadium –, sollte sie zur Anwendung kommen, und Java schien diese

Norm zu sein. Um zu einer Entscheidung zu gelangen, verbrachten die Ingenieure von NetDynamics viel Zeit damit, verschiedene Alternativen auszuprobieren und deren Vor- und Nachteile kennenzulernen. Sie begannen mit der Entwicklung einfacher Prototypen und gingen allmählich zur Erstellung von komplizierteren Programmen über, wobei sie jedesmal versuchten, die Vorteile für den Anwender einzuschätzen. Dieser »anwenderorientierte« Ansatz war für die endgültige Auswahl von kritischer Bedeutung und unterschied sich deutlich von dem üblichen Vorgehen in »Hightech«-Unternehmen, in denen man Technologien oft nur im Hinblick auf die Vorteile, die sie den Design-Gruppen bieten, bewertet.

Eine Design-Gruppe muß in der Lage sein, im Lauf eines Projekts alternative Lösungen schnell und kostengünstig zu prüfen und zu bewerten. Genau dies erfüllt Yahoo! dank der Art und Weise, wie das Unternehmen seinen Internet-Service anbietet. Die Rechenleistung wird durch viele preiswerte Computer statt durch einige wenige große (und teure) Server erbracht. Weil die Investition pro Gerät bescheiden ist, kann Yahoo! seine Kapazität steigendem Bedarf reibungslos anpassen und leicht mit verschiedenen alternativen Programmen experimentieren. Farad Nazem, Vice-President Entwicklung, meint dazu: »Unsere Web-Seite funktioniert wie ein Zapfhahn. Wenn wir ein neues Produkt oder Leistungsmerkmal bei mehreren tausend Anwendern erproben wollen, setzen wir es nur bei einigen Computern auf die Homepage. Wenn dann genügend Benutzer darauf zugegriffen haben, stellen wir das Angebot auf den einzelnen Computern ein. Wir können auch Vergleiche durchführen, indem wir mehrere Versionen desselben Angebots auf verschiedenen Computern im Netz laufen lassen und dann feststellen, auf welche Version am meisten zugegriffen wurde.«

Um die Kosten der Prüfung von alternativen Programmen zu senken, haben Unternehmen außerhalb der Software-Branche zunehmend in neue Technologien zur virtuellen Konstruktion investiert. Indem die Konstruktion per Simulation erprobt wird, können Unternehmen flexibel auf neue Informationen reagieren und Unklarheiten schnell durch Austesten von Alternativen ausräumen. CAD-Programme haben ebenfalls dazu beigetragen, die Kosten von Konstruktionsänderungen radikal zu senken und gleichzeitig die Erprobung beschleunigt. Bei Boeing z. B. kam bei der völlig digitalen Konstruktion des Modells 777 ein virtueller »Mensch« zum Einsatz, der am Bildschirm in das dreidimensional dargestellte Flugzeug einstieg, um zu zeigen, wie schwierig der Zugang für einen echten Mechaniker sein würde. Mit solchen Computer-Modellen konnten die Ingenieure Konstruktionsfehler – z. B. eine Navigationsleuchte, die schwer zugänglich war – aufdecken, die sonst erst bei der physischen Erprobung eines Prototypen zu Tage getreten wären. Durch die Vermeidung des Zeit- und Kostenaufwands, der mit dem Bau von Prototypen in verschiedenen Projektstadien verbunden ist, wurde Boeings Produktentwicklungsverfahren ausreichend flexibel, um viel mehr Konstruktionsmöglichkeiten auszuwerten als früher.

Kundenbedürfnisse und technische Lösungen integrieren

Es reicht nicht aus, zu wissen, welche Wünsche Kunden bezüglich eines in der Entwicklung befindlichen Produkts haben, wenn die Projektgruppe diese Wünsche nicht mit den verfügbaren technischen Möglichkeiten integrieren – also »unter einen Hut bringen« – kann. Folglich haben alle Organisationen, von denen hier die Rede ist, dynamische Integrationsmechanismen eingeführt. Manche davon basieren auf einleuchtenden Ideen wie dem Einsatz von Projektgruppen, wie bei Netscape, NetDynamics und Microsoft, andere wiederum sind neueren Datums. Alle drei Unternehmen nutzen zum Beispiel ihre Intranets, um Aufgaben zu koordinieren, Konstruktionsänderungen zu synchronisieren und im Lauf eines Projekts Kundeninformationen zu sammeln. So können die Projektgruppen laufend die Wechselwirkungen zwischen Aufgaben, Zeitplänen und Konstruktionsänderungen im Auge behalten. Derartige Integrationsmechanismen sind im Hinblick auf die vielen Erprobungszyklen und die gewaltige Menge anfallender Informationen Voraussetzung für das Beherrschen von flexiblen Prozessen. Ohne Methode zur Gewinnung und Integration von Wissen kann der Entwicklungsprozeß schnell zum Chaos geraten, in dem spontan vorgenommene Konstruktionsänderungen zu umfangreichen Nachbearbeitungen führen, weil es zu unerwarteten Wechselwirkungen mit anderen Bereichen des Projekts kommt.

In der Welt des Internets werden Integrationsmechanismen durch die Art des Produkts – Software – vorgegeben. Bei jedem der von uns beschriebenen Projekte wurden ausgefeilte Programmierwerkzeuge eingesetzt, um die Master-Version des entstehenden Produkts festzuhalten. Bei der Bearbeitung der einzelnen Programmabschnitte wurden diese aus dem Gesamtprogramm herausgelöst. Anschließend führten die Programmierer eine Anzahl von Tests durch, um sicherzustellen, daß dieser Abschnitt keine problematischen Wechselwirkungen mit den übrigen Programmteilen verursachte. Erst danach konnte der neue Abschnitt wieder eingefügt werden. Am Ende eines jeden Tages, als alle neuen Abschnitte eingefügt waren, folgte eine Probelauf mit dem Programm. Bei Auftreten irgendwelcher Probleme mußten diese erst gelöst werden, bevor die neuen Abschnitte dauerhaft integriert werden konnten.

Ähnliche Ansätze findet man bei Projekten außerhalb der Welt des Internets, wo neue Informationssysteme ein besseres Teilen von Wissen ermöglichen. Bei Silicon Graphics, einem führenden Hersteller von Workstations und Servern, gibt es ein neues Produkteinführungsverfahren, das vom unternehmenseigenen Intranet ausgiebig Gebrauch macht, um Entwicklungsarbeiten zu koordinieren. Manager und Ingenieure rund um die Welt, die sich täglich mit den Problemen derzeitiger Kunden befassen, stellen in der Konzeptionsphase Informationen zur Verfügung. Darüber hinaus sind die wichtigsten Anwender in den Zielsektoren des Markts (sog. »wegweisende« Kunden) direkt mit den Projektgruppen verbunden, so daß letztere sich vor kritischen Entscheidungen im Lauf des Projekts schnell und effektiv beraten lassen können. Das Intranet dient auch dazu, täglich die Konstruktionsergebnisse zu integrieren. Die Projektingenieure benutzen Simulationsprogramme, um die Konstruktion der Hardware darzustellen. Wie bei Internetprojekten wird bei anstehenden Änderungen der entsprechende Programmabschnitt herausgelöst, abgeändert, auf Fehler und unerwartete Wechselwirkungen geprüft und anschließend wieder eingefügt.

Solche Ansätze sind nicht auf spitzentechnologische Produkte beschränkt. Die Unternehmensberatung Booz, Allen & Hamilton nutzt ihr Intranet, um einen reichhaltigen und geographisch verstreuten Fundus an Wissen zu integrieren. Über das Intranet können die Berater schnell Fachleute mit bestimmten Kenntnissen ausfindig machen und kontaktieren sowie auf frühere Studien zurückgreifen, die für laufende Projekte von Bedeutung sind. So wird die kollektive Erfahrung des gesamten Unternehmens allen Mitarbeitern online zur Verfügung gestellt. Ferner kann das Unternehmen über das Intranet sein intellektuelles Kapital vermehren. In der Unternehmensberatung umfaßt die Entwicklung neuer Produkte die Ausarbeitung neuer Rahmenbedingungen, branchenbezogener »Best-Practice«-Kriterien, »Benchmarking«-Kriterien und weiterer projektübergreifender Informationen. Durch die Online-Bereitstellung solcher Produkte sowohl während der Produktentwicklung als auch danach kann Booz, Allen & Hamilton neue Informationen und Erfahrungswerte in den eigenen Fundus an Wissen integrieren.

Die Integration innerhalb des Unternehmens reicht jedoch nicht immer aus. In manchen Fällen kann es wichtig sein, Wissen auch quer über Unternehmensnetzwerke integrieren zu können. Für Internet-Unternehmen gilt, daß angesichts der Neuheit und Komplexität ihrer Produkte und der Kürze ihre Entwicklungszyklen kein einziges Unternehmen allein die Produktentwicklung, Herstellung und Vermarktung betreiben kann. Statt dessen nutzen sie technische Möglichkeiten, die außerhalb des einzelnen Unternehmens liegen und integrieren dann diese Technologien in ihre ureigenen Produkte. (Internet-Nutzer werden Java-Applets und Web-Browser »Plug-ins« kennen.) Dieses Vorgehen bedingt jedoch, daß nicht nur die Technologien reibungslos in Produkte integriert werden müssen, sondern daß auch das Unternehmen mit wechselnden Teilnehmern zurechtkommen muß. Die Unternehmen, die wir beschreiben, sind Verbindungen mit anderen Produktentwicklern eingegangen, haben an Gemeinschaftsprojekten teilgenommen und sehr viel Arbeit investiert, um offene Programmstrukturen und modulare Konzepte voranzubringen. Doch das gilt nicht allein für die Software-Branche. Hersteller von Workstations wie z. B. Sun, Hewlett-Packard oder Silicon Graphics schließen sich häufig mit anderen Hardware-Unternehmen wie Siemens, Intel, Fujitsu, Toshiba oder NEC zusammen, um gemeinsam Entwicklung zu betreiben und die Leistung ihrer Systeme zu steigern.

Flexibilität auf dem Prüfstand

Es ist die Gesamtheit der Merkmale einer flexiblen Produktentwicklung, die ein Unternehmen in die Lage versetzt, noch *während* der Produktentwicklung auf Veränderungen am Markt und bei den Technologien zu reagieren. Ein herausragendes Beispiel dafür fanden wir in einem Umfeld, das kaum weiter von der typischen »High-tech«-Welt entfernt sein könnte: der Segelregatta um den America's Cup. Im Jahr 1995 hatte eine kleine Mannschaft aus Neuseeland die Regatta vom Anfang bis zum Ende beherrscht. Das Vorgehen des Teams New Zealand macht deutlich, wie die oben beschriebenen Mechanismen mit dramatischer Wirkung in einem flexiblen Verfahren zusammengeführt werden können.

Team New Zealand engagierte Doug Peterson, der schon 1992 der Siegermannschaft um den America's Cup angehört hatte, als Chefkonstrukteur. Des weiteren wurden erfahrene Simulationsexperten engagiert, die die neueste Konstruktionssoftware einsetzen sollten. Das erste Konstruktionskonzept beruhte zwar auf Petersons großer Erfahrung, aber als die Konstruktion der Boote ausgearbeitet war, ging man dazu über, Konstruktionsänderungen mittels Tausender iterativer Simulationsvorgänge am Computer auszuwerten. Die Simulationen liefen über ein kleines Netzwerk von Workstations, die nur wenige Meter vom Dock entfernt standen. Um die schnelle Rückmeldung bezüglich der Auswirkungen von Konstruktionsänderungen sicherzustellen, baute die Mannschaft zwei Boote. Jeden Tag wurde dann an einem eine Änderung vorgenommen, und anschließend segelten beide um die Wette, um die Auswirkung auf die Leistung zu messen.

Anhand dieses Testprogramms mit zwei Booten, das täglich Auskunft darüber gab, wie gut die in der Entwicklung befindliche Konstruktion an die Bedingungen der Regatta angepaßt war, spürte das Team New Zealand in einem flexiblen Verfahren die »Marktbedürfnisse« auf. Konstruktionsalternativen wurden unter der Aufsicht eines der erfahrensten Segelyachtkonstrukteure der Welt mittels eines Simulationsprogramms geprüft, und die Erkenntnisse wurden integriert, indem man sie lokal verfügbar machte.

Die Bootsmannschaft, die Konstruktionsgruppe und die Manager konnten daher ihre Vorschläge einbringen, die Auswirkungen möglicher Konstruktionsänderungen vorab sehen, und wissen, was sie bei der tatsächlichen Erprobung im Wasser erwartete.

Das amerikanische Boot, das im Finale gegen Team New Zealand fuhr, war mit der Unterstützung kapitalstarker Großunternehmen auf den neuesten Supercomputern konstruiert worden. Zwar konnte die US-Mannschaft eine riesige Anzahl von Versuchskonstruktionen prüfen, aber die Computer standen Hunderte von Meilen vom Dock entfernt. Folglich gab es erhebliche Zeitverluste zwischen der Änderung der Konstruktion und der Rückmeldung über die Ergebnisse. Ferner stand der Mannschaft nur ein Boot zu Testzwecken zur Verfügung, und angesichts der wechselhaften See und Wetterverhältnisse dauerte es hier erheblich länger, um die Auswirkungen von Veränderungen zu ermitteln.

Das Team New Zealand machte von besseren Mechanismen Gebrauch als die Amerikaner, um das Anforderungsprofil zu erkennen, Änderungen zu erproben und die Erfahrungen zu integrieren. Sein flexibles Verfahren lieferte eine Yacht, deren Konstruktion so überlegen war, daß viele Beobachter meinten, sie sei den Konkurrenten eine ganze Generation voraus. Paul Cayard, der Mannschaftskapitän des Gegners von Team New Zealand im Finale, meinte: »Ich habe in meinem Leben schon manchen harten Kampf durchgestanden. Aber ich habe noch nie an einer Regatta teilgenommen, bei der ich das Gefühl hatte, so wenig Einfluß auf den Ausgang zu haben. Es ist der größte Geschwindigkeitsabstand, den ich je bei Booten erlebt habe.«

In vielen der Umfelder, die wir untersucht haben, haben wir ähnliche Muster vorgefunden. Unternehmen, die eine flexible Produktentwicklung eingeführt haben, haben begonnen, genau die Industrien zu verwandeln, die sie gezwungen hatten, flexibel zu arbeiten. Sie haben Strategien umgesetzt, die von Unternehmen, die herkömmlichen Ansätzen verhaftet sind, nicht realisiert werden können. Wettbewerber ohne flexible Produktentwicklungsverfahren werden mit ziemlicher Sicherheit feststellen, daß es in ihren Branchen zunehmend turbulenter zugeht. Und in einem solchen Umfeld wird es immer den Anschein haben, daß ihre Produkte und Dienstleistungen denen ihrer flexiblen Konkurrenten hinterherhinken.

Charles Handy

Vertrauen: Die Grundlage der virtuellen Organisation

Vor kurzem war ich in der Biblioteca Laurenziana in Florenz, die Michelangelo vor fast 500 Jahren für die Medici entwarf. Es ist ein besonderer Ort, durchdrungen vom Geist des Lernens; ein Ort, der in vielerlei Hinsicht ruhiger und erbaulicher wirkt als die benachbarte Medici-Kapelle von San Lorenzo. Die Bibliothek wird jedoch nicht mehr als solche genutzt. Sie wird nur noch von Touristen aufgesucht, und was ihre Bestände anbelangt, so könnten sie alle auf einer CD-ROM untergebracht werden.

Ich fragte mich, ob dies symbolhaft sei für das, was auf alle unsere Organisationen zukommt – werden die Gebäude in Museen für die Touristen verwandelt, wird die Arbeit auf Disketten gespeichert? Und würden wir dabei nicht einiges verlieren? Denn bei aller mutmaßlichen Effizienz – an Videokonferenzen teilzunehmen und im Internet zu surfen ist nun einmal nicht dasselbe, wie in Michelangelos Bibliothek zu arbeiten.

Tatsächlich hatte ich erst eine Woche zuvor mit einer Gruppe von Bibliothekaren über die Zukunft ihrer modernen Einrichtungen diskutiert. Sie stimmten mir zu, daß Bildschirme und Tastaturen dabei sind, Regale voller Bücher und Zeitschriften zu verdrängen. Ein Verleger sagte, er werde seine Zeitschrift nicht länger drucken und veröffentlichen, sondern sie statt dessen in die Datenbanken der (institutionellen) Abonnenten eingeben. Dann, meinte einer der Anwesenden, brauchten wir nie wieder eine Bibliothek aufzusuchen, denn wir könnten ja alles, was wir wollten, über den Bildschirm in unser Zimmer holen. Ein weiterer fügte hinzu, daß an der University of Virginia dieser Wandel bereits stattfinde; um Zugang zur Bibliothek zu bekommen, brauche man nur ein Paßwort und ein Modem. Jemand anders berichtete, daß die Bibliothek der Universität in Dubrovnik zwar zerstört worden sei, aber das Geschenk eines Computer-Terminals mit Zugang zu einer Vielzahl von ausländischen Datenbanken dies mehr als kompensiert habe.

Ich beobachtete die Mienen der Gesprächsteilnehmer während ihnen klar wurde, was all dies bedeutet. Sie sahen sich mit der virtuellen Bibliothek konfrontiert – einer Bibliothek, die nur als Konzept und nicht als Örtlichkeit existiert, als Funktion und nicht als Gebäude. Für die Bibliothekare, die es gewohnt waren, sich als Wächter eines besonderen Ortes zu sehen, war diese Vorstellung je nach Alter und Einstellung entweder beängstigend oder aufregend.

Die Bibliotheken, deren Lebensblut aus Information besteht, waren schon immer dafür prädestiniert, als erste mit der Herausforderung und den Chancen der Virtualität konfrontiert zu werden, aber je mehr Unternehmen von Information abhängig werden, desto mehr werden sie von demselben Dilemma betroffen. Ein Büro ist im Prinzip eine interpretierende Bibliothek, die einem bestimmten Zweck dient, und unser Wirtschaftsleben besteht in zunehmendem Maß aus der Verarbeitung von Informationen, Ideen und Wissen in unendlicher Vielfalt – was einer Einladung zur Virtualität gleichkommt. Es ist einfach, sich von den technischen Möglichkeiten der virtuellen Organisation verführen zu lassen, aber die Auswirkungen auf Management und Belegschaft dürften uns veranlassen, darüber nachzudenken, was wir unter einer Organisation verstehen. Auf das Elementarste vereinfacht lautet das Dilemma des Managers: Wie führt man Mitarbeiter, die man nicht sieht? Die einfache Antwort: Indem man ihnen vertraut. Hinter dieser scheinbaren Einfachheit verbirgt sich jedoch eine Umkehr im Verständnis der Organisation. Die Regeln des Vertrauens sind sowohl offensichtlich als auch anerkannt, aber sie passen schlecht zur herkömmlichen Denkweise von Managern, wonach Effizienz und Kontrolle eng miteinander verbunden sind und man das eine nicht ohne ein gerütteltes Maß des anderen haben kann. Aus organisatorischer Sicht müssen wir uns fragen, ob ein Unternehmen künftig noch mehr sein wird als die Schublade voller Verträge, die einige Firmen heute bereits zu sein scheinen. Ist eine Schublade voller Verträge eine dauerhafte Basis für Arbeit in unserer Gesellschaft, oder ist sie nicht tatsächlich eine Anleitung zur Auflösung? Die Gesellschaft insgesamt steht vor der Herausforderung, sicherzustellen, daß Virtualität allen nützen wird, und nicht nur wenigen Begünstigten. Organisationen – insbesondere Unternehmen – sind die Stützen der Gesellschaft, und daher tragen sie Verantwortung für mehr als nur sich selbst. Diese Verantwortung wird durch die Virtualität in ein grelles Licht getaucht.

Die Virtualität – eine neue Dimension

Wenn man die Technologie außer Betracht läßt, ist die Idee des Arbeitens ohne an eine Räumlichkeit gebunden zu sein nichts Neues. Wo Information das Rohmaterial der Arbeit ist, war es noch nie erforderlich, daß alle Beschäftigten gleichzeitig am selben Ort anwesend waren. Ein Außendienst ist das gängigste Beispiel – so gewöhnlich und alltäglich, daß man nicht auf die Idee käme, ihn hochtrabend als »virtuelle Organisation« zu bezeichnen. Und doch arbeiten die Außendienstler selbständig, ohne gemeinsamen Standort: Sie sind aus dem Auge, aber (hoffentlich) nicht außer Kontaktweite oder gar aus der Reihe gefallen.

Der Journalismus bietet weitere Beispiele. Ich selbst bekomme gelegentlich etwas Sendezeit im Vormittagsrundfunkprogramm »Today« der BBC. Über viele Jahre hinweg habe ich mich nie mit meinem Programmdirektor getroffen, noch habe ich je irgend jemand von der Produktionsmannschaft kennengelernt. Ich telefoniere stets von dem Ort aus, an dem ich gerade bin, und meine Beiträge werden oft von unbemannten Außenstudios gesendet. Nichts daran ist ungewöhnlich.

Die Open University in Großbritannien, die Nachahmer auf der ganzen Welt hat, stellt vielleicht das ambitionierteste Konzept ohne einen Standort dar. Natürlich hat die Open University Räumlichkeiten, aber dort befinden sich keine Studenten und nur wenige Mitglieder der Fakultäten, sondern nur das Verwaltungszentrum eines unsichtbaren, weitläufigen Imperiums. Die Business School der Open University ist bereits die größte in Europa, obwohl nur wenige Studenten jemals irgendeinen Professor oder irgendwelche anderen Studenten getroffen haben. Bisher traf man sich bei kurzen Sommerkursen, die auf dem Campus von traditionellen Universitäten stattfanden und mit der Wohnpflicht im Studentenheim verbunden waren. In diesem Jahr jedoch hat die Universität ihren ersten wirklich virtuellen Sommerkurs eingeführt. Die Studenten werden von zu Hause oder vom Arbeitsplatz aus per E-Mail, Mobiltelefon oder Videokonferenz teilnehmen; sie werden nie alle gleichzeitig am selben Ort zusammenkommen. Die Technologie wird von der Universität zur Verfügung gestellt. Das Mobiltelefon gehört dazu, damit die Studenten mit ihren Fachbeauftragten sprechen können, noch während sie vor ihren Computern sitzen, die über das Festnetz angeschlossen sind.

In meiner Heimatregion in Großbritannien brannte letztes Jahr die zentrale Bibliothek in Norwich, die den östlichen Teil des Landes versorgte, bis auf die Grundmauern nieder. Der Bibliothekschef stellt Überlegungen an, das große Gebäude durch ein Netz von winzigen Büchereien in jedem Weiler und Städtchen in der Region zu ersetzen, die alle an eine Zentralbibliothek angeschlossen wären – und notfalls an jede andere Bibliothek auf der Welt. Wie in Dubrovnik geschehen, kann eine Katastrophe uns früher als wir es je vorhatten in die Zukunft katapultieren. Was unseren Bibliothekschef bremsen wird, ist allerdings weder die Technologie noch das Geld (beides ist im Prinzip vorhanden), sondern was in den Herzen und Köpfen seiner Mitarbeiter und seiner Dienstherren stattfindet. Das liegt daran, daß sich die Menschen oft nicht vorstellen können, was sie nicht sehen können.

Die Wirtschaft hinkt solchen Beispielen aus dem öffentlichen Sektor hinterher. Zu großen Teilen bestehen Organisationen heute aus Ad hoc-Miniorganisationen: Projektgruppen, die für einen bestimmten Zeitraum und zu einem bestimmten Zweck zusammengesetzt werden und ihre Mitglieder sowohl innerhalb als auch außerhalb des Unternehmens rekrutieren. Die Projekte haben oft keinen eigenen Standort; sie existieren als Funktion und nicht als Gebäude, und das einzige sichtbare Zeichen dafür, daß es sie gibt, ist eine E-Mail-Adresse. In den Gebäuden, die tatsächlich vorhanden sind, gibt es immer mehr sogenannte »hot desks«. Im internationalen Geschäft sind Videokonferenzen die Norm. Die Züge in Großbritannien dienen zugleich als rollende Büros, in denen die Pendler zum Klingeln von Handys und dem Piepsen von Laptops vor sich hindösen.

Eines nicht so fernen Tages, wenn jedermann ein Handy hat, wird das Telefon nicht mehr an einen Standort gebunden sein. Dieser Umstand wird viel radikaler anders sein, als es klingt. Wir werden jedermann anrufen können, ohne zu wissen, wo er bzw. sie sich befindet oder was er bzw. sie gerade macht. Das Büro als Standort des Telefons – mit einer Sekretärin, die es abnimmt, und mit einem Kabel zur Steckdose in der Wand – wird als antiquierte und sehr kostspielige Angelegenheit gelten. Ein Büro, das 168 Stunden pro Woche zur Verfügung steht, aber vielleicht nur 20 Stunden lang benutzt wird, ist ein Luxus, den sich Unternehmen kaum leisten können. Wenn es in Zukunft noch das Büro gibt, dann wird es wohl eher einem Klub ähneln: ein Ort, an dem man sich trifft, begrüßt und essen kann und wo Räume für bestimmte Aktivitäten und nicht für bestimmte Personen reserviert werden.

Die Virtualität bereitet jedoch nicht immer soviel Freude wie sie sollte. Seit über einem Jahrhundert hat das eigene Büro, oder zumindest der eigene Schreibtisch, dem Vorgesetzten einen Sicherheitsabstand verschafft. Für die meisten von uns ist das Gefühl, »am richtigen Platz« zu sein, genauso wichtig wie das Zielbewußtsein. Es gibt vieles, das für E-Mail und Voice-Mail spricht, darunter auch deren Unmittelbarkeit, aber diese Art der Kommunikation kann nicht den Blick in die Augen des Gegenübers ersetzen. Die Einsamkeit des fernab postierten Managers ist hinreichend belegt. Sogar Bürointrigen und Klatsch wirken anziehend, und sei es nur als Antidot gegen die Eintönigkeit von vielem, das als Arbeit gilt. Nur wenige werden eifrige Verfechter der Virtualität sein, wenn klar wird, daß Arbeit das ist, was man tut, und nicht, wohin man geht.

Die Dilemmas der Manager

Ob es uns gefällt oder nicht, die Vermischung von Wirtschaft und Technologie bedeutet, daß immer mehr Menschen ihre Zeit im virtuellen Raum verbringen werden – aus dem Auge, sozusagen, wenn nicht gar außer Kontaktweite. Die Kollegen werden nicht mehr längs des Flurs zu finden sein, bereit zur Teilnahme an einer spontanen Sitzung oder für einen Zwischenbericht verfügbar. Die meisten Sitzungen werden geplant sein – auch Videokonferenzen – und daher seltener werden. Wir werden lernen müssen, in unseren Organisationen ohne Sitzungen auszukommen.

Wir werden uns auch daran gewöhnen müssen, mit Menschen zusammenzuarbeiten bzw. sie zu führen, obwohl wir sie allenfalls selten (und dann nur nach vorheriger Vereinbarung) zu Gesicht bekommen. Das ist schwieriger als es sich anhört. Einmal saß ich mit der Journalistin einer Tageszeitung zusammen, die mich in der Nachrichtenredaktion interviewte – einem lauten, verqualmten Raum voller Telefone, in dem der Schweißgeruch von hundert Journalisten in der Luft hing. Ich mußte mich auf die Kante ihres Schreibtischs setzen – es gab nichts anderes.
»Hätten wir uns nicht woanders treffen können?« fragte ich durch das Stimmengewirr. »Zum Beispiel bei Ihnen zu Hause?«
»Ich wünschte, wir könnten das«, meinte sie. »Ich könnte wirklich viel besser arbeiten, wenn ich es tun könnte, wo es mir paßt. Ich könnte das Interview genauso gut von zu Hause aus weiterleiten wie von hier aus.«
»Und warum tun Sie es dann nicht?« fragte ich überrascht.
»Weil *die* mich dort haben wollen, wo sie mich sehen können«, antwortete sie und zeigte auf das Ende des langen Raums, wo zwei Männer hinter großen Glasfenstern saßen. Das seien die Redakteure, sagte sie, und die würden gern sehen, was jeder machte, um die Arbeit zu überprüfen oder zu unterbrechen, wenn sie einen neuen Auftrag zu vergeben hatten.
»Die Wahrheit ist, daß sie uns nicht vertrauen«, meinte sie.
Vertrauen ist der Kern des Ganzen. Das mag offenkundig und banal erscheinen, doch sind die meisten unserer Organisationen so strukturiert, als ob man den Menschen nicht vertrauen bzw. sich nicht auf sie verlassen könne – nicht einmal in den geringsten Angelegenheiten. Überwachungssysteme werden eingerichtet, um zu verhindern, daß irgend jemand etwas falsch macht, sei es zufällig oder aus Absicht.
Neulich konnte ein Bote das entlegene Häuschen meiner Familie nicht finden. Er rief über Funk in seiner Zentrale an, und die Zentrale rief uns an, um eine Wegbeschreibung zu bekommen. Er befand sich quasi um die Ecke, aber die Zentrale brachte es fertig, einen kritischen Punkt in der Wegbeschreibung wegzulassen. Also rief er sie wieder an, und sie wiederum uns. Anschließend veranlaßte der Bote einen dritten Anruf, um zu erfahren, ob wir einen bissigen Hund hätten. Als er endlich eintraf, fragten wir ihn, ob es nicht einfacher und für alle weniger aufreibend gewesen wäre, wenn er uns von dem Telefonhäuschen, neben dem er geparkt hatte, direkt angerufen hätte. »Das kann ich nicht machen«, sagte er, »weil ich keine Auslagen erstattet bekomme.«
»Aber es handelt sich doch nur um Pfennigbeträge!« meinte ich.
»Das weiß ich«, antwortete er, »aber das zeigt doch nur, wie wenig man uns vertraut!«
Im großen betrachtet führt diese Einstellung zu einem Wust von Systemen, Überwachern und Überwachern, die andere Überwacher überwachen – ein kostspieliges und lähmendes Ergebnis. Einige Soziologen meinen, daß *»au-*

dit mania« – ein manischer Zwang, unabhängige Prüfungen durchzuführen – unsere Gesellschaft wie ein Virus befallen hat. Diese Manie gibt es, sagen sie, weil wir niemandem mehr zutrauen, für irgend etwas tätig zu werden, das nicht dem eigenen kurzfristigen Interesse dient. Eine solche Einstellung wird zur Voraussage, die sich selbst bewahrheitet. Die Mitarbeiter werden sich überlegen: »Wenn die mir nicht vertrauen, warum sollte ich dann deren Interesse den Vorrang vor meinem geben?« Wenn es auch nur zum Teil stimmt, daß mangelndes Vertrauen die Mitarbeiter unzuverlässig werden läßt, dann verheißt dies nichts Gutes für die Zukunft der virtuellen Organisation. Wenn wir in den Genuß der Effizienz und anderer Vorteile von virtuellen Organisationen kommen wollen, werden wir wieder lernen müssen, wie man diese mehr durch Vertrauen als durch Kontrolle führt und lenkt. Die Virtualität braucht Vertrauen, um zu funktionieren: Technologie allein reicht nicht aus.

Die Grundsätze des Vertrauens

Die Vernunft sagt uns, daß es sieben Grundsätze des Vertrauens gibt, an die wir uns erinnern müssen.

Vertrauen ist nicht blind

Es ist unklug, Menschen zu vertrauen, die man nicht gut kennt, die man nicht über einen längeren Zeitraum bei der Arbeit beobachtet hat, und die sich nicht denselben Zielen verpflichtet fühlen. In der Praxis kann man kaum mehr als 50 Menschen so gut kennen. Jeder dieser 50 kann wiederum weitere 50 kennen, und so weiter. Große Organisationen sind daher mit dem Prinzip des Vertrauens nicht unvereinbar, aber sie müssen aus relativ beständigen, kleineren Gruppen zusammengesetzt sein. Die Idee, daß die Mitarbeiter soviel und so schnell wie möglich im Unternehmen zirkulieren sollten – was man heute als »Job rotation« bezeichnet – kann dazu führen, daß keine Zeit mehr bleibt, zu irgend jemandem Vertrauen zu gewinnen, und dies letztendlich auch keinen Sinn mehr hat, weil das Unternehmen dazu übergeht, Vertrauen durch Kontrolle zu ersetzen.
In einem Großunternehmen lautete meine Bezeichnung »MKR/32«. Als MKR/32 schrieb ich Aktennotizen an FIN/41 oder PRO/23. Namen hörte ich nur selten, und ich habe die Menschen hinter jenen Bezeichnungen nie kennengelernt. Ich hatte keinen Grund, ihnen zu vertrauen, und – offen gesagt – auch kein Verlangen danach. In der Sprache jener Zeit war ich ein »vorläufiger Stelleninhaber«, eingebettet in einer Organisation, die in der

Annahme, daß man niemandem wirklich vertrauen konnte, auf Befehl und Kontrolle baute. Nach einem Jahr ging ich. Solche Unternehmen können für die menschliche Seele zum Gefängnis werden.

Vertrauen braucht Grenzen

In der Praxis ist unbegrenztes Vertrauen unrealistisch. Mit Vertrauen ist in Organisationen im allgemeinen Zuversicht gemeint: die Zuversicht, daß jemand kompetent und zielbewußt ist. Wird dieses Ziel vorgegeben, so kann diese Person oder Gruppe sich selbst überlassen werden, um die Arbeit zu erledigen. Die Kontrolle erfolgt dann später, wenn die Ergebnisse ausgewertet werden; sie ist keine Frage der Erlaubnis vor dem Tun. Freiheit innerhalb gewisser Grenzen ist am effektivsten, wenn die Arbeitsgruppe selbständig ist und ihre Probleme aus eigener Kraft heraus lösen kann. Auf Vertrauen basierende Organisationen sind folglich dabei, ihre Arbeitsabläufe neu zu gestalten und sich von den überkommenen Modellen abzuwenden, in denen alles auf seine Bestandteile oder Teilfunktionen reduziert wurde. Auf den ersten Blick mögen die neuen ganzheitlichen Konzepte der Organisationseinheiten kostspieliger erscheinen, weil sie Funktionen wiederholen, ohne sich notwendigerweise gegenseitig zu entsprechen. Aber dies wird durch die Energie und Effizienz, die durch Freiheit in Grenzen freigesetzt werden, mehr als kompensiert. Wenn die Umstrukturierung zum Erfolg führen soll, dann muß die Grundlage Vertrauen sein. Scheitert sie, dann war das Vertrauen nicht vorhanden.

Vertrauen erfordert lernen

Eine Organisationsstruktur, die aus relativ unabhängigen und beständigen Gruppierungen besteht, gleicht sich immer mehr der föderalen Struktur an, die heute überall geläufig wird. Allerdings setzt Beständigkeit die Fähigkeit zum Wandel voraus: Wenn sich die Umstände ändern und eine Personengruppe nicht durch eine andere ersetzt werden kann, dann muß sie sich entweder den neuen Umständen anpassen oder untergehen. Die beständigen Gruppen müssen stets flexibel genug sein, um sich geänderten Zeiten und Kundenbedürfnissen anpassen zu können. Sie müssen auch dem Wandel voraus sein und fortlaufend neue Alternativen und Technologien untersuchen. Sie müssen eine echte Lernkultur entwickeln. Daher ist die Personalauswahl für solche Gruppen von kritischer Bedeutung. Jedes einzelne Mitglied muß zur Selbsterneuerung fähig sein. Das Rekrutieren und der Einsatz von Personal werden somit neben der Auswahl der Gruppenleiter zu Schlüsselfaktoren. Diese Themen bedürfen der gründlichen Aufmerksamkeit der Unternehmensleitung; sie dürfen nicht an Personal auf einer unteren Ebene delegiert werden.

Vertrauen ist unnachgiebig

Tatsache ist jedoch, daß auch die besten Personalchefs und Menschenkenner manchmal Fehlentscheidungen treffen. Wenn sich herausstellt, daß das Vertrauen fehl am Platz war – nicht, weil jemand hinterlistig oder bösartig war, sondern weil er oder sie den Erwartungen nicht gerecht wurde oder unzuverlässig ist –, dann muß diese Person eben gehen. Wo man nicht vertrauen kann, muß der Überwacher mitsamt den dazugehörigen Kontrollmechanismen wieder her. Deshalb muß um des Ganzen willen der einzelne gehen. Vertrauen muß unnachsichtig sein; es ist unvereinbar mit irgendeinem Versprechen eines lebenslangen Arbeitsplatzes. Wer kann sich denn eines Einstellungsverfahrens so sicher sein, daß er den ausgesuchten und eingestellten Bewerbern auf immer und ewig vertrauen kann? Gerade weil Vertrauen so wichtig und zugleich so riskant ist, neigen Organisationen dazu, ihre Kernverpflichtungen einer kleinen Gruppe anzuvertrauen, die ich als »*Vertrauensträger*« bezeichne. Doch dieses Vorgehen wiederum verändert die Organisation in Richtung eines Kern-und-Hülle-Modells, das – wenn man nicht vorsichtig vorgeht – zu einem Agglomerat von rein vertraglichen Beziehungen zu allen Außenseitern verkommen kann. Nichts ist einfach, und Paradoxa gibt es überall.

Vertrauen braucht Bindung

Selbständige Einheiten, die für das Erreichen bestimmter Ergebnisse verantwortlich sind, sind die Bausteine einer Organisation, die auf Vertrauen setzt, aber langlebige Gruppen von Vertrauensträgern können sich selbst zum Problem werden – nämlich dem der Organisation innerhalb der Organisation. Damit das Ganze funktioniert, müssen die Ziele der kleineren Einheiten mit denen der größeren verschmelzen. Der Wildwuchs von visionären und missionarischen Leitsätzen ist eine Art zu versuchen, mit der Integration zurechtzukommen, Kampagnen zur Erzielung von »total quality« bzw. »excellence« (100 %iger Qualität) sind eine andere. Solche Dinge sind wichtig; gäbe es sie nicht, würde ihr Fehlen von Bedeutung sein. Allerdings sind sie an und für sich nicht ausreichend. Sie bedürfen der Untermauerung durch Aufforderung und das persönliche Beispiel. Anita Roddick hält ihren wachsenden Body Shop durch etwas zusammen, das man am besten als »persönliche Infektion« bezeichnen kann, indem sie energisch ihre Wertvorstellungen und ihr Weltbild in jedem Medium, das sich finden läßt, vertritt. Eine Mission mit einer Person zu verknüpfen ist immer eine gefährliche Strategie, falls diese Person ins Wanken geraten oder gar stürzen sollte, wie es letztes Jahr beim Body Shop infolge nachteiliger Meldungen in den Medien der Fall war. Aber Organisationen, die auf Vertrauen basieren, brauchen diese Art persönlicher Aussage ihrer Unternehmensführer. Vertrauen ist kein unpersönliches Gut und wird es auch nie sein.

Vertrauen erfordert Kontakt

Visionäre Führer allein sind nicht genug, so eloquent sie auch sein mögen. Um ein gemeinsames Ziel zu erreichen, bedarf es immer noch des persönlichen Kontakts. Um John Naisbitts trefflichen Aphorismus zu ergänzen: Spitzentechnologie braucht Fingerspitzengefühl als Gegengewicht, um Organisationen zu gründen, in denen höchstes Vertrauen herrscht. Es ist allerdings paradox, daß das persönliche Gespräch um so wichtiger wird, je mehr die Organisation virtuelle Züge annimmt. Die Gespräche sind jedoch anders: Sie befassen sich mehr mit Verfahren als mit Aufgaben, und es geht mehr darum, daß sich die Menschen gegenseitig kennenlernen, als daß sie Ergebnisse abliefern. Bei Videokonferenzen liegt das Gewicht mehr auf Aufgaben, aber sie verlaufen einfacher und sind produktiver, wenn sich die Teilnehmer persönlich – und nicht nur über den Bildschirm – kennen. Daher wechseln sich heutzutage bei vielen der betrieblichen Zusammenkünfte, die außerhalb der Hauptsaison die Konferenzhotels füllen, Arbeit und Spiel ab. Dabei geht es nicht um Vergünstigungen für Privilegierte, sondern es handelt sich um den Schmierstoff der Virtualität, nämlich Gelegenheiten, einander und die Vorgesetzten kennenzulernen, und darüber hinaus Unternehmensziele zu untermauern und -strategien zu überdenken. Als gelegentlicher »Showmaster« bei solchen Anlässen bin ich immer wieder überrascht zu sehen, wie wenige der Teilnehmer sich persönlich kennen, auch wenn sie bereits zusammengearbeitet haben. Und es erstaunt mich, wie schnell eine gemeinsame Stimmung entsteht. Man kann fast zusehen, wie die Unternehmenskultur aufblüht, und man wundert sich, wie es vorher möglich war, ohne diese auszukommen.

Vertrauen braucht Führung

Im optimalen Fall bedürfen die Einheiten in guten, auf Vertrauen basierenden Unternehmen kaum der Führung, aber sie brauchen eine Vielzahl von Gruppenführern. Einmal erheiterte ich meine englischen Zuhörer, als ich eine Gruppe Engländer mit einer Rudermannschaft auf dem Fluß verglich: acht Mann, die so schnell sie können rückwärts rudern, ohne miteinander

zu sprechen, nach den Befehlen des einen Mannes, der nicht rudern kann! Ich fand das damals recht witzig, wurde dann aber nach der Veranstaltung von einem der Teilnehmer, der einst Ruderer bei den Olympischen Spielen gewesen war, eines besseren belehrt: »Wie stellen Sie sich das vor, daß wir, ohne miteinander zu reden, nach den Kommandos dieses Burschen am Heck so schnell rückwärts fahren können, ohne uns gegenseitig bestens zu kennen und absolutes Selbstvertrauen sowie eine gemeinsame Zielsetzung – ja, fast Leidenschaft – zu haben? Das ist die perfekte Basis für eine Mannschaft.« Ich mußte zugeben, daß er recht hatte. »Aber sagen Sie mir doch, wer ist der Manager diese Mannschaft?« fragte ich ihn. »Es gibt keinen«, meinte er nach einiger Überlegung, »es sei denn, daß Sie unseren Teilzeitmanager daheim im Büro meinen.« Er signalisierte mir damit, daß der »Manager« in kollegialen Organisationen einen minderen Stellenwert hat.
»Nun, wer leitet die Mannschaft?«
»Das kommt drauf an«, sagte er. »Wenn wir an Rennen teilnehmen, ist es der Steuermann, denn er ist der einzige, der sehen kann, wohin wir fahren. Aber es gibt auch noch den Schlagmann, der uns allen den Takt vorgibt. Auch er leitet uns auf seine Art. An Land aber ist es der Kapitän der Mannschaft, der die Mitglieder auswählt, uns zusammenschmiedet, uns auf das Ziel verpflichtet und uns aufbaut. Und schließlich gibt es im Training auch noch unseren Trainer, der zweifelsohne unsere Arbeit am meisten beeinflußt. Also«, faßte er zusammen, »gibt es auf Ihre Frage keine einfache Antwort.«
Mir wurde bewußt, daß eine Rudermannschaft auf Vertrauen aufbauen muß, wenn sie überhaupt eine Chance haben will, erfolgreich zu sein. Ein Mitglied, das dabei nicht mitzieht, verdient auch nicht das Vertrauen der anderen und muß deshalb gehen. Und keine Einzelperson kann alle Führungsaufgaben erfüllen, ganz gleich, wie fähig oder wie großartig er oder sie auch sein mag.

Das Dilemma der Organisation

Rudermannschaften rudern um des Ruhmes willen, aber es ist nicht ganz klar, was die Menschen in virtuellen Unternehmen motiviert. Warum sollte der nunmehr viel kleinere Kern von Vertrauensträgern so viel Zeit, Leben und Begabung einer Organisation widmen, für die diese Menschen arbeiten, aber in der sie nicht leben? Einer Organisation, die – bezeichnenderweise – jemand anderem gehört, und zwar jemandem, den sie höchstwahrscheinlich überhaupt nicht kennen und nie kennengelernt haben, weil es sich dabei meistens nicht um ein Individuum handelt, sondern um eine Institution, die wiederum anderen anonymen Eigentümern gehört?
Früher gab es eine klare Antwort auf diese Frage. Das Unternehmen war

das Instrument seiner Eigentümer, und der einzelne war das Instrument des Unternehmens. Sowohl die impliziten als auch die rechtlichen Vereinbarungen waren Instrumente. Das Individuum war angestelltes Humankapital, das für das Unternehmen arbeitete. Gute Bezahlung, gute Aussichten und eine herausfordernde Arbeit waren den meisten genug. Heute jedoch ist Humankapital ein Vermögenswert und kein Kostenfaktor. Das ist keine ausgefeilte Wortklauberei, sondern die schlichte buchhalterische Wahrheit. Der Marktwert der 200 Spitzenunternehmen an der Londoner Börse liegt im Schnitt bei dem dreifachen Wert des erkennbaren Anlagevermögens; bei sogenannten »high-tech fliers« (Senkrechtstartern in Spitzentechnologiebereichen) kann er das 20fache betragen. Wenn das irgend etwas zu bedeuten hat, dann dies: Der Markt bewertet die immateriellen Vermögenswerte um ein Vielfaches höher als die materiellen. Ob diese immateriellen Vermögenswerte nun in den Forschungsergebnissen, in den Marken, im Knowhow oder in eingefahrenen Netzwerken bestehen, laufen sie am Ende auf eines hinaus: die Mitarbeiter.

Diese Mitarbeiter können das Unternehmen verlassen, und oft tun sie es auch. Heutzutage wandern ganze Mannschaften von Analysten von einem Finanzinstitut zum anderen ab, wenn neue Aufgaben locken oder eine gute Abfindung winkt. Wenn Arbeitskräfte ihr Geld wert sind, dann gibt es keinen Grund zur Annahme, daß sie nicht dorthin gehen werden, wo sie besser bezahlt werden. Folglich werden die Vermögenswerte der neuen, informationsgestützten Unternehmen zunehmend labiler. Es ist schwierig, sie heute zu erfassen, und noch schwieriger, ihre künftige Entwicklung abzuschätzen. Das Investieren in informationsgestützte Unternehmen wird noch risikoreicher als in der Vergangenheit.

Die Folgen zunehmender Spekulation sind vorhersehbar: Investoren werden um so mehr auf den Rückfluß ihrer Gelder drängen; Manager kommen unter Druck, ihre Vermögenswerte auszuquetschen, solange sie sie noch haben; Spielräume werden eingeengt; im Ergebnis werden die Vermögenswerte welken, auch wenn sie bleiben. Unter diesem Druck werden es auch geniale, wortgewandte Führungskräfte schwer haben, das virtuelle Unternehmen zusammenzuhalten.

Wenn Arbeitskräfte zu Vermögenswerten werden, dann muß das Vertragsverhältnis mit dem Unternehmen geändert werden. Vertrauen erfordert zwingend ein gewisses Gemeinschaftsgefühl und Treue zueinander. Virtuelle Unternehmen, die von Information, Ideen und Intelligenz leben (und diese sind in den Köpfen und Herzen der Menschen verankert), können diesem Dilemma nicht ausweichen. Eine Lösung besteht darin, aus den Arbeitskräften Mitglieder zu machen, d. h. den instrumentellen Arbeitsvertrag in eine Mitgliedsvereinbarung für den kleinen Kern umzuwandeln. Mitglieder haben Rechte und Verpflichtungen. Zu ihren Rechten gehört die Mitwirkung an der Leitung der Gemeinschaft, der sie angehören. Niemand kann einen Klub gegen den Wunsch seiner Mitglieder kaufen. Große Kapitalinvestitionen und strategische Maßnahmen können nur mit Zustimmung der Mitglieder erfolgen. Auch die Bedingungen der Mitgliedschaft bedürfen der Zustimmung der Mitglieder. Deren Verpflichtungen drehen sich um die Notwendigkeit, das Wachstum des Unternehmens zu fördern, denn ohne Wachstum gibt es kein Streben – und irgendwann geht auch der Sinn verloren. Wachstum kann verschiedenes bedeuten: Steigerung der Qualität, der Größe, der Rentabilität oder der Attraktivität oder auch von allen vier Merkmalen. Menschen, die sich als Mitglieder sehen, haben ein stärkeres Interesse an der künftigen Entwicklung des Unternehmens als jene, die nur angestellte Hilfskräfte sind.

Wenn wichtige Personen die Rechte von Mitgliedern erhalten, werden sie noch nicht zu Eigentümern, aber diese Rechte verringern unweigerlich die Macht der Eigentümer. Aktionäre werden zu Investoren statt zu Eigentümern. Sie haben Anspruch auf eine vernünftige Verzinsung ihres Geldes – eine Rendite, die das Risiko berücksichtigt –, aber sie haben zum Beispiel nicht das Recht, das Unternehmen über die Köpfe seiner Mitglieder hinweg zu verkaufen oder der Geschäftsführung Vorschriften zu machen, es sei denn, die finanziellen Ausschüttungen drohen auszubleiben. Allerdings könnten Großinvestoren (die dazu neigen, auch langfristige Investoren zu sein) auch in die erweiterte Unternehmensfamilie aufgenommen werden. Eine derartige Veränderung in der Unternehmensleitung würde angloamerikanische Unternehmen mehr an ihre Gegenparts in Europa und Japan angleichen. Dort versuchen die Unternehmen – was vielleicht paradox klingt –, den Investoren mehr Macht zukommen zu lassen, um die Mitglieder und die Unternehmensleitung zu disziplinieren und die Kapitalbasis des Unternehmens zu vergrößern. Nach dem Prinzip des notwendigen Gleichgewichts müßten sich alle Gruppen etwa in der Mitte entgegenkommen, und wahrscheinlich werden sie dies auch tun, da die Wirtschaft immer stärker vernetzt und von gegenseitiger Abhängigkeit geprägt wird.

Das Konzept der Mitgliedschaft würde – wenn man es verwirklichte – das Gefühl, an einen *Platz* zu gehören, durch das Gefühl, einer *Gemeinschaft* anzugehören, ersetzen, und zwar auch dann, wenn diese Gemeinschaft im großen und ganzen eine virtuelle wäre. Der Mensch braucht ein Zugehörigkeitsgefühl, wenn er sich für mehr als nur seine Selbstsucht engagieren soll. Familien und Familienbetriebe wissen um das Zugehörigkeitsgefühl und die Motivation, die gemeinsamer Stolz auf die Familientradition bewirkt, wie auch um die Verpflichtungen, die dazugehören. Im besten Fall sind Familien Gemeinschaften, die auf gegenseitigem Vertrauen beruhen. Ohne ein wirkliches Zugehörigkeitsgefühl scheint die Virtualität ein sehr bedenklicher Zustand und eine gefährliche Basis für die nächste Stufe des Kapitalismus zu sein, was auch immer die wirtschaftlichen und technischen Vorteile sein mögen.

Das Dilemma der Gesellschaft

Eine Wirtschaftsordnung, in der Wert durch Information, Ideen und Intelligenz geschaffen wird – eine sogenannte »3-I-Wirtschaft« – bietet einen Ausweg aus dem scheinbaren Widerspruch zwischen materiellem Wachstum und Verschleiß der Umwelt. Information, Ideen und Intelligenz verbrauchen nur wenige Ressourcen der Erde. Die Virtualität wird unsere Städte umgestalten, mit weniger Wolkenkratzern und weniger Pendlern, und so eine ruhigere und vielleicht sanftere Welt hervorbringen. Unser Streben nach Wachstum würde in einer 3-I-Wirtschaft zunehmend eher eine geistige denn eine materielle Angelegenheit sein. Die Wachstumssektoren wären Ausbildung in ihrer gesamten Vielfalt, das Gesundheitswesen, Kunst und Unterhaltung, Freizeit, Reisen und Sport. Wie aus den Wirtschaftsstatistiken hervorgeht, findet dieses neue Wachstum bereits statt, und die Unternehmen, die dafür sorgen, sind meistens kleine kollegiale Gruppen, die auf gegenseitigem Vertrauen beruhen. Kleine, wachsende Unternehmen verkaufen oft an junge Kunden, die eher an besserer Musikwiedergabe oder besseren Computern interessiert sind als an schnelleren Autos oder auffälliger Kleidung. Die Nachwuchsgeneration begeistert sich auch für das Arbeiten in den neuen, freieren Unternehmen.
Aber nicht alle Menschen teilen diese Begeisterung. Wenn die 3-I-Wirtschaft in der Ersten Welt »abheben« und damit auch anderen Hoffnung auf eine Zukunft von Dauer machen soll, dann muß jedermann daran teilnehmen können. Derzeit gibt es in jedem Land der Ersten Welt eine wachsende Unterschicht, die von den Konzepten einer 3-I-Wirtschaft wenig Ahnung hat. Für die Angehörigen dieser Unterschicht sind solche Konzepte ein Witz. Sie wollen Hamburger und eine warme Wohnung statt Computer. Kurzfristig sollte man ihnen vielleicht helfen, Hamburger und Heizöl zu bekommen, aber man muß ihnen auch helfen, in der 3-I-Wirtschaft Fuß zu fassen. Wenn wir nicht allen helfen, wird Virtualität zu einer Rezeptur für eine geteilte Gesellschaft, und eine solche überlebt nicht lange. Wir müssen der Gegenwart etwas nehmen, um die Zukunft zu sichern, statt – wie in den meisten Ländern heutzutage – einen Wechsel auf die Zukunft zu ziehen, um die Gegenwart zu sichern.
Jeder kann etwas zur 3-I-Wirtschaft beitragen. Es gibt keine unbelehrbare Gruppe. Jeder Mensch besitzt Talent in der einen oder anderen Form; es muß nur entdeckt und gefördert werden. Natürlich spielt die Schulausbildung eine entscheidende Rolle, aber die Zukunft sollte nicht bereits im Alter von 16 Jahren vorbestimmt sein. Das Arbeitsleben kann ein großes Lernlabor sein, und daher halten Unternehmen einen Schlüssel zur Zukunft der Gesellschaft in der Hand. Wenn sie aber ihre Aufmerksamkeit nur den Kernmitgliedern schenken, werfen sie diesen Schlüssel weg. Denn wer sonst wird denen helfen, die sich außerhalb des Unternehmens befinden –

die Freiberufler, die Teilzeitarbeiter, die Kleinunternehmer und Zulieferer?
Bereits jetzt befindet sich in der EU die Hälfte der Erwerbsfähigen außerhalb der Unternehmen – und nicht in Vollzeitarbeit. Wenn Unternehmen nicht ihre außerbetrieblichen Mitarbeiter in die Pläne für ihr Humankapital mit einbeziehen, dann wird das Arbeitskräftepotential für sie immer mehr an Bedeutung verlieren. Wenn eine auf Vertrauen basierende Unternehmensform bedeutet, daß einige Vertrauen genießen, für die weniger leistungsfähigen jedoch der überkommene instrumentelle Arbeitsvertrag gilt, dann wird Vertrauen zum Schimpfwort und Synonym für Selbstsucht. Manche sehen bezüglich der peripheren Arbeitskräfte den Staat in der Verantwortung, um sie auszubilden, zu beschäftigen, oder – wenn alles nichts bringt – zu unterstützen. Allerdings hat auch der Staat seine Grenzen. Er kann Gesetze und Verordnungen erlassen und manchmal auch Gelder freimachen, um andere zu stärken – aber er kann nicht alles allein machen, und er sollte es auch nicht versuchen. Der Staat braucht die Unterstützung der Gesellschaft.
Die Hoffnung auf die Zukunft, die in der virtuellen Organisation steckt, wird zur Enttäuschung, wenn es nicht gelingt, die Gesellschaft dazu zu bewegen, über sich selbst hinaus zu denken, um sich selbst zu retten. In einer Demokratie kann der Staat nur so schnell reagieren wie die Meinungsbildner in der Gesellschaft. Die Wirtschaft hat schon immer zu den wichtigen Meinungsbildnern gezählt, aber wenn sie sich ausschließlich mit sich selbst befaßt oder die Virtualität aufs äußerste ausreizt und zum Makler oder einer Schublade voller Verträge verkommt, dann wird sie gegenüber der Gesellschaft versagt haben. Und am Ende wird ihre Jagd nach Reichtum den Reichtum zerstört haben.

James F. Moore

Wie Unternehmen in Lebensgemeinschaften prosperieren

Erfolgreich sind Unternehmen immer dann, wenn sie sich schnell und effektiv entwickeln. Aber das kann nicht in einem Vakuum geschehen. Innovative Unternehmen müssen Ressourcen aller Art heranziehen, Kapital, Geschäftspartner, Lieferanten und Kunden an sich binden und so kreative Netze der Zusammenarbeit knüpfen.

Über solche Netze wurde unter Überschriften wie strategische Allianzen, virtuelle Unternehmen und dergleichen schon viel geschrieben. Manager jedoch, die die strategische Logik verstehen wollen, die hinter diesen Entwicklungen steckt, gewinnen aus derlei Erklärungsansätzen wenig an systematischer Hilfe. Und nur ein sehr kleiner Teil dieser Theorien taugt dazu, Manager mit den Herausforderungen vertraut zu machen, die mit dem Aufkommen der komplexen geschäftlichen Gemeinschaften verbunden sind, die den Wettbewerb inzwischen in neue Bahnen lenken.

Wie geht das, daß ein Unternehmen eine vollkommen neue Geschäftswelt aufbauen kann – wie IBM bei den Personal-Computern etwa – und in eben diesem Geschäft dann die Kontrolle und Ertragsfähigkeit verliert? Ist die Ausübung der Führungsrolle in einer solchen Firmengemeinschaft etwa Regeln unterworfen, die sich bei rasch wandelnden Rahmenbedingungen ändern? Und wie können Unternehmen eine Führungsposition aufbauen, in der sie sich erfolgreich den Wellen der Erneuerung und des Wandels anpassen können? Diese Fragen bleiben weitgehend unbeantwortet, weil die meisten Führungskräfte das Problem nach wie vor in dem hergebrachten Rahmen betrachten: Unternehmen agieren in einer Branche Seite an Seite und kämpfen dabei um Marktanteil. Aber die Ereignisse des vergangenen Jahrzehnts, insbesondere in der High-tech-Industrie, veranschaulichen, daß es mit dieser Sichtweite nicht mehr weit her ist.

Manager müssen neue Ideen und Strategieinstrumente entwickeln, Instrumente zum Fällen schwieriger Entscheidungen, wenn es um Dinge wie Innovation, Geschäftsallianzen und um Führerschaft geht. Wie der Anthropologe Gregory Bateson das Phänomen der *Co-Evolution* in natürlichen wie gesellschaftlichen Systemen definiert hat, kann dabei als Ausgangspunkt dienen. In seinem Buch »Mind and Nature« beschreibt Bateson Co-Evolution als einen Prozeß, in dem sich voneinander abhängige Arten von Lebewesen in einem endlosen Kreislauf wechselseitiger Beeinflussungen entwickeln – in einem Zyklus, in dem »Veränderungen bei der Gattung A die Voraussetzungen schaffen für die natürliche Auslese von Veränderungen bei der Gattung B« – und vice versa. Als Beispiel lassen sich die Wechselbeziehungen zwischen Raub- und ihren Beutetieren oder blühenden Pflanzen und ihren Bestäubern ansehen.

Eine weitere Erkenntnis stammt von dem Biologen Stephen Jay Gould. Er hat beobachtet, wie natürliche Ökosysteme zuweilen völlig zusammenbrechen, wenn sich Umweltbedingungen zu rasch verändern. Dann können die in ihrer Kombination bisher dominanten Arten ihre Vorherrschaft verlieren. Dafür setzen sich neue Ökosysteme durch, oftmals mit Pflanzen und Tieren, die zuvor nur Nebenrollen spielten. In Branchen, die heute unter Innovationsdruck stehen, lassen sich eindeutige Parallelen erkennen und Rückschlüsse ziehen.

Um zu einem systematischen Strategieansatz zu kommen, empfehle ich, ein Unternehmen nicht als nur einer einzelnen Branche zugehörig zu betrachten, sondern es als Teil eines *geschäftlichen Ökosystems zu sehen,* das mehrere Branchen überspannt. In einem solchen Ökosystem entwickeln die zugehörigen Unternehmen miteinander Fähigkeiten, die mit einer bestimmten Innovation zu tun haben: Sie arbeiten kooperativ und kompetitiv, um neue Produkte zu fördern, Kundenbedürfnisse zu befriedigen und letztlich in die nächste Innovationsrunde einzusteigen.

Apple Computer hat beispielsweise die industrielle Führerschaft in einem Ökosystem, das mindesten vier große Industriezweige durchzieht: Personal-Computer, Unterhaltungselektronik, Informations- und Kommunikationssysteme. Das Apple-Ökosystem umfaßt ein weites Netz von Zulieferern, zu dem auch Motorola und Sony zählen sowie eine große Anzahl von Kunden aus unterschiedlichsten Marktsegmenten.

Apple, IBM, Ford, Wal-Mart und Merck – sie alle waren oder sind nach wie vor die Anführer geschäftlicher Ökosysteme. Während sich deren Dreh- und Angelpunkt im Lauf der Zeit verschieben kann, wird die Führungsrolle von der übrigen Gemeinschaft hochgeschätzt. Eine solche Führung ermöglicht es allen Mitgliedern des Ökosystems, mit Blick auf eine gemeinsame Zukunft zu investieren, in der alle voneinander zu profitieren hoffen. In jedem größeren Geschäftsumfeld können allerdings mehrere Ökosysteme um Überleben und Vorherrschaft wetteifern – etwa die Ökosysteme von IBM und Apple bei den Personal-Computern oder Wal-Mart im Discounthandel. Tatsächlich ist es der Wettbewerb zwischen geschäftlichen Ökosystemen und nicht der zwischen einzelnen Unternehmen, der heute den wirtschaftlichen Wandel vor allem vorantreibt. Daher dürfen Manager das Aufkommen neuer Ökosysteme ebensowenig ignorieren wie den Wettbewerbskampf zwischen denen, die es schon gibt.

Führungskräfte müssen die Stadien verstehen, die alle geschäftlichen Ökosysteme durchlaufen. Nur so können sie in die richtige neue Technik investieren, neue Zulieferer gewinnen, um ein wachsendes Geschäft weiter voranzubringen, maßgebliche Wertschöpfungselemente entwickeln, um Marktführer zu bleiben oder Innovationen aufgreifen, um Überalterungsgefahren abzuwenden. Noch wichtiger ist: Sie müssen lernen, diese Veränderungen zu steuern.

Die Geburt eines geschäftlichen Ökosystems

Wie sein biologisches Gegenbild entwickelt sich so ein Ökosystem schrittweise von einer zufälligen Ansammlung einzelner Elemente hin zu einer stärker gefügten Firmengemeinschaft. Denken Sie zum Beispiel an die Graslandschaft einer Prärie, in der sich erst vereinzelt Bäume ausbreiten, ehe daraus im weiteren ein mit Laubbäumen bewachsener Wald hervorgeht. Geschäftliche Ökosysteme erstarken aus dem anfänglichen Wirbel von Geld, Kundeninteresse und Talent, den eine mitreißende Innovation auslösen kann – ganz so wie lebenstüchtige Arten aus dem Reservoir der Natur an Sonnenlicht, Wasser und nährendem Boden hervorgehen.

Jedes wirtschaftliche Ökosystem durchläuft vier getrennte Entwicklungsstadien: Geburt, Wachstum (Markt- oder Branchenführung) und Selbsterneuerung oder – wenn zur Selbsterneuerung unfähig – Tod. In der Realität verlieren diese Stadien allerdings an Kontur und bestimmte Herausforderungen an die Manager treten häufig wiederkehrend auf. Dennoch konnte ich die vier Stadien im Lauf der Jahre in vielen Unternehmen beobachten, quer durch so unterschiedliche Branchen wie Einzelhandel, Unterhaltungsindustrie und pharmazeutische Industrie. In allen Branchen kristallisiert sich derselbe Prozeß der *Co-Evolution* heraus: die komplizierte Wechselwirkung zwischen geschäftlichen Konkurrenz- und Kooperationsstrategien.

In der Zeit, in der ein geschäftliches Ökosystem sein erstes Stadium durchläuft, bemühen sich Entrepreneure darum festzustellen, was Kunden wollen. Sie wollen wissen, was ein neues Produkt oder eine neue Dienstleistung wirtschaftlich wert ist. Dabei tragen kurzfristig meist die Firmen den Sieg davon, die diesen Kundenwert am besten bestimmen und realisieren können. Außerdem zahlt es sich schon in diesem ersten Stadium häufig aus zu kooperieren. Gerade aus Sicht des Marktführers sind Geschäftspartner nützlich, die ihm helfen, das Wertpaket für den Kunden zu komplettieren. Und indem es wichtige »Mitläufer«-Firmen an sich bindet, kann das marktführende Unternehmen sie daran hindern, andere aufkommende Ökosysteme zu unterstützen.

Der Höhenflug der Personal-Computer ist exemplarisch für eine Geschäftsentwicklung unter ökosystemischen Vorzeichen. Anfang der 70er Jahre kam mit dem Mikroprozessor eine neue Technologie auf, die das Potential

Die Entwicklungsstufen eines geschäftlichen Ökosystems

	Herausforderungen in der Zusammenarbeit	Herausforderungen durch den Wettbewerb
Geburt	Mit Kunden und Lieferanten zusammenwirken, um das neue Wertangebot genau festzulegen, das aus der Saat einer Innovation hervorgehen soll.	Die eigenen Ideen vor anderen schützen, die möglicherweise dabei sind, ähnliche Angebote zu entwickeln. Engen Anschluß an maßgebliche Großkunden, Hauptlieferanten und wichtige Anbieter suchen.
Wachstum	Das neue Angebot an einen großen Markt bringen, indem mit Lieferanten und anderen Partnern daran gearbeitet wird, die Lieferkapazitäten zu erhöhen und eine möglichst große Marktabdeckung zu erreichen.	Alternative Markteinführungen gleichartiger Produktkonzepte abwehren. Die entscheidenden Marktsegmente beherrschen, um sicherzustellen, daß das eigene Angebot zum Marktstandard in seiner Kategorie wird.
Führerschaft	Für eine zwingende Zukunftsvision sorgen, um die Lieferanten und Kunden zu ermutigen, an der ständigen Verbesserung des Gesamtangebots mitzuwirken.	Im Verhältnis zu den anderen Akteuren des Ökosystems erhebliche Verhandlungsmacht bewahren, auch gegenüber wichtigen Großkunden und wertvollen Zulieferern.
Selbsterneuerung	Mit Innovatoren kooperieren, um das vorhandene Ökosystem durch neue Ideen zu beleben.	Hohe Zugangsbarrieren aufrechterhalten, um Innovatoren daran zu hindern, alternative Ökosysteme aufzubauen. Bei Kunden für hohe Umstiegskosten Sorge tragen, damit genug Zeit bleibt, um neue Ideen in die eigenen Produkte und Dienstleistungen zu stecken.

hatte, eine Vielzahl neuer Anwendungen hervorzubringen und die Rechnerkosten dramatisch zu senken. Doch über einige Jahre lag diese Innovation brach. Bis 1975 hatten lediglich Hobbygeräte wie Altair und Imsai einen engen Markt durchdrungen. Aber für den gewöhnlichen Rechnernutzer waren diese Geräte kaum interessant.

Erst gegen Ende der 70er Jahre begannen Tandy, Apple und einige andere damit, frühe Versionen dessen einzuführen, was schließlich der Personal-Computer werden sollte. Zwar gingen alle von derselben Erfindung, dem Mikroprozessor aus, aber nun merkten diese ersten Konstrukteure auch, welche weiteren Produkte und Dienste noch kreiert werden mußten, um die

Gesamtlösung zu schnüren – von Hardwarekomponenten und Software bis hin zu Dienstleistungen wie Distribution und Kundenunterstützung.

Apple und Tandy verfolgten einen unterschiedlichen Kurs, um ein umfassendes, reichhaltiges Ökosystem zu schaffen. Apple arbeitete mit Geschäftspartnern zusammen und sprach vom »Missionieren«, um die *Co-Evolution* voranzutreiben. Während das Unternehmen das Basisdesign seiner Rechner und die Software seines Betriebssystems fest im Griff behielt, ermutigte es selbständige Softwareentwickler, Programme für seine Maschinen zu schreiben. Zudem kooperierte Apple mit unabhängigen Magazinen, Händlern und Trainingsinstituten – und sorgte sich sogar um den Nachwuchs, indem es Schulen mit Apple-II-Geräten ausstattete.

Anders bei Tandy: Hier entschied man sich für ein vertikal-integratives Vorgehen. Da wurde Software eingekauft, um von Betriebssystemen über Programmiersprachen bis hin zu Anwendungen und Textverarbeitung alles selbst zu besitzen. Das Unternehmen kontrollierte Absatz, Service, Unterstützung und Schulung sowie Marktförderung, indem es seine Produkte exklusiv über seine Radio-Shack-Läden vertrieb. Gleichzeitig beschied Tandy unabhängige Zeitschriften abschlägig, die über seine TRS-80-Maschinen verfügen wollten. Konsequenz: Dieses einfachere und weitaus strenger kontrollierte Ökosystem brachte nicht jene Aufbruchsstimmung, Chancen und inneren Rivalitäten hervor wie Apples System. Und Tandy konnte auch nicht soviel Kapital und Talent mobilisieren, wie das bei Beteiligung anderer Unternehmen möglich gewesen wäre.

Zunächst verschaffte Tandys Strategie dem Unternehmen rasch den Spitzenplatz; 1979 erreichten die Umsätze 95 Millionen Dollar, das war viel im Vergleich mit den 47,9 Millionen von Apple. Am Ende aber führte Tandys strenge Kontrolle seines Ökosystems zu einem verlangsamten Wachstum, just zu dem Zeitpunkt, als die Sicherung des Marktanteils und einer breiten Benutzerbasis erfolgsentscheidend wurde. Schon 1982 hatte Apple mit 583,1 Millionen Dollar Umsatz den Konkurrenten mit seinen 466,4 Millionen endgültig überholt.

Mittlerweile war noch ein weiteres geschäftliches Ökosystem am jungen Markt für Personal-Computer aufgetaucht. Zwar konnte das nach Größe allein Tandy oder Apple nie das Wasser reichen, aber es sollte IBM den Einstieg ins Getümmel bahnen. Dieses dritte Ökosystem gruppierte sich um zwei Softwarehäuser: Digital Research und Micropro. 1977 gelang es Digital Research, seine Betriebssoftware CP/M unabhängig zu machen von der Hardware. Diese Trennung versetzte nahezu jeden kleinen Hersteller in die Lage, Komponenten zusammenzubauen und so einen brauchbaren Personal-Computer herauszubringen. Fast über Nacht erschienen zahlreiche kleinere Firmen auf der Szene, die alle auf denselben Mikroprozessor Zilog zurückgriffen, der in Tandys anfänglichen Geräten steckte.

1979 brachte Micropro ein Programm zur Textverarbeitung heraus, das auf CP/M-basierten Geräten lief – Wordstar. Es war das erste wirklich effektive Textverarbeitungssystem und nahm eine wichtige Gruppe potentieller PC-Kunden wie im Sturm ein – Autoren und Redakteure. Die Nachfrage nach CP/M-Geräten stieg rasant an und förderte den Aufstieg, wenn auch nicht das Glück so kleiner Firmen wie Morrow und Kaypro.

Doch in diesem ersten Stadium eines jeden geschäftlichen Ökosystems müssen die sich miteinander entwickelnden Unternehmen mehr tun, als nur die Kunden zu befriedigen; ein Anführer muß sich auch herausschälen, der einen Prozeß raschen, anhaltenden Fortschreitens initiiert, der alle Beteiligten in eine erfolgreiche Zukunft mitzieht. In den Ökosystemen von Apple und Tandy besetzten die Hardware-Unternehmen diese Führungsrolle, indem sie den Markt erforschten, neue Generationen funktionstüchtiger Produkte definierten und Zulieferer wie Partner darauf einstimmten, Verbesserungen auf den Markt zu bringen. In dem CP/M-Ökosystem hingegen gerieten die Hardware-Hersteller durch Rivalitäten untereinander in einen Schlamassel. Positionskämpfe drückten die Preise und Gewinnmargen, und keine der CP/M-Firmen konnte sich nachhaltige und teure Werbekampagnen leisten.

Im Stadium 1 sind etablierte Unternehmen wie IBM oft gut beraten, abzuwarten und sorgfältig zu beobachten, wie sich der neue Markt arrondiert. Der Näherungsprozeß, in dem innovative Ideen schrittweise daraufhin erprobt werden, was Kunden anspricht, ist in einer traditionellen Unternehmenskultur schwer zu bewältigen. Aber es sind gerade die diversen Experimente, an denen eine unternehmerische Bühne so reich ist, die für eine größere »genetische Mannigfaltigkeit« sorgen und aus der der Markt schließlich das beste Angebot wählen kann.

Etablierte Unternehmen können anschließend erfolgreiche Ideen kopieren und sie dann auf einem größeren Markt durchsetzen. Mit anderen Worten, sie können den Markt auch erst während des zweiten Stadiums betreten, indem sie sich die Entwicklungsarbeit anderer zunutze machen. Inzwischen gehen wegbereitende Ökosysteme, die Erfolg wie Apple haben, genauso vor, wenn sie von Anfang an bewußt auf eine geschlossene Gemeinschaft aus Partnern und Zulieferern zusteuern.

Das Stadium des Wachsens

Hier dehnen sich geschäftliche Ökosysteme aus, um weite neue Territorien zu erobern. So wie Gras und Gestrüpp rasch den nackten, verkohlten Boden nach einem Waldbrand bedecken, stoßen manche Geschäftserweiterungen auf nur geringen Widerstand. In anderen Fällen indes trifft der Vorstoß alsbald auf konkurrierende Ökosysteme, die auf dasselbe Gelände vorstoßen möchten. Dann kommt es zum direkten Kampf um Marktanteile. Und der kann um so erbitterter werden, je mehr Druck jedes System auf Lieferanten und Kunden ausübt, sich für eine Seite zu entscheiden. Zuletzt triumphiert möglicherweise ein Ökosystem, oder die Rivalen finden zu einem halbwegs haltbaren Arrangement. Denken Sie an einen Laubwald, der an eine Wiesenlandschaft grenzt. Die umkämpften Randzonen mögen sich Jahr für Jahr verschieben, aber keines der beiden Ökosysteme wird gänzlich vernichtet.

Generell ist das Wachstumsstadium an zwei Bedingungen geknüpft: Erstens ein Geschäftskonzept, das von einer großen Zahl Kunden geschätzt wird, und zweitens das Potential, dieses Konzept auszubauen, um an diesen größeren Markt heranzukommen. Im Laufe der Wachstumsphase können etablierte Firmen ihre enorme Stärke in Marketing und Verkauf ebenso ausspielen wie ihre Erfahrung in einer Produktion und Distribution großen Umfangs und so kleinere Ökosysteme buchstäblich erdrücken.

IBM zum Beispiel nahm das Geschäft mit dem Personal-Computer 1981 auf. Anders als in seiner Geschichte bisher und konträr zu seiner Linie vertikaler Integration folgte der Konzern Apples Vorbild beim Aufbau einer Gemeinschaft von unterstützenden Firmen – und ging dabei sogar noch weiter. IBM holte sich Partner und öffnete seine Computerarchitektur für externe Zulieferer. Darüber hinaus übernahm man einen Mikroprozessor von Intel, der alle Befehle enthielt wie der Zilog-Prozessor in den Tandy- und CP/M-Maschinen. Und IBM ließ MS-DOS für seine Geräte zu, das Betriebssystem, das der Winzling Microsoft von dem CP/M geklont hatte. Im Ergebnis konnten Wordstar und andere beliebte Anwendungsprogramme auf dem IBM-PC gefahren werden.

Einer der schwierigsten Führungsaufgaben während der Stufe 2 besteht darin, genau soviel Marktnachfrage zu stimulieren, daß die eigenen Kapazitäten, sie auch zu befriedigen, nicht überfordert werden. IBM tat das bei seinen neuen Geräten durch eine Kombination aus umfangreicher Markenwerbung, Vertrieb über Sears und andere Kanäle sowie durch den Aufbau eines Netzes von eigenen Spezialläden. In jeder Hinsicht wurde die Ausdehnung von IBMs PC-Ökosystem ein durchschlagender Erfolg: Das Geschäft wuchs von 500 Millionen Dollar im Jahr 1982 auf 5,65 Milliarden 1986. Und IBMs Ökosystem dominierte rasch den Markt. Doch erzeugte IBM eine weit größere Nachfrage, als sie bedienen konnte. Das Unternehmen hielt den Preis hoch, was andere ermutigte, ebenfalls in den Markt einzusteigen, um unter diesem hohen Preisdach zu florieren. Compaq war beispielsweise ein Unternehmen, das schneller als jedes andere in die Liste der Fortune-»500« aufgenommen wurde. Es lieferte Geräte, die mithalfen, den vom IBM-Ökosystem geweckten Bedarf zu befriedigen.

IBM versuchte sein Bestes, mit der Nachfrage Schritt zu halten. Anfang der 80er Jahre wurde massiv bei mehreren Schlüssellieferanten investiert, um den Markt schnell genug bedienen zu können. Intel beispielsweise bekam 1983 von IBM 250 Millionen Dollar. Besorgt wegen seines Rufs als eines alles verschlingenden Riesen und um möglichen kartellrechtlichen Einwänden zuvorzukommen, sicherten die IBM-Manager diesen Lieferanten ausdrücklich zu, die Hilfen seien an keine Bedingungen geknüpft.

IBM unterhielt zu seinen Zulieferern im Prinzip keine Exklusivbeziehungen. Offenbar waren Firmen wie Intel, Microsoft und Lotus nur allzugern bereit, zum Erfolg von Compaq und anderen beizutragen, da das die Gefahr minimierte, in eine übermäßige Abhängigkeit von IBM zu geraten. Hingegen war IBM nahezu geblendet von der steigenden Nachfrage und dem geschäftlichen Erfolg. Seine Topmanager dachten nicht dran, die Entwicklung von IBM-Nachahmern und nicht exklusiven Zulieferern zu bremsen – oder wenigstens entscheidende Wertelemente wie den Mikroprozessor in Eigenregie zu behalten. Zunächst machte IBM auch keinerlei Versuche, durch rechtliche Schritte, gezielte Verkaufsförderung oder Preissenkungen neuen Mitbewerbern innerhalb seines Ökosystems das Wasser abzugraben.

Heute mag uns die Bedrohung durch die Meute der Konkurrenten überdeutlich erscheinen, zu jener Zeit freilich waren IBM und seine Geschäftspartner äußerst zufrieden. 1986 beliefen sich die Umsätze der zum IBM-Ökosystem gehörigen Unternehmen auf fast zwölf Milliarden Dollar, was erheblich mehr ist als die rund zwei Milliarden des Apple-Ökosystems. Zudem zwang IBMs Vorherrschaft Tandy und beinahe jeden nicht Apple-orientierten PC-Hersteller, das eigene Design zugunsten IBM-kompatibler Geräte gänzlich aufzugeben.

Im Gegensatz zu IBM zeigt der Erfolg des Ökosystems von Wal-Mart im US-Einzelhandel, wie die Unternehmensspitze die notwendigen Vorkehrungen treffen kann, falls ein Geschäft expandiert (siehe Kasten Seite 153)

Im allgemeinen zahlt es sich im Stadium 2 eines schnellen Wachstums aus, konkurrierende Ökosysteme an den Rand zu drängen. Doch Topmanager müssen sich auch auf künftige Marktführerschaft und Stoßkraft im Folgestadium vorbereiten. Zu diesem Zweck müssen Unternehmen eine sorgfältige Steuerung ihrer Kundenbeziehungen ebenso vornehmen wie die der Kernelemente des Werts und der Innovation. Ferner sollten sich solche Beziehungen zu ihren Zulieferern aufbauen, daß diese Mitläufer davon abgehalten werden, ihrerseits im dritten Stadium marktdominant zu werden.

Ringen um die Führerschaft

Löwen und Antilopen gehören zwar gleichermaßen zu einem gesunden Ökosystem in der Savanne, doch miteinander liegen sie im Kampf um Lebensraum und die Ausbreitung ihrer Arten. Ähnlich ist es in kommerziellen Ökosystemen, wo zwei Bedingungen bezeichnenderweise zum Ausbruch der Kämpfe um die Führung beitragen. Erstens muß das Ökosystem ausreichend Wachstum und Gewinn aufweisen, der einen Kampf lohnenswert macht. Zweitens muß die Struktur der wertschaffenden Elemente und Prozesse, die die Kernzelle des Ökosystems sind, relativ dauerhaft sein.

Die Evolution von Wal-Mart: Ausdehnung und Marktführerschaft mit Köpfchen

Eine ökosystemische Analyse von Wal-Mart bringt zutage, wie eine relativ kleine Firma, die ihre ersten Gehversuche in einer ländlichen Region der Vereinigten Staaten unternahm, ihre anfängliche Isolierung in einen Vorteil zu verwandeln wußte. Sie schuf sich ein lückenloses geschäftliches Ökosystem. Wal-Mart entwickelte – und ist damit noch immer beschäftigt – ein für Kunden beinahe unwiderstehlich attraktives Angebot: niedrige Preise bei einer Vielfalt von Markenartikeln, von Gitano Jeans bis zu Yardman Rasenmähern. Daneben verstand sich CEO Sam Walton hervorragend darauf, das Wachstum des Unternehmens voranzubringen.

Die Geburt des Discounthandels

Das hatten zu Anfang der 60er Jahre Kmart, Wal-Mart und einige andere Discounter gleichermaßen erkannt.

Der Einheitspreisladen in der Hauptgeschäftsstraße wurde zwar vom Kleinpreisgeschäft verdrängt, aber auch das geriet alsbald unter den Druck der Großdiscountmärkte. Um alle möglichen Produkte zu Niedrigpreisen gleich an einem einzigen Ort einkaufen zu können, zeigten sich die Kunden zunehmend williger, mit dem Auto ein Einkaufszentrum oder eine andere cityferne Adresse anzusteuern. Kmart und Wal-Mart betraten die Discounthandelsszene ungefähr zur selben Zeit. Die Kmart-Läden gehörten damals dem altmodischen S. S. Kresge, der sich in einen auf die Vororte konzentrierten Discounter verwandelt hatte, mit Großmärkten im Dunstkreis von Einkaufszentren und Städten mit mehr als 50 000 Einwohnern. Das Sortiment der Kmart-Läden zielte auf die Bedürfnisse einfacher Käufer.

Gegen Ende der 60er Jahre hatte Wal-Mart das Grundgefüge für sein eigenes geschäftliches Ökosystem beisammen: Wal-Mart-Läden, die zahlreiche bekannte Markenartikel führten, lagen in relativ dünn besiedelten Gegenden. Man ging in Gemeinden mit um die 5 000 Seelen, bevorzugt in solche, wo mit einem Laden mehrere Orte gleicher Größe versorgt werden konnten. Bei Wal-Mart kosteten die Sachen bis zu 15 Prozent weniger als im Laden um die Ecke.

Die kleine Käuferpopulation ließ jedoch die Existenz von zwei rivalisierenden Discountern nicht zu. Hatte daher in einer bestimmten Gegend erst einmal ein Wal-Mart-Laden aufgemacht und die schwachen örtlichen Einzelhändler aus

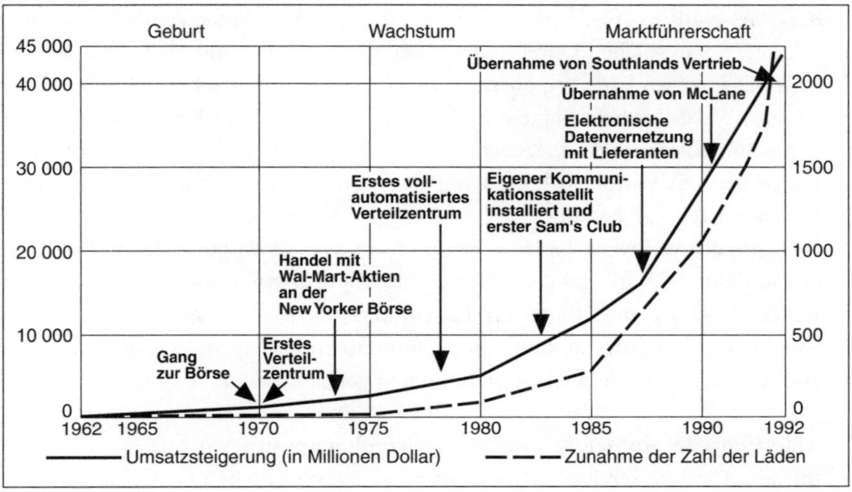

dem Feld geschlagen, drohte ihm anschließend von anderen Discountern wie Kmart nur noch selten Konkurrenz.

Expansion: Planen für die Daumenschrauben

Nachdem die geschäftliche Strategie feststand und bei einer Reihe von Discountläden im amerikanischen Süden und Mittleren Westen bewährt hatte, konzentrierten sich die Topmanager von Wal-Mart darauf, die betrieblichen Kapazitäten aufzubauen, die weitere Wachstumserfolge ermöglichen sollten. Auf drei Dinge waren sie fixiert:

- Schaffung eines Systems von Anreizen, um sicherzustellen, daß sich die Mitarbeiter in den Läden richtig engagieren. So entstand ein komplexes Geflecht von Schulungs- und Kontrollmaßnahmen, von Prämien und Aktienbezugsrechten.
- Management der Kommunikation und Steuerung in einem Netz von weit verstreuten Läden, was eine enge Überwachung der sorgsam getroffenen Instruktionen erforderte, die täglich von der Wal-Mart-Zentrale in Betonville, Arkansas ausgingen.
- Aufbau eines effizienten Distributionssystems, das Sammeleinkauf, gemeinsam genutzte Betriebseinrichtungen, ein formalisiertes Bestellwesen und eine dem Bedarf der einzelnen Läden genau entsprechende Auslieferung der vielen verschiedenen Waren erlaubte. Es sollte diese dritte Fixierung sein, die letztlich zu Wal-Marts Markenzeichen wurde, ein Warenverteilsystem mit Lagerhäusern als Knotenpunkten, die jeweils alle Läden versorgten, die innerhalb eines Tages angefahren werden können.

1970 ging Wal-Mart an die Börse, um seinen Expansionskurs finanziell abzusichern. Im selben Jahr baute das Unternehmen sein erstes Distributionszentrum –

der Startschuß zu einer Strategie, bei der ein größeres Absatzgebiet ausgewählt und mit einem solchen Verteilzentrum bedacht wird, um anschließend diese Region mit so vielen Läden zu überziehen, wie es betriebswirtschaftlich sinnvoll erscheint. Wal-Mart befriedigte nun nicht nur den Bedarf der Kunden in den kleinen Kommunen, sondern gleich den ganzer Regionen, so daß es für Wettbewerber unattraktiv wurde, sich in diesen Gebieten – sei es als Händler oder lokale Ladenbesitzer – zu betätigen.
Die Zahl der Wal-Mart-Läden stieg rapide an, von 32 im Jahr 1970 auf 195 Läden im Jahr 1978, als das erste vollautomatisierte Distributionszentrum eröffnet wurde. 1983 waren es dann 551 Läden, und Wal-Mart brachte seinen eigenen Satelliten in Umlauf, um damit ein Kommunikationsnetz zu installieren, das in alle Winkel des mittlerweile weitläufigen Imperiums reichte.

Marktführung: Aufbau von starken Verhandlungspositionen
Im Jahr 1984 verschoben sich die unternehmenspolitischen Gewichte bei Wal-Mart. War es anfänglich und in der Expansionsphase darum gegangen, im Wettlauf gegen die Konkurrenz Systeme zu entwickeln und Territorien zu besetzen, so war man nun sehr darauf konzentriert, starke Verhandlungspositionen zu gewinnen. Als die Leiter eines überaus erfolgreichen und Aufsehen erregenden geschäftlichen Ökosystems arbeiteten die Wal-Mart-Manager unablässig daran, die Vision des Unternehmens auch anderen Systembeteiligten nahezubringen, auch Lieferanten wie Procter & Gamble, Rubbermaid und Helene Curtis Industries.
Erst einmal widerstand Wal-Mart der Versuchung, in den von ihm dominierten Märkten und Regionen höhere Preise zu verlangen. Statt dessen betrachteten die Topmanager jeden Markt als weiterhin »anfechtbar« – als potentiell offen für Rivalen, falls Wal-Mart aufhören sollte, den Kunden die bestmögliche Leistung zu bieten. Umgekehrt kam die Beliebtheit bei den Kunden dem Namen Wal-Mart zugute und festigte die Stellung des Unternehmens in den Köpfen und Kaufgewohnheiten der Kunden. Wal-Marts System der »täglichen Niedrigpreise«, das allwöchentliche Sonderangebote oder spezielle Maßnahmen zur Verkaufsförderung überflüssig macht, ist mittlerweile im Discounthandel zur Norm geworden.
Zweitens begann Wal-Mart – dank seiner heute außergewöhnlich starken Kundenbindung – starken Druck auf die Lieferanten auszuüben, ihre Preise niedrig zu halten. Außerdem überzeugte Wal-Mart sie davon, firmenübergreifende Distributionszentren aufzubauen, um die Fertigung möglichst wirtschaftlich zu machen. So vereinbarten Wal-Mart und Procter & Gamble 1987 – eine bis dahin beispiellose Sache –, künftig im Wege elektronischen Bestellwesens und eines ständigen Informationsaustauschs zwischen den Unternehmen zusammenzuarbeiten. Im Gegenzug bietet Wal-Mart seinen Geschäftspartnern bessere Zahlungsbedingungen als der restliche Einzelhandel: Im allgemeinen bezahlt Wal-Mart seine Lieferanten innerhalb von 29 Tagen, bei Kmart beispielsweise sind es 45 Tage.
Zum dritten setzte Wal-Mart die Linie fort, nach Kräften in sein eigenes Verteilsystem zu investieren, das dem Unternehmen so elementare Größen- und Reich-

weitenvorteile einbringt. Mit Erreichen der Position des Marktführers wurde die Distribution zum entscheidenden Wachstumsfaktor im Ökosystem Wal-Marts. Die Daumenschrauben dieser Verteilstrategie sind es, die entscheidend dazu beitragen, daß Wal-Mart mit seinem Ökosystem als Ganzem andere Händler wie auch Kmart klar überflügelt. Während Lieferanten, große wie kleine, zwar über Wal-Marts hartes Regiment klagen, ist allen auch bewußt, daß die meisten von ihnen genau diesen Marktführer zum Überleben brauchen. Die Abbildung S. 153 ist ein Zeugnis dafür, wie dominant und verhandlungsstark das Unternehmen im Stadium des Marktführers inzwischen ist.

Ein abschließender Punkt: Wal-Mart hat seine Reichweite vergrößert und sich auch auf angrenzende Territorien und Ökosysteme ausgedehnt. So betrat Wal-Mart 1983 das Feld des Discounthandels für Mitglieder mit Sam's Club. Der hatte 1992 bereits 208 Filialen mit 9,4 Milliarden Dollar Umsatz. 1990 übernahm Wal-Mart die Firma McLane, landesweit größte Lieferantin von Gütern des täglichen Bedarfs, mithin ein weiteres Ökosystem. Unter dem Dach Wal-Marts beliefert McLane mittlerweile rund 30 000 Einzelhändler, darunter etwa 18 000 Tankstellen mit Ladengeschäft. Und 1992 erwarb Wal-Mart dann auch die Sparten Distribution und Nahrungsmittelverarbeitung der Southland Corporation. Da Southland eine Großkette von 7-Eleven-Läden für den Alltagsbedarf betreibt, erweiterte diese Akquisition den Kundenkreis von McLane/Wal-Mart um gut 5 000 zusätzliche 7-Eleven-Läden.

Diese Stabilität gestattet Zulieferern, gezielt bestimmte Wertelemente auszuwählen und um deren Lieferung zu konkurrieren. Sie ermutigt Angehörige des Ökosystems, Expansionspläne zu schmieden, indem sie überlegen, ob sie Tätigkeiten von Unternehmen übernehmen sollen, die ihnen in der Wertkette am nächsten stehen. Vor allem aber geht die Abhängigkeit des gesamten Ökosystems vom ursprünglich führenden Unternehmen zurück. Denn in Stadium 3 werden die Firmen zunehmend damit befaßt, auf Standards, Schnittstellen, »die modulare Organisation« und Kunden-Zulieferer-Beziehungen zu achten.

Mitte der 80er Jahre beispielsweise determinierte der technische Aufbau der IBM-PC de facto das Geschäft in der gesamten PC-Branche. Nahezu jedes Unternehmen war in der Lage, Komponenten und Service anzubieten, die sich mit anderen Elementen des PC-Ökosystems effektiv verbinden ließen. Für IBM lag darin natürlich nicht nur Grund zur Freude. Denn die Offenheit seiner Computer-Architektur reizte Dritte, dabei mitzumachen, was das Wachstum des Ökosystems dramatisch beschleunigte. Doch genau diese Offenheit verminderte die Abhängigkeit der Zulieferer von Branchenführer IBM und bildete das Glacis für die »Klonkriege« der Stufe 3.

Lotus, Intel, Microsoft und weitere Zulieferer begannen zusammenzuarbeiten, um gemeinsame Standards für Hard- und Software zu entwickeln, mit oder ohne Beteiligung von IBM. Andere Mitglieder des Ökosystems begrüßten diese neue Führung, da sie mehr Fairneß den Zulieferern gegenüber verhieß und mehr Innovationsdruck als zu Zeiten der IBM-Vorherrschaft. Zu spät versuchte IBM, seine Patentrechte gegenüber Klonherstellern durchzusetzen, indem es Lizenzgebühren von den Hauptakteuren einforderte – eine der vielen Strategien, die scheitern mußten. Ein Meilenstein wurde 1989 erreicht, als kleinere Unternehmen mit IBM-Kopien und anderen Produkten in Summe mehr umsetzten als die Hauptanbieter von Personal-Computern. Von da an war IBM dazu verdammt, Kopf an Kopf mit einer Unzahl von »Kistenbauern« zu konkurrieren. IBM verfügte zwar noch über einen großen Marktanteil, aber das auch nur, weil Großabnehmern umfangreiche Rabatte gewährt wurden.

Die neue Struktur des heutigen »Microsoft-Intel«-Ökosystems setzt sich so zusammen: Microsoft mit geschätzten Bruttomargen um 80 Prozent, Intel mit Bruttomargen zwischen 40 und 50 Prozent bei seinen neuen Chips und IBM mit Margen von rund 30 Prozent im PC-Geschäft, die weit entfernt liegen von seinen 70–90-Prozent-Margen bei den Großrechnern.

Im Stadium 3 erwächst Verhandlungsstärke daraus, über ein für das Ökosystem lebensnotwendiges Element zu verfügen – faktisch dessen einzige Bezugsquelle zu sein. Bisweilen läßt sich diese Alleinstellung durch Abreden oder Patentschutz erreichen. Grundsätzlich ist sie jedoch eine Sache konstanter Innovation – um Werte zu schaffen, die für die kontinuierliche Verbesserung des Preis-Leistungs-Verhältnisses im gesamten Ökosystem unverzichtbar sind. In seiner Wachstumsphase fand IBM keinen Weg, die Produkterneuerung voranzutreiben oder wenigstens Skalenvorteile zu erzielen. Und die Marktmacht verlagerte sich auf Chips und Software, Bereiche also, in denen sich IBM nicht hervortat.

Heute verfügen sowohl Intel als auch Microsoft durch ihre Kontrolle über entscheidende Komponenten über viel Verhandlungsstärke. Beide Unternehmen sind mächtige Marktführer und spielen die Rolle eines *zentralen Leistungsbeiträgers im Ökosystem*. Solche Spieler sitzen dort an heiß begehrten Schalthebeln der Macht, im Klartext: Andere Mitglieder können ohne sie nicht leben. Ihre zentrale Stellung ermöglicht es ihnen, einen weit größeren Anteil am Wert zu beanspruchen, den so ein Ökosystem insgesamt schöpft. Intel und Microsoft haben beispielsweise fast doppelt so hohe Bruttomargen wie der Durchschnitt ihres ganzen Ökosystems.

Der Status eines zentralen Leistungsbeiträgers wird zum Teil durch die Investitionen aufrechterhalten, die andere vorgenommen haben, um dabeizusein. Anbieter von Hardware und Software haben viel Geld in Microsofts Betriebssystem gesteckt sowie in Anwendungen, die mit Intel-Chips arbeiten. Zu anderen Anbietern zu wechseln wäre riskant und teuer; selbst wenn es möglich wäre, scheuen andere, am Ökosystem beteiligte Unternehmen davor zurück, sich einem neuen Branchenführer anpassen zu müssen.

Außerdem verstärken Unternehmen in einer zentralen Position ihre Bedeutung, indem sie die Leistung des ganzen Ökosystems durch wichtige innovative Beiträge erhöhen. Intel hat beispielsweise in der Fabrikation von Mikroprozessoren beträchtliche Größenvorteile. Sein Chipausstoß ermöglicht es ihm, verfahrenstechnische Fortschritte schneller als andere Chipanbieter zu erreichen. Ironie des Schicksals: IBM besitzt eine Lizenz zur Fertigung der von Intel entwickelten Mikroprozessoren. Mit seinen großen Umsatzvolumina während der Wachstumsphase wäre es für IBM ein Leichtes gewesen, die Führungsrolle auch im Fabrikations- und Preis/Leistungsbereich zu übernehmen – und hätte so Intel daran hindern können, diese Stellung zu erreichen.

Schließlich schätzen Mitläufer einen »zentralen Leistungsbeiträger« auch wegen seines Einflusses auf die Kunden. Endnutzer zieht es zum Betriebssystem von Microsoft und zu Intel-Chips, weil es dafür so viele Software-Anwendungen gibt. Die Entwickler wiederum bringen genau diese Anwendungen auf den Markt, weil sie wissen, daß Microsoft und Intel die Pforten zu den Kunden öffnen.

In gewisser Hinsicht konnten diese beiden Unternehmen ihre zentrale Position erringen, weil sie zur richtigen Zeit am richtigen Platz waren – das heißt, indem sie IBM bedienten. Intel und Microsoft wissen, was sie erreicht haben, sie arbeiten gezielt daran, ihre Position als zentrale Kontributoren beizubehalten. Andere Unternehmen wie Wal-Mart haben den Aufbau eines starken Ökosystems systematisch betrieben, das garantiert ihnen eine führende Rolle.

Das Wachstums- und Führungsstadium eines Ökosystems macht beherrschende Unternehmen stark oder bringt sie zum Scheitern. Im Stadium 3 müssen führende Hersteller ihre Kontrolle ausdehnen, indem sie fortfahren, die Richtung vorzugeben und die Investitionen ihrer Großkunden und Zulieferer zu beeinflussen. Und um ansehnliche Gewinne einzufahren muß jedes Unternehmen im Ökosystem – ob Anführer oder Trabant – seine Verhandlungsstärke gegenüber anderen Mitgliedern behaupten.

Selbsterneuerung oder Untergang

Stadium 4 eines geschäftlichen Ökosystems beginnt, wenn reife Geschäftsgemeinschaften von aufstrebenden neuen Ökosystemen oder Innovationen bedrängt werden. Daneben kann eine Firmengemeinschaft auch untergehen wie eine natürliche Lebensgemeinschaft bei einem Erdbeben: plötzliche Verwerfungen in den Umweltbedingungen, wozu einschneidend veränderte Wirtschaftsgesetze, ein ganz anderes Kaufverhalten der Kunden oder neue makroökonomische Prämissen gehören können. Zudem verstärken sich solche Einflüsse auch wechselseitig.

Die äußerste Herausforderung für ein dominantes Unternehmen ist allerdings die Gefahr des Überalterns. Nur weil Microsoft und Intel derzeit Marktführer sind, muß das nicht heißen, daß ihr gegenwärtiges Ökosystem ewig lebensfähig ist, noch bedeutet es, daß Microsofts NT (»New Technology«-Betriebssystem) die Grundlage für seine Nachfolger sein wird. Schließlich haben sich inzwischen Novell und Unix System Laboratories zusammengetan und werden gemeinsam eine neue Generation Software auf den Markt bringen und das neue Ökosystem stärken. Sowohl Hewlett-Packard als auch Sun Microsystems halten weiterhin die Stellung. Und Motorola baut gerade eine neue Generation von Mikroprozessoren, die demnächst mit einem gemeinsam entwickelten neuen Betriebssystem von IBM und Apple angeboten werden.
Für den langfristigen Erfolg eines Ökosystems und seine Fähigkeit zur Selbsterneuerung kommt es sicher entscheidend darauf an, daß es bei aufeinanderfolgenden Innovationen führend bleibt. Die Pharmaindustrie bietet einige aufschlußreiche Erkenntnisse über drei generelle Ansätze zur Selbsterneuerung, von denen jeder für sich oder in Kombination mit anderen angewandt werden kann:

1. Beherrschende Unternehmen können das Wachsen eines neuen Ökosystems bremsen.
2. Sie können versuchen, fremde Innovationen in ihr Ökosystem zu integrieren.
3. Oder sie können sich von Grund auf neu strukturieren, um neuen Realitäten gerecht zu werden.

In den zurückliegenden Jahrzehnten bestand zwischen Pharmaunternehmen und staatlichen Aufsichtsbehörden so etwas wie ein relativ dauerhafter, wenngleich ungeschriebener Sozialvertrag. Als Äquivalent für massive Investitionen in neue Produkte und Verfahren wurden den Arzneimittelfirmen vergleichsweise hohe Margen und reichlich Wettbewerbsschutz durch Patente und langwierige Arzneizulassungsverfahren zugestanden. Deshalb konnten sich traditionelle pharmazeutische Ökosysteme hauptsächlich um drei betriebliche Funktionsbereiche entfalten: Forschung und Entwicklung (F+E), Prüfungs- und Zulassungsmanagement sowie Marketing und Verkauf. Jede dieser Funktionen verschlingt Geld, ist schwer zu perfektionieren und bildet daher einen Schutzwall gegen neue Wettbewerber. In der Vergangenheit wurden diese Funktionen innerhalb großer, vertikal integrierter Unternehmen ausgebaut, die sich erst seit jüngster Zeit als Netzorganisationen betrachten.
In den 80er Jahren wurden die Hersteller von Generica, spezialisiert auf patentfreie Arzneimittel, zu einer ernsthaften Gefahr für die etablierten Hersteller. Die marktbeherrschenden Unternehmen reagierten, indem sie diese gegnerischen Ökosysteme abblockten, um ihre weitere Ausdehnung zu be-

schränken. Zu dieser Strategie gehörte auch ein Lobbyismus, der die gesetzliche Zulassung generischer Arzneimittel verlangsamen und den urwüchsigen Konservatismus der amerikanischen Food and Drug Administration bestärken sollte. Aufwendige Marketing- und Verkaufsaktionen überzeugten Tausende niedergelassener Ärzte davon, weiterhin vor allem Markenarzneien zu verschreiben. Während die Hersteller der Generica ihre alternativen Ökosysteme zwar etablieren konnten, blieb deren Marktanteil auf rund 30 Prozent beschränkt, ohne daß die marktbeherrschenden Unternehmen viel Preiszugeständnisse machen mußten.

Derweil traten eine Reihe kleiner biotechnischer Neugründungen auf den Plan, die zu einer weit ernsteren Gefahr für die eingesessenen Pharmahäuser wurden. Im allgemeinen konzentrieren sich Forscher auf dem Feld der Biotechnik darauf, komplexe Substanzen zu isolieren, die im menschlichen Körper bereits vorkommen, um dann nach Möglichkeiten zu suchen, sie künstlich herzustellen (man denke etwa an Insulin oder Wachstumshormone). Unter zehn biotechnischen Versuchen kann sich bereits einer als erfolgreich erweisen. Das kann die F+E-Kosten für ein marktreifes Produkt auf »nur« 100 bis 150 Millionen Dollar drücken. Im Vergleich dazu liegt das Verhältnis bei einem herkömmlichen pharmazeutischen Reihenversuch bei 1:10 000, was die F+E-Kosten für das marktreife Produkt dann auf 250 bis 350 Millionen Dollar schnellen läßt.

Ein Großteil der Gründer und Investoren dieser biotechnischen Startups glaubten, daß niedrige F+E-Kosten das sichere Fundament für den Aufbau völlig neuer Ökosysteme abgeben würden, die gegen die etablierten Arzneimittelfirmen antreten könnten. Genentech zum Beispiel, einer der biotechnischen Pioniere, hatte fest damit gerechnet, sich als ernsthafter Wettbewerber Platz zu verschaffen. Mitte der 80er Jahre hatte die Firma fünf Produkte auf dem Markt, von denen sie drei selbst vertrieb. Für seine ersten beiden Produkte vergab man Lizenzen: für Alpha-Interon an Hoffmann-La Roche und für Humaninsulin an Eli Lilly. Gestärkt durch diese Lizenzeinnahmen, wollte man die Herstellung und Vermarktung von Wachstumshormonen und Plasminogenaktivatoren selbst betreiben. Doch 1990 wurden 60 Prozent der Besitzanteile an Hoffmann-La Roche verkauft für die Summe von 2,1 Milliarden Dollar. Ein ähnliches Schicksal ereilte fast alle rasch aufgeblühten Biotech-Firmen.

Letztlich haben all diese Unternehmen die Schwierigkeiten unterschätzt, die mit dem Prüfungs- und Zulassungsverfahren verbunden sind. Die ersten Biotech-Manager gingen von der Annahme aus, daß ihnen diese Verfahren ähnlich wie bei der F+E weniger Kosten und Probleme verursachen würden als der bereits etablierten Konkurrenz. Da Biotech-Produkte bereits im menschlichen Körper vorhandene Moleküle seien, würden diese Produkte wohl mit ziemlicher Sicherheit weniger aufwendige Prüfungen erfordern als synthetische chemische Bestandteile. Das amtliche Zulassungsverfahren in den USA, mit dem sich der Zugang zu dem wichtigsten Weltmarkt erschließt, bestätigte diesen Glauben nicht. Von 1982 bis 1991 wurden lediglich zwölf biotechnische Produkte zugelassen.

Knapp bei Kasse und ohne Möglichkeit, von ihren anfänglichen Investoren noch größere Summen zu bekommen, waren die meisten Biotech-Unternehmen in den 80er Jahren nicht mehr imstande, ihr eigenes geschäftliches Ökosystem anzuführen. Daher mußten die Biotech-Manager und ihre Investoren Allianzen mit traditionellen Unternehmen eingehen und sich so mit den mächtigen alten Ökosystemen arrangieren. Im Gegenzug begannen Branchenführer wie Merck, Eli Lilly und Bristol-Myers, wie Architekten geschäftlicher Ökosysteme zu denken. Im Wettstreit darum, sich Lizenzen, Patente und Talente zu sichern, um die eigene Forschung und Entwicklung zu stärken, gingen diese Großunternehmen mit den Biotech-Firmen Bündnisse ein, statt ihren neuen Rivalen einfach alle Wege zu verbauen.

Naturgemäß bleibt den Anführern reifer Ökosysteme manchmal keine andere Wahl, als tiefgreifende strukturelle und kulturelle Veränderungen vorzunehmen. Pharmazeutische Ökosysteme sehen sich heute ganz neuen Bedrohungen gegenüber – in einem gründlich gewandelten Umfeld. Jener erwähnte Sozialvertrag, nach dem die Unternehmensgewinne im Austausch gegen Produkt- und Verfahrensinnovationen geschützt wurden, steht vor der Auflösung. Öffentlichkeit, Regierung und Wirtschaft verlangen einmütig Kostensenkungen im Gesundheitswesen. Den führenden Arzneimittelfirmen stehen harte Zeiten bevor angesichts zu erwartender Preis- und Gewinnschnitte und einer unter Krankenkassen und Behörden abgestimmten Politik bei Arzneimitteleinkauf.

Um den Folgen dieses Umweltwandels gerecht zu werden, müssen die Unternehmen ihre F+E-Ausgaben vermutlich senken und straffen. Die Manager werden die Entwicklung eines Prüf- und Zulassungsverfahrens ins Auge fassen müssen, das nicht nur die Wirksamkeit neuer Behandlungsmittel belegt, sondern auch die Günstigkeit ihres Kosten/Nutzen-Verhältnisses. Und schließlich werden die Firmen ihre Anstrengungen bei Marketing und Verkauf wohl weniger an die Ärzte adressieren, um sich statt dessen auf Verhandlungen mit Fachleuten zu konzentrieren, die unabhängige Organisationen und Behörden vertreten.

Autobranche: Das altmodische Entwicklungsmuster

Ein ökosystemischer Ansatz eignet sich gut dafür, die Entwicklung der Automobilfirmen alter Schule zu verfolgen. Sofort wird deutlich, daß das nach einem ganz anderen Zeitmaß vor sich ging als heute. In der Vergangenheit nahmen die Entwicklungsstufen eines etablierten Ökosystems wie das von Ford oder GM oft einige Jahrzehnte in Anspruch, heute dagegen erblicken Firmen das Licht der Welt

und sterben wieder im Lauf weniger Jahre. Manager sind gewöhnt, sich auf das einzustellen, was in einem bestimmten Entwicklungsstadium zu tun ist, und nicht darauf, wie man von einer Stufe zur nächsten kommt.
Die Ökosysteme der bedeutendsten US-Autobauer benötigten zu ihrer Entwicklung nahezu ein Dreivierteljahrhundert – eine phänomenale Zeitspanne verglichen mit dem Aufstieg und Niedergang von Unternehmen in High-tech-Branchen wie etwa Personal-Computer. Dabei war es den ersten Automanagern durchaus bewußt, wie sehr es darauf ankam, aus Zulieferern und Kunden eine enge Gemeinschaft zu schmieden.

Die Geburt der pferdelosen Kutsche. Das ausgehende 19. Jahrhundert war eine Zeit des Experimentierens, in der die ersten Autopioniere versuchten, die Möglichkeiten einer individuellen, motorisierten Beförderung auszuloten. Um die Jahrhundertwende hatten Ransom E. Olds und eine Handvoll anderer bereits überlebensfähige geschäftliche Ökosysteme begründet. Ihre Fahrzeuge funktionierten einigermaßen, wurden von einer kleinen, aber eingeschworenen Zahl an Kunden akzeptiert und konnten mit Gewinn hergestellt werden.

Verbreitungsschlachten. Die anschließenden 20 Jahre führte das Automobilgeschäft in das zweite Stadium ökosystemischen Wettbewerbs. So begann William C. Durant im Jahre 1904 mit dem Aufbau dessen, was später zu General Motors werden sollte. Henry Ford begründete die Ford Motor Company und stellte 1908 sein in Massen gefertigtes und verkauftes Model T vor. Die fast schon legendären Schlachten zwischen Ford und GM folgten – Kämpfe, bei denen es um Seele, Geist und künftige Richtung des Autogeschäfts ebenso ging wie einfach um Marktanteile und Gewinn.
Ford verließ sich vor allem auf vertikale Integration, eine sorgsam gesteuerte Fertigung und die Einfachheit des Produktes. Das Ökosystem Fords hatte das, was wir heute »Größenorientiertheit« (»Scalability«) nennen würden. Bis 1914 hatte sein Unternehmen bereits mehr als 267 000 Autos gebaut und hielt einen Marktanteil von 48 Prozent.
Dagegen beruhte Durants Strategie für GM auf der Übernahme weiterer früher Autofirmen, auf Marketingstärke, Kundendienst und Produktvielfalt. Sein Ökosystem eroberte Marktanteil, indem Märkte und Produktionskapazitäten kleinerer Firmen zusammengerafft und miteinander integriert wurden. Um 1920 stand General Motors jedoch kurz vor dem Kollaps, denn die Managementsysteme Durants erwiesen sich als ungeeignet, eine so komplizierte Ansammlung einzelner Firmen zu steuern.
Zwischen 1910 und 1930 trieben die Branchenführer die breite Expansion des Automobilmarktes voran, in deren Verlauf diese großen Ökosysteme eine neue Gestalt annahmen. Von Alfred P. Sloan ging die Strukturerneuerung bei General Motors 1920 aus, die nicht nur höchst bemerkenswert ausfiel, sondern Durant auch den Chefsitz kostete. Sloans Organisationsplan war speziell zugeschnitten

auf die Führung eines komplexen geschäftlichen Ökosystems, bei dem der Mischkonzern in Produktlinien aufgeteilt wurde, die ihrerseits wiederum genauso konzentriert gelenkt werden konnten wie Fords Bänder zur Massenproduktion. Sloan zentralisierte auch die Finanzkontrolle der dezentralisierten Produktlinien, und GM wurde so zum Prototyp des modernen, mehrspartigen Unternehmens.

Branchenführerschaft. In den 30er Jahren entzündeten sich die Schlachten um Branchenhegemonie und Verhandlungsstärke um den wichtigsten Zulieferer der Autoindustrie: die Arbeitskraft. In den späten 20er Jahren arbeiteten in den Autofabriken circa 500 000 Menschen. Die Arbeit war gefährlich, ein Automobilwerk bekannt als »das Schlachthaus«. Und so kam es Mitte der 30er Jahre zur Gründung der Gewerkschaft der United Auto Workers. 1937 errang die UAW einen bahnbrechenden Sieg, indem sie von GM als offizielle Vertreterin der GM-Arbeitnehmer anerkannt wurde.

Mit den Jahren gewannen die Gewerkschaften eine wesentliche Verhandlungsmacht. Sie wurde von ihnen dafür genutzt, den Unternehmern gewichtige Vorteile für die Arbeiter abzutrotzen. Das Tauziehen zwischen Arbeitern und Unternehmen ging über Jahrzehnte weiter, begleitet von mehr oder weniger wirkungsvollen Schlichtungsversuchen der US-Regierung. Während diese Form eines ökosystem-internen Kampfes den Arbeitern zwar Schutzrechte eintrug, forderte sie auf der anderen Seite auch einen hohen Preis: eine Vielzahl starrer Arbeitsbestimmungen sowie eine Polarisierung zwischen Belegschaften und Management.

Verschleißgefahren. Die Auseinandersetzungen zwischen Gewerkschaften und Unternehmensleitungen setzten sich bis in die 70er Jahre fort. Dann zwang eine weit schlimmere Krise beide Seiten an einen Tisch, ausgelöst durch veraltete Managementmethoden, Geschäftspraktiken und Produktionssysteme, die seit den 20er Jahren nur geringfügig verbessert worden waren. Das nahe Ende der US-Automobilindustrie in jener Zeit hatten natürlich die Japaner zu verantworten. Das Ökosystem Toyota beispielsweise war zu einem bis dahin unvorstellbaren Maß an Produktvielfalt, Qualität und Effizienz fähig. Dieses kraftvolle, neue geschäftliche Ökosystem basierte auf einer Mischung von kundenorientiertem Design, zusammenwirkender Technik, flexibler Fertigung, vollem Engagement der Mitarbeiter sowie einem Netz von Zulieferern – alles zusammengehalten von statistisch ausgefeilten Führungsmethoden.

Mit einem Mal sah sich die US-Automobilindustrie mit ihrem vom Hergebrachten geprägten Zuschnitt also in einen voll entflammten Krieg ums Überleben verstrickt, in der Abwehr einer Angriffswelle aus neuartigen geschäftlichen Ökosystemen. Und noch die Selbsterneuerung erwies sich als schwierig; Unternehmen wie Ford und Chrysler standen Ende der 70er Jahre kurz vor dem Untergang. Die Überlegenheit der japanischen Vorgehensweisen erzwang letztlich aber weltweit die Verwandlung des Automobilgeschäfts in einer Weise, wie wir es heute kennen.

Trotz dieser Probleme eines so komplexen geschäftlichen Umfelds können Manager für die Langlebigkeit eines Ökosystems Sorge tragen. Schon während des Wachstums- und Führungsstadiums können Unternehmen beispielsweise eine Mikrosegmentierung ihrer Märkte betreiben und dabei enge, unterstützende Bindungen zu ihren Kunden aufbauen. Solche Kunden werden dann einem bestimmten Ökosystem die Treue halten, lang genug, daß dessen Mitglieder die Vorzüge neuer Verfahren aufgreifen können. Und visionäre Manager wie etwa Roy Vagelos von Merck können manchmal ein Ökosystem so führen, daß es schnell und effektiv auf vorausgesehene Entwicklungen einschwenkt – egal ob es sich um eine neue Technik, eine Gesetzesänderung oder einen anderen Verbrauchertrend handelt. Nichts aber kann dauernde Wachsamkeit ersetzen. Oder wie es Andy Grove von Intel kürzlich sagte: »Nur der Paranoide überlebt.«

Fazit

Offensichtlich kann sich keine Pharmafirma – wie auch kein anderes, von ständiger Innovation bedrängtes Unternehmen – erlauben, daß sich ihr spezielles Ökosystem ohne klare Richtungsvorgabe entwickelt. Mit einer ökologischen Betrachtungsweise können Führungskräfte aber an strategische Veränderungen herangehen, indem sie die aktuelle Situation systematisch durchleuchten: Hat sich das Unternehmen mit den wirklich besten Zulieferern und Partnern verbündet? Setzt es seine Zukunft auf die vielversprechenden neuen Ideen? Haben Zulieferer einen Vorsprung dabei, Innovationen zu vermarkten? Wie kann das Unternehmen langfristig genügend Verhandlungsstärke und Autonomie bewahren, um gute Betriebsergebnisse zu garantieren?

Beim Beurteilen der Hauptkonkurrenten aus einer geschäftsökologischen Perspektive zählt ebenso: Welches versteckte Netz von Beziehungen haben die Mitbewerber mit ihren Kunden und Lieferanten geknüpft? Von wessen Ideen sind sie abhängig, und welche Unterstützung erfahren sie durch Zulieferer? Von welcher Art und welchem Nutzen sind diese Beziehungen? Wie sieht im Vergleich dazu das eigene Unternehmen aus?

Um betrieblichen Durchbrüchen den Boden zu bereiten, müssen Manager zudem überlegen, wie sie die Arbeitsweise ihres Unternehmens radikal umgestalten könnten: Welche Innovationen könnten gegenwärtige Geschäftsbereiche überflüssig machen? Welcher Schritte bedarf es, damit eine Sammlung von Ideen so katalysierend wirkt, daß ein neues, lebensfähiges Ökosystem entsteht? Welche Art von Firmengemeinschaft wäre erforderlich, um diese neuen Ideen an den größtmöglichen Markt heranzubringen?

Diese Fragen zu stellen und die Antworten darauf zur Handlungsgrundlage zu machen ist für alle Unternehmen zur bitteren Notwendigkeit geworden. Oberflächlich gesehen, stellt der Wettbewerb zwischen geschäftlichen Ökosystemen einen Kampf um Marktanteile dar. Doch dahinter steckt das Ringen darum, wer die Zukunft bestimmen wird. Und genau hier hilft eine streng biologische Metapher nicht weiter. Denn geschäftliche Firmengemeinschaften sind – anders als biologische Gemeinschaften miteinander sich entwickelnder Organismen – soziale Systeme. Sie setzen sich aus lebendigen Menschen zusammen, die so oder so entscheiden – wobei die Hauptentscheidungsmuster durch ein komplexes Geflecht von Wahlmöglichkeiten vorgegeben werden, das wenigstens zum Teil davon abhängt, was den Beteiligten bewußt ist. Um es mit Gregory Bateson zu sagen: »Wenn Sie das Gedankengut in einem sozialen System verändern, verändern Sie das System selbst.«

Ich vermute, daß sich in dem Maß, wie der ökologische Managementansatz immer weitere Anhänger findet – eine wachsende Zahl von Führungskräften erkennt die Co-Evolution und ihre Konsequenzen –, auch der wirtschaftliche Wandel beschleunigen wird. Manager, deren Horizont mit den Grenzen traditioneller Branchensichtweisen zusammenfällt, werden noch merken, wie sie wirkliche Herausforderungen und Chancen für ihre Unternehmen übersehen. Aktionäre und Aufsichtsräte mit Gespür für die neuen Realitäten werden sie am Ende in die Wüste schicken – wenn sie es nicht, man denke an jüngste Personalkarussells, bereits getan haben.

Leider geschieht das – zum Nachteil der Belegschaften und Kapitalanleger – häufig erst, wenn der Schaden schon groß ist. Unternehmen, die vordem ihre nach herkömmlichen Mustern definierten Branchen klar dominierten, zeigten sich blind gegenüber neuen Wettbewerbern. Und ob solche Unternehmen die richtige Geschäftsleitung bekommen, um das Ökosystem zu erneuern, an dem ihre Zukunft hängt, bleibt vielfach offen. Vielleicht werden sie tatsächlich verdrängt von anderen Unternehmen aus anderen geschäftlichen Ökosystemen, die wachsen und in den nächsten Jahren die Führung übernehmen wollen.

Einzelne Firmen, die in die Abwärtsstrudel eines Ökosystems geraten, müssen unter Umständen einen hohen Preis zahlen. Die Wirtschafts- und Gesellschaftspolitik muß Wege finden, um den Mitgliedern eines sterbenden Ökosystems zu einem Platz in einem lebensfähigeren System zu verhelfen, und darf nicht der Versuchung erliegen, ein gescheitertes Ökosystem künstlich über Wasser zu halten. Aus ökologischer Sicht kommt es nicht darauf an, welches Ökosystem überlebt, wenn der Wettbewerb zwischen ihnen nur hart und fair ist – und das fähigste überlebt.

Neue Kunden-beziehungen

Regis McKenna

Marketing in Echtzeit

Es ist kein Geheimnis: Eine Marke unter den chaotischen Marktverhältnissen dieser Tage zu führen, kann zu einer entmutigenden Aufgabe werden. Wohletablierte Markenanbieter wie IBM oder Apple kämpfen gegen Hersteller von Computernachbauten unklarer Provenienz. Selbst geheiligte Markennamen wie Tide (Waschmittel) oder Budweiser (Bier) sind gegen Newcomer nicht mehr resistent. Seit den 90er Jahren lassen sich in der Kategorie »sonstige« bei vielen Produktgruppen sogar die stärksten Marktanteilsgewinne verzeichnen.

Gleichzeitig sind die Verbraucher über die Produkte und die große Angebotsvielfalt besser denn je informiert. Zudem können sie auf vielerlei Weise einkaufen: in riesigen Einkaufszentren, Fachgeschäften und Supermärkten; bei Versandhäusern, Home-Shopping-Organisationen oder den virtuellen Läden des Internets.

Ohnehin werden die Verbraucher mit ungezählten Botschaften über immer neue Medien bombardiert – von lokalen und landesweiten Fernsehanstalten, Radiosendern, Online-Computer-Netzen, Internet, Telephondiensten wie Fax und Telemarketing, Nischenmagazinen und anderen Druckerzeugnissen. Da überrascht es nicht, wenn Markennamen bei den Käufern zunehmend auf Gleichgültigkeit stoßen. Doch für einen Hersteller wird die Einführung eines neuen Markenartikels zu schierer Herkulesarbeit. Bei dem betäubenden Lärm in den Medien dauert es länger, den Artikel durchzusetzen und einen Markt aufzubauen. Selbst eine Traditionsmarke weiterzuführen ist nicht einfacher.

Aber in diesem Dilemma der Markenführung gibt es einen Lichtblick. Die Informationstechnik, die zur Komplizierung des heutigen Marktes so maßgeblich beigetragen hat, kann gleichzeitig zu einem Werkzeug werden, um Marken zu stärken. Die Unternehmen können nämlich vorhandene und sich neu entwickelnde Technologien – etwa Hochgeschwindigkeits-Kommunikation, Computernetze oder neueste Softwareprogramme – einsetzen, um sich mit ihren Kunden dialogisch in Echtzeit auszutauschen und interaktive Dienste zu leisten. Die neuen Technologien verkürzen Austausch und Service, was es den Unternehmen ermöglicht, das Marktchaos zu verringern und dauerhafte Bindungen zu ihren Kunden zu entwickeln.

Ein anschauliches Beispiel dafür, wie sich eine Marke künftig auf neue Weise aufbauen läßt, liefert der niederländische Elektronik-Multi Philips. Er entwickelte ein Online-Produkt für Kinder, das in Europa demnächst erhältlich sein soll. Dafür schickte Philips zunächst Industriedesigner, Entwicklungspsychologen, Anthropologen und Soziologen zu Kunden vor Ort.

Sie fuhren, ausgerüstet mit Wohnmobilen, in italienische, französische und holländische Gemeinden und baten dort Erwachsene und Kinder, sich doch an der Suche nach Ideen für neue elektronische Produkte zu beteiligen, die denkbarerweise veränderten Kundenbedürfnissen besser gerecht werden.

Bei ihren freiwilligen Produktgestaltern hielten die Feldforscher von Philips allerdings keine Umfragen ab. Vielmehr boten sie Gelegenheit zu Zwiegesprächen, bei denen sich die Experten und Kunden interagierend mögliche neue Produktgestaltungen überlegten. Alle neuen Ideen wurden festgehalten, die beachtenswerten Anregungen ausgewählt und bei einem neuen Online-Produkt von Philips für Kinder berücksichtigt. Anschließend kehrten die Feldforscher noch einmal in die besuchten Gemeinden zurück und testeten die Neuheit mit just denselben Kindern.

Philips steht mit diesen direkten Kundenkontakten keineswegs allein da. Auch viele andere Unternehmen sind darauf gekommen, daß ein Austausch zwischen Designern und Kunden während der Entwicklung neuer Produkte den Managern Informationen liefern kann, die den Neuheiten zu größerer Marktakzeptanz verhelfen. Freilich hat dieses Vorgehen aus Sicht von Marketingprofis noch mehr für sich.

Die Kinder, die Philips bei der Entwicklung seines Online-Produkts berieten, verschafften dem Produkt nicht nur mehr Marktakzeptanz, sondern wurden selbst zu potentiellen Kunden. Wer als Kunde die Erfahrung machen kann, an der Entwicklung eines Produkts beteiligt zu sein, wird danach auch zu einem treuen Kunden. Für den Anbieter liegt die Herausforderung darin, die Informationstechnik zu gebrauchen, um Hunderttausende von Kunden solche Bindung schaffenden Erlebnisse zu ermöglichen. In dieser Weise können Unternehmen die Marktakzeptanz eines neuen Produkts beschleunigen – ich spreche hier von knapper *Akzeptanzzeit* – und so dessen Erfolgschancen verbessern.

Heute steht Marketing noch am Ende der Produktionskette. Zwar streben die Unternehmen danach, die Zeit der Entwicklung neuer Produkte bis zur Marktreife zu verkürzen. Aber von den Marketingprofis erwarten sie, daß sie dem fertigen Produkt am Markt dann zum nötigen Erfolg verhelfen. Doch die Akzeptanzzeit und nicht die Zeit bis zur Fertigentwicklung ist letzten Endes für den Erfolg des Produkts auf einem gesättigten Markt entscheidend.

Ein Produkt, das nicht rasch genug Kunden findet, hat kaum Chancen in der Konkurrenz mit einem Produkt, das einen treuen Kundenstamm hat. Soll die Akzeptanzzeit verkürzt werden, muß das Marketing in das Produktdesign und die Fertigung einbezogen sein. Das geschieht, indem po-

tentielle Kunden so frühzeitig wie möglich am Entwicklungsprozeß teilhaben können.
Die Informationstechnik kann den Unternehmen aber nicht nur in der Frage der Akzeptanzzeit zu Hilfe kommen. Um einen Stamm treuer Kunden zu gewinnen – eine Marke aufzubauen – müssen Unternehmen zu einem fortgesetzten Dialog mit ihren Kunden finden. Der Austausch zwischen Kunden und der Organisation sollte sich dabei nicht auf den Entwicklungsvorgang beschränken. Wie ist es um die Funktionsfähigkeit des Produkts bestellt, wie um die Erfahrungen der Kunden mit ihm und wie um die dem Kauf folgenden Unterstützungsleistungen des Unternehmens? Ein Austausch über all diese Aspekte trägt ebenfalls zur Kundentreue bei.
Unternehmen müssen diesen Dialog am Leben halten, aber auch die Kommunikation mit Zulieferern, Distributoren und sonstigen marktrelevanten Teilnehmern aufrechterhalten. Dazu muß die Technologie, die diese Gruppen mit dem Unternehmen verbindet, mit internen Systemen integriert werden, die die Umsetzung der Produktions- und Designpläne überwachen sowie die Informationen des Außendienstes und die Erkenntnisse aus der Konkurrenzbeobachtung festhalten. Miteinander kombiniert versetzen diese Systeme ein Unternehmen in die Lage, mit seinen Kunden und dem Markt in Echtzeit zu interagieren und seine Produkte um Serviceleistungen zu bereichern, so daß Kunden bei der Stange bleiben. Der Dialog wird zum Weg, auf dem Firmen eine Marke aufbauen.
Für das Management dieser Systeme muß sich das Marketing verantwortlich zeigen. Obwohl Echtzeit-Marketing eine wachsende Zahl von Anhängern hat (siehe Pine et al. 1995), haben bislang nur wenige begriffen, wie sehr sich die Strukturen im Marketing verändern müssen, soll Kunden ein wirkungsvoller Informations- und Meinungsaustausch geboten werden.

Marketing in Echtzeit erfordert

- eine neue Offenheit, bei der die bislang vorherrschende »Verkündungsmentalität« der Bereitschaft weicht, den Kunden Zugang zum Unternehmen zu gewähren und ihre Vorstellungen sowie ein Feedback als integrale Bestandteile des Prozesses zur Produktentwicklung und -verbesserung zu erkennen;
- sich auf Kundenzufriedenheit in Echtzeit einzustellen, indem jenes Maß an Unterstützung, Hilfe, Anleitung und Information geboten wird, das es braucht, um treue Kunden zu gewinnen;
- willens sein zu lernen, wie sich die neue Informationstechnik auf das Kunden- und das eigene Absatzverhalten auswirken und wie sich die Aufgabe des Marketings innerhalb des Unternehmens künftig verändert darstellen wird.

Zwar hat bisher noch kein Unternehmen damit begonnen, seine Marke durch Echtzeit-Marketing neu zu entwickeln, doch Ansätze eines solchen Vorgehens zeichnen sich bei einer Reihe von Firmen ab; dazu gehören etwa Apple Computer, Levi Strauss und Federal Express.

Von der Massenansprache zum Dialog

Soweit Unternehmen neue Kommunikationsmedien wie das Internet oder selbst eingeführte Wege wie die telephonische Kundenberatung zum Ortstarif nur als Kanäle benutzen, um Werbebotschaften breit zu streuen, Produkte zu distribuieren und Transaktionen zu bearbeiten, machen sie sich das wirkliche Potential dieser Technologien nicht zunutze. Denn die Stärke der neuen Medien besteht in ihrer Fähigkeit, den einzelnen Kunden in ein Gespräch mit dem Unternehmen zu ziehen.

Marketingmanager sind es nicht gewohnt, darüber nachzudenken, wie ein Dialog mit ihren Kunden in Gang zu bringen und zu führen wäre. Lange bestand die Aufgabe des Marketings darin, globale Absatzbemühungen zu entwickeln, die auf Praktiken zurückgriffen, wie sie einst für den Verkauf von Massenware in breitgefächerten, homogenen Märkten konzipiert worden waren. Fast ein halbes Jahrhundert lang zielten Firmen mit ihren Produkten auf Kunden. Die wichtigste Aufgabe des Marketings war dabei, diese Produkte in den Massenmedien anzupreisen. Produktkenntnis und Markenbewußtsein waren ein und dasselbe. Die Marketingabteilungen hatten ein Leitmotiv für die Positionierung des Produkts zu erfinden und damit zu werben. Von jeder der etwa ein Dutzend (amerikanischen) Zahnpastamarken beispielsweise, die in den 60er und 70er Jahren auf dem Markt waren, kannten die Kunden einen gesungenen oder gedruckten Werbeslogan, doch kaum mehr. Mit dem Markennamen verbanden sich Zuverlässigkeit, Qualität, Werthaltigkeit oder ein Haufen sonstiger Assoziationen.

Obwohl das Umfeld inzwischen anders geworden ist, blieb das Vermarktungsmuster bislang dasselbe. Zwar wissen die Leute in den Marketingabteilungen recht gut, daß es die Flut neuer Produkte und Medien sehr viel schwieriger macht, wirksame Werbebotschaften auszusenden und Marken aufzubauen. Aber auf ihrer Suche nach Lösungen kommen sie dann selten über die Mittel der Massenansprache alter Art hinaus. Also versuchen sie, die Qualität oder Anzahl ihrer Botschaften zu erhöhen – und wo das nichts fruchtet, geben sie ihren Werbeagenturen die Schuld. Diese Agenturen, letztlich die Schöpfer von Marken und Nachfrage, streichen jährlich für ihre Dienste nahezu 140 Milliarden Dollar ein. Klar, daß solche Ausgaben das besondere Augenmerk leistungsorientierter Manager auf sich ziehen. Und so wird Agenturen, die erfolglos bleiben, von einem Tag auf den anderen gekündigt. Doch die Ursachen dafür, daß ein Produkt scheitert oder eine Marke verfällt, reichen zumeist tiefer und über den Fehlschlag einer saisonalen Werbekampagne hinaus.

Selbst einige neuere Ansätze – wie etwa das Mikromarketing – folgen den Bahnen des traditionellen Marketingmodells. Anwender des Mikromarketingverfahrens können dank moderner Informationstechnik zwar bestimmte Haushalte und Einzelpersonen ansprechen und einem sorgfältig ausgewählten Adressatenkreis persönlich gehaltene Werbebotschaften zusenden. Aber diese Botschaften bleiben einseitig und stehen im Widerstreit zu all jenen anderen Botschaften, mit denen der Markt bombardiert wird. Allein in den zurückliegenden drei Jahren haben Anbieter Jahr für Jahr mehr als 60 Milliarden Direktmail-Pakete an amerikanische Haushalte verschickt. Weil jeder dieser Anbieter Zugriff auf dieselben Werkzeuge hat, bricht der Markt eines jeden zusammen, erstickt unter der Last von Werbenachrichten, Katalogen und Telephonanrufen. Die Käufer werden übermäßig beansprucht und zunehmend unzufrieden.

Die traditionellen Beziehungen des Marketings zu den Kunden sind nicht mehr tragfähig für eine Echtzeit-Welt. Zielgruppenbestimmung, Marktforschung, Verbraucherumfragen und andere Instrumente, mit denen Wünsche und Bedürfnisse der Verbraucher eruiert werden sollen, sind – und waren es von jeher – nur von begrenztem Nutzen. Die Kehrseiten von Zielgruppen sind hinlänglich bekannt: Eine handvoll sorgfältig verlesener Personen, die für ihren Zeitaufwand bezahlt und in einem künstlichen Umfeld befragt werden, dürfen schwerlich als repräsentativ für den ganzen Markt gelten. Ähnlich skeptisch müssen Verbraucherumfragen betrachtet werden. Digital Equipment's Minicomputer-Geschäft erlitt Ende der 80er Jahre Schiffbruch; dabei hatten die Kunden DEC bei jeder einzelnen Befragung zu ihrem Spitzenlieferanten erklärt.

Ganz im Gegensatz dazu können dauerhaftere Verbindungen zu den Kunden Informationen erbringen, wie sie Zielgruppen und Umfragen nicht liefern. Viele Firmen verfügen bereits über Systeme, die ohne weiteres ab sofort für verläßlichere Informationen sorgen könnten. Apple Computer beispielsweise holt über seine Macintosh Performa Heim- und Schulungscomputer per Kunden-Hotline Informationen herein, die sonst nicht zu bekommen wären.

Die Mitarbeiter des Kundendienstes nützen die Interaktion per Telephon, um ihren Kunden neue Produkte vorzustellen, die die Arbeit am Computer erleichtern. Diese Gespräche sind auch die Grundlage für die Entscheidung über die zehn vordringlichsten Kundenprobleme der Woche. Apple nimmt diese Informationen sehr ernst. Zwischen Kundendienstpersonal und der Designabteilung von Apple finden regelmäßige Planungstreffen statt, bei denen die aus den Kundengesprächen gewonnenen Informationen diskutiert werden. Die Konstrukteure verwenden die wöchentliche »Top Ten«-

Liste, um neue Lösungen noch zu verbessern und auch, um herauszufiltern, welche neuen Produkte sich die Kunden wünschen. So kann Apple heute viel schneller und präziser auf Kunden-Input reagieren, als wenn man sich auf periodische Marktforschungsuntersuchungen verließe.

Von computerunerfahrenen Kunden kamen anfangs zum Beispiel die erstaunlichsten Rückfragen zur Nutzung ihrer Systeme. Da glaubten manche etwa, die Maus sei ein Fußpedal. Obwohl das Benutzerhandbuch den Gebrauch der Maus sowie andere Grundfunktionen deutlich erläuterte, führten derlei Fragen via den »heißen Draht« bei Apple zu der Einsicht, eine einfache Lösung direkt in den Computer einzubauen. Die Designer entwickelten eine Willkommens-Software, die auf dem Bildschirm erscheint, sobald der Besitzer eines Macintosh Performa zum ersten Mal das System einschaltet. Apple reagiert auf solchen Kundenfeedback unmittelbar, indem es ständig einfache konstruktive Veränderungen vornimmt.

Das ist jedoch nur die halbe Seite des Bildes. Unternehmen wie Apple können noch mehr tun, als mit Hilfe der Informationssysteme die Bedürfnisse ihrer Kunden aufzuspüren. Sie können die Technik auch dazu nutzen, um auf die Kunden zuzugehen, indem sie ihnen spezielle Dienstleistungserlebnisse ermöglichen. Anbieter, die den interaktiven Kreis schließen, können eine dynamische Markenpräsenz auf einem vom Lärm der Werbebotschaften durchtosten Markt aufbauen und aufrechterhalten.

Ein gutes Beispiel dafür liefert Levi Strauss. Der kalifornische Bekleidungsfabrikant hat an einigen Standorten damit begonnen, einen Service für maßgerechte Anfertigung aufzuziehen – je nach Bestellung bekommen weibliche Kunden ihre Jeans auf den Leib geschneidert. Das Verkaufspersonal nimmt die Maße der Kundinnen auf und gibt die Daten in ein CAD-Informationssystem ein. Derweil probieren die Kundinnen im Laden Musterjeans an – um die Paßform zu vervollkommnen; diese zusätzlichen Angaben werden ebenfalls eingegeben. Das System überträgt alle Informationen an eine rechnergesteuerte Zuschneidemaschine in der Fabrik, wo die Jeans nach Maß entstehen. Solche maßgeschneiderten Jeans kosten bei Levi Strauss nur zehn Dollar mehr als die Stücke von der Stange.

In diesem Echtzeit-System ist die Transaktion – der Kauf der Jeans – für die Kundin zugleich ein Serviceerlebnis. Die Technik macht es eben möglich, daß Unternehmen jedes Produkt mit Dienstleistungen kombinieren und jeden Verkauf in einen Dialog verwandeln können. In der Interaktion können Kunden und Produzenten voneinander lernen und aufeinander reagieren.

Und was geschieht dabei mit dem Markennamen? Der befindet sich zweifellos immer noch als Firmenetikett auf der rückwärtigen Jeanstasche. Der elektronische Dialog, der die Marke umkreist, ist jedoch bedeutungsvoller geworden. Nach wie vor erwarten die Käuferinnen Qualitätsjeans zu erschwinglichen Preisen. Aber sie helfen Levi Strauss auch dabei, ihre Wunschhosen zu gestalten; und sie werden gewisse Elemente des Produkts – Maße,

Farbe, Stoffart – nach ihren eigenen Vorstellungen bestimmen. Die Marke bedeutet in diesem Fall nicht mehr ein statisches Image wie zu Zeiten des Massenmarketings. Stattdessen wird sie Frucht eines fortwährenden Dialogs, einer interaktiven Erfahrung, die aus Kauf und Verwendung des Produkts hervorgeht.

In Zukunft könnte Levi Strauss dieses System dazu verwenden, den Dialog mit seinen Kunden noch auszuweiten. Kunden könnten neue Jeans telephonisch bestellen, die Firma diese anhand der gespeicherten Maße anfertigen und dann rasch ausliefern. Auf gleichem Wege könnte Levi Strauss Informationen über neue Produkte an Wiederkäufer verschicken. Und mit einer immer größer werdenden Datenbank verfügt man über eine Fülle von Informationen über Größen und Schnitte aller bestellten Beinkleider.

Die sehr individuellen Kundenwünsche, die Unternehmen heute mit Hilfe der modernen Technik ergründen können, waren den kleinen Familienbetrieben einst wie selbstverständlich bekannt. Denn Bäcker, Metzger, Besenbinder und all die anderen Handwerker kannten ihre Kunden noch persönlich, und Beziehungen zu ihnen erwuchsen aus der direkten Unterhaltung. Der Schreiner entwarf und baute ein Möbel getreu den Vorstellungen seines Auftraggebers. Kaufinteressenten fragten an und erhielten prompt Antwort. Der Handwerker konnte sich persönlich versichern, was die Kunden wollten, wie ihnen die angebotenen Produkte und Dienstleistungen gefielen, ja sogar Einblicke in für den Auftrag scheinbar irrelevante Dinge bekommen wie etwa die Lebensanschauungen seiner Kunden. Die moderne Technik kann diese Gespräche zwischen Ladenbesitzer und Kunde nachstellen. Der einzige Unterschied besteht darin, daß diese Gespräche heute über elektronische Medien geführt werden – doch auch in Echtzeit.

Die Revolution der Informationstechnik ermöglicht eine neuartige Beziehung zwischen Fremden, eine Beziehung, die nicht mehr auf physischer Nähe, sondern der Geschwindigkeit elektronischer Information begründet ist. Heutzutage können Unternehmen und Kunden, Ärzte und Patienten, Studenten und Dozenten, Architekten und Bauherren mehr voneinander wissen und enger zusammenarbeiten, als je möglich war. Virtuelle Intimität, elektronische Kollegialität, spontane Vertrautheit – nennen Sie es, wie Sie wollen: Diese neue und sich noch erweiternde Beziehung bestimmt, was Marke im Informationszeitalter heißt.

Zugang und Akzeptanz

Marketingmanager, die versuchen, den Blick von der Massenansprache auf den Dialog zu verlagern, sollten sich darin auskennen, wie Dialoge initiiert und fortgeführt werden. Firmen nehmen den Dialog auf, indem sie sich Kunden gegenüber öffnen; sie halten ihn lebendig, indem sie Kunden als

Partner in ihre Entwicklungs- und Produktionsaktivitäten einbeziehen. Dialog beginnt mit Zugang. Um sich mit Kunden austauschen zu können, müssen Unternehmen erst einmal interaktive Verbindungen zum Markt aufbauen.

Besonders einfach geht das über Servicetelephone zum Ortstarif. Konsumgüterhersteller könnten die Telephonnummern auf jede Ware drucken – neben der Seriennummer und dem Scannercode, was Garantiescheine und Registrierkarten überflüssig machen würde. Sie könnten Hilfe und Informationen anbieten und Kunden sogar in interaktive Dienste einbeziehen.

Kellog beispielsweise ist dazu übergegangen, eine Servicenummer zum Ortstarif auf den inneren Kartondeckel seiner Frühstücksflocken zu drucken. Veranlaßt durch die verschärften Vorschriften der US-Lebensmittelbehörde, die von Lebensmittelproduzenten fordert, auf den Verpackungen nähere Angaben zu den Nährwertgehalten zu machen, legt Kellog seinen Kunden ans Herz, doch anzurufen, um sich von Beratern die neuen Inhaltsangaben erklären zu lassen. Die Firma betrachtet dies als eine zeitweilige Maßnahme, aber möglicherweise ließe sich darauf aufbauen, um Kunden weitere Informationen zum Nährwert der Kellog-Produkte anzudienen und um Ideen zu neuen Produkten zu erlangen.

Es gibt auch andere Wege, um ein Unternehmen dem Kunden näherzubringen. So bietet Federal Express seinen Kunden eine speziell entwickelte Software und Computerterminals an, damit sie den Frachtweg ihrer Pakete selbst verfolgen können. Die Technik verbindet die Kunden mit einem von Federal Express unterhaltenen Netz, das sie in Echtzeit darüber informiert, wo sich die Sendung gerade befindet.

National Semiconductor, Kunde von Federal Express, nutzt diese Technik als Basis für sein eigenes Liefernetz, um sicherzustellen, daß jeder Kunde weltweit bestellte Einzelteile binnen 24 Stunden erhält. So kann etwa ein Computerbauer in Taiwan in den Online-Katalog des Auslieferungslagers von National Semiconductor in Alaska schauen, ein Bauteil direkt bei Federal Express bestellen und die Frachtroute vom Lager bis zur eigenen Haustür verfolgen.

Auch die Rechnungsstellung für die Lieferung ist automatisiert. Bald schon werden Kunden diese Software auch auf Online-Diensten wie America Online oder dem Internet einsetzen können. Federal Express hofft gar, daß man bis Ende des Jahrzehnts mit dem Großteil seiner Kunden via Echtzeit-Systeme kommunizieren kann.

Sobald ein Netz solcher Systeme existiert, wird Federal Express seinen Kunden weitere Dienstleistungen verkaufen können. Dann könnten Kunden zum Beispiel Reiseinformationen über dieses Netz beziehen oder es dazu benutzen, sichere E-Mail-Nachrichten auszusenden. Sogar der Weg komplizierter Frachtgüter (etwa Ausstellungsgegenstände für Messen oder Kongresse) ließe sich dann getreulich verfolgen.

Zugang ist in unserer sich wandelnden Welt überall möglich. Nehmen wir das Bankgewerbe. Kunden können ihre Bankgeschäfte am Telephon tätigen oder am Computer, zu Hause oder im Büro, an Bord eines Flugzeugs hoch über den Rocky Mountains oder am Bankomaten an der nächsten Straßenecke oder auch in Person am Bankschalter. Die Informations- und Kommunikationstechnik hat das eigene Zuhause zum Arbeitsplatz gemacht, Büro wie Heim zum Einkaufszentrum oder auch zum Unterhaltungs-, Bildungs-, Finanz- oder medizinischen Zentrum. Der Raum, in dem Unternehmen und Kunden interagieren, ist nicht mehr klar umrissen und streng separiert.

Doch obwohl für Marketingmanager die Zeit gekommen ist, in der sie diese Zugangspunkte zum Unternehmen als Dialogchancen erkennen müssen, dürfen sie andererseits auch nicht die Schwierigkeiten verkennen, die damit verbunden sein können: Öffnen sich Unternehmen erst einmal den Kunden, so müssen sie auch über die Systeme und Abläufe sowie das Personal verfügen, um die Interaktionen voll zu gewährleisten. Wenn Kundenanfragen ins Leere gehen, maßgeschneiderte Jeans zu spät ausgeliefert werden, Informationen zur Zahnpflege unkorrekt ausfallen oder wenn Federal Express Systemausfälle nicht rasch beheben kann, dann verlieren die frustrierten Kunden die Geduld. Zugang kann zwar für engere Beziehungen zwischen Kunden und Anbietern sorgen, aber uneingelöste Versprechen schaden ihnen weit mehr als ein fehlender Zugang.

Letztlich sollte die Marketingabteilung den Kunden als Partner in die Entwicklung und Fertigung der Produkte einbeziehen. Das wird nicht eben leicht sein, denn heute liegt den meisten Unternehmen besonders viel an der Verkürzung der »Time-to-Market«. Und sowieso sind sie aufgrund von Tradition und Kultur gewohnt, im Kunden das Verkaufsziel und nicht den Partner zu sehen. In der Regel entwickeln sie neue Produkte auf der Grundlage von Informationen, die ihnen Zielgruppen, Umfragen und Marktstudien zuliefern. Und den Produkten, möglichst rasch marktreif entwickelt, sollen die Marketingprofis dann die erforderliche Nachfrage verschaffen. Aber die Idee der Akzeptanzzeit hat den Bezug zum Kunden als eines unverzichtbaren, eng beteiligten Partners.

Die Einführung eines neuen Produkts ist kein isoliertes Ereignis, sondern ein Meilenstein im Verhältnis zum Kunden – ein Verhältnis, das mit der Produktgestaltung beginnt und auch nach dem Kauf des Produkts andauert. Wie wir anhand der Entwicklung von Philips‘ neuem Online-Produkt für Kinder sehen konnten, läßt sich das Interesse für ein Produkt stimulieren, noch ehe es am Markt erscheint. So wird Kundenakzeptanz bei einer Produktneuheit zum Bestandteil des Entwicklungsprozesses.

Sehen wir einmal, wie der Gedanke der Akzeptanzzeit funktionieren könnte. Stellen Sie sich dazu vor, ich würde einen Sony Kassettenrecorder beim örtlichen Elektrohändler kaufen und Sony würde diesen Kaufakt in seiner

Datenbank speichern. Sollte ich zusätzliche Kassetten oder Software benötigen, könnte ich die auf dem Artikel vermerkte Servicenummer zum Ortstarif anrufen; sollte das Gerät defekt sein, könnte ich diese Nummer ebenfalls anwählen und einen Umtausch verlangen. Umgekehrt könnten die Sony-Vertreter aber auch beschließen, mich nach etwa einem Monat anzurufen und nachzufragen, ob ich mit dem Gerät zufrieden sei und um mich zu anderen Dingen anzuhören: Ob ich mit dem Gerät irgendwelche Probleme hätte, wozu ich es benutzte, ob Sony irgend etwas tun könne, um mich noch zufriedener zu stellen, ob ich Lust verspürte, neue Sony-Produkte, noch im Entwicklungsstadium, auszuprobieren und dem Unternehmen ein entsprechendes Feedback zu liefern? All diese Zusatzinformationen würde Sony selbstverständlich ebenfalls speichern. Schließlich würde Sony mit einem Nachfolgemodell oder Zusatzgerät zu meinem Recorder herauskommen, und ich wäre wahrscheinlich schon vor Beginn der offiziellen Auslieferung bereit zu kaufen.

Für das Modell Akzeptanzzeit gibt es durchaus Vorläufer. So spricht in Beziehungen zwischen Unternehmen schon die spezifische Art der betriebswirtschaftlichen Transaktionen für einen Dialog zwischen Kunde und Lieferant, der das gegenseitige Vertrauen in der Entwicklungsphase und darüber hinaus stärkt. Intel beispielsweise erörtert seine Pläne für neue Mikroprozessoren mit Ingenieuren, die wiederum Computer für Intels Firmenkunden entwickeln. Dann schlägt ein Ingenieur vielleicht vor: »Wenn ihr das Problem in der nächsten Generation so lösen könntet, würdet ihr uns das Leben erleichtern.«

Ein solcher Dialog verfolgt mehrere Zwecke. Er sorgt für gute Beziehungen zu wichtigen Abnehmern, bereitet Intels Markt auf neue Produkte vor und hilft Intel dabei, seine künftigen Entwicklungsziele zu klären. Der Dialog steigert die Fähigkeit, Marktchancen wahrzunehmen, und er kann dazu beitragen, Neuentwicklungen gemäß realistischer Parameter zu betreiben.

Daß freilich der Übergang von einem Massenansprache- zu einem Dialog-Modell auch seine Tücken hat, zeigt sich an Intels schwerem Versagen, was den Umgang mit den Kunden seiner Kunden angeht. Als die Anwender erstmals den Programmierfehler bei Intels Pentium-Chip entdeckten, ließ Intel sie mit ihren Sorgen allein. Die Benutzer artikulierten ihre Beschwerden im Internet, und so wurde der Fehler rasch zum Cause célèbre. Obwohl die Medien die Pentium-Affäre hauptsächlich unter dem Aspekt gute/schlechte PR abhandelten, wird hier bei genauerem Zusehen die Macht des Dialogs mit Kunden beispielhaft deutlich. Eloquente Kunden veranlaßten Intel, seine Programme und Firmenpolitik zu ändern. Den Dialog, den Intel seit langem mit seinen Wiederverkäufern praktizierte, hatte das Unternehmen nicht auf die Endverbraucher ausgeweitet. Hätte Intel indes die Meinungen der Endverbraucher als eine wichtige Komponente im Entwick-

lungsprozeß berücksichtigt, wäre das Problem möglicherweise rechtzeitig gelöst worden.
Die Akzeptanzzeit beginnt damit, die Kunden als Schlüsselpartner in die Entwicklung und Produktion einzubeziehen. Aber es geht noch weiter. Kehren wir noch einmal zu meinem Sony-Fallbeispiel zurück. Die Firma könnte sich im weiteren bemühen, mich auch zur Entwicklung verbesserter Kassettenrecorder oder Zusatzgeräte anzuhören. Wenn dann die neuen Geräte lieferbar wären und ich sie gekauft hätte, dürfte Sony nicht nachlassen, mir solche Serviceerfahrungen zu bieten, um mich als Stammkunden zu halten. Das Gespräch müßte fortdauern. Der Dialog ist das Markenzeichen.

Technische Kenntnisse

Um eine Marke neuerlich zu stärken oder neue Marktchancen aufzuspüren, müssen sich Marketingexperten viel stärker damit auseinandersetzen, wie die Technik Kunden und Geschäft verändert. Marketingprofis müssen mit einem Fuß im Markt stehen, um Chancen dort wahrzunehmen, und mit dem anderen in der Technik, um die Instrumente anzuwenden, die die Akzeptanzzeit verkürzen. Nach meinen Erfahrungen kümmern sich Marketingmanager um Informationstechnik meist zu wenig. Vielleicht haben sie Scheu vor dieser Technik – eingeschüchtert von deren Kompliziertheit. So wollen sie dann etwas, das sie nicht durchschauen, auch nur ungern benutzen. Sie erwarten wohl, daß die Techniker ihnen die Überlegungen dazu abnehmen und ihnen die Organisationssysteme basteln und an die Hand geben, die die Verbindung zum Kunden herstellen. Aber das ist nicht die Aufgabe der Techniker. Die Informationschefs und Outsourcing-Partner mögen die Informationssysteme zwar konstruieren und unterhalten, doch ersonnen werden müssen die Geschäftssysteme von den geschäftsführenden Managern. Wenn Firmen keine Echtzeit-Marketingsysteme aufbauen, verschulden das technikscheue Marketingleiter und nicht die Technikchefs.
Natürlich müssen Marketingmanager nicht die technischen Einzelheiten der Informationssysteme kennen – all jene Bits und Bytes und Baudraten. Sie müssen aber ein *geschäftsbezogenes* Verständnis der Technik entwickeln, einen Sinn dafür, wie sie sich strategisch einsetzen läßt. Bedenken Sie beispielsweise, wie die Bankautomaten das Bankgeschäft oder wie die Scannertechnik an den Kassen den Einzelhandel verändert haben. Absatzmanager müssen einfach imstande sein zu erkennen, wie die Technik von heute – Internet, CD-ROM-Kataloge oder interaktives Fernsehen – die Geschäftstätigkeit von morgen prägen wird. Meiner Ansicht nach befassen sich die Verantwortlichen bisher viel zu oberflächlich mit diesen Dingen, entnehmen Ideen lediglich Beiträgen in Zeitungen und Fachzeitschriften

oder kleben an den Modellen der herkömmlichen Massenansprache auch angesichts der neuen Technikgeneration.
Zudem müssen die Marketingprofis begreifen, wie sehr die Technik das Verhalten der Kunden verändert. Nur so werden sie beurteilen können, auf welche Weise sich deren künftige Bedürfnisse befriedigen lassen. Die Halbleiter- und Softwaretechnik von heute ermöglicht es Kunden, Produkte ihren persönlichen Anforderungen anzupassen – indem sie im Produkt integrierte Funktionen programmieren – oder indem sie ihren eigenen Alltag besser bewältigen.
In einem Durchschnittshaushalt gibt es heute mehr als 100 Mikrochips. Sie stecken in allen möglichen Geräten, vom Heimcomputer und diversen Videospielen bis hin zum automatischen Abtaumechanismus im Kühlschrank. Mikrochips eröffnen dem Verbraucher Optionen. Mikroprozessoren, die in einigen Heiz- und Klimaanlagen installiert sind, erlauben es einem Hausbesitzer, die Temperatur in jedem Raum individuell zu regeln. Die Glocken in der Chip-gesteuerten Türklingel lassen sich so programmieren, daß diese Weihnachtslieder oder ein »Happy Birthday« anstimmen. Ob Videorecorder, CD-Spieler, Fernseher, Mikrowelle, Brotbackmaschine oder Uhr – alles ist programmierbar.
So wie die Leistung der Mikroprozessoren noch weiter steigen wird und die Herstellkosten sinken, werden Elektrogeräte künftig immer mehr Funktionen erfüllen, noch mehr Intelligenz einschließen und eine wachsende Zahl von Optionen bieten. Fortschritte in der Software-Technik (wie etwa objektorientiertes Programmieren, eine Methode, die Software modular und übertragbar macht) ermöglichen es den Verbrauchern, aus einem größeren Spektrum von Programmiermöglichkeiten auszuwählen, um sich Produkte maßzuschneidern.
Konsumenten benutzen intelligente Produkte, um ihr Leben stärker selbst zu bestimmen. So gestatten etwa diagnostische Geräte zum häuslichen Einsatz eine bessere Überwachung des eigenen Gesundheitszustands. Beispiel Diabetiker: Sie können heute jederzeit und überall mittels Testinstrumenten in Kugelschreibergröße ihren Zuckerwert selbst kontrollieren. Je nachdem können sie sich anschließend selbst Insulin spritzen, indem sie ein weiteres Instrument benutzen, das einem Funksprechgerät ähnelt. Damit muß ein Diabetiker nicht mehr zum wöchentlichen Labortest, und es sind keine Fachleute erforderlich, die den Blutzucker untersuchen und den Befund erläutern. (Da sich Zuckerwerte stündlich ändern können, waren die wöchentlichen Kontrollmessungen ohnehin nie voll aussagekräftig.) Jetzt können Diabetiker also ihre Gesundheit eigenverantwortlich kontrollieren – und das in Echtzeit.
Techniken, die Verbrauchern mehr Optionen und Verfügungsgewalt bieten, verändern deren Verhalten auf subtile Weise. Per Internet können sie Produktinformationen mit anderen Verbrauchern austauschen oder mit neuen

Programmen experimentieren, bevor sie sie erwerben, oder an einer Diskussionsveranstaltung teilnehmen. Zu einem solchen Forum lud kürzlich Reebok ein. Dabei stellten Kunden Fragen zu den Produkten, informierten sich über Sportereignisse und unterhielten sich per E-Mail mit von Reebok gesponserten Sportlern wie Shaquille O'Neal und Nancy Kerrigan.
Solche direkte Kommunikation von Person zu Person ist einer massenkommunikativen Werbeansprache klar überlegen. Vor einiger Zeit pries ein Anwaltsehepaar aus Nevada im Internet seine Dienste einem Millionenpublikum von Internet-Benutzern an. Die Reaktion auf diese massenhaft verbreitete Werbebotschaft war überwältigend negativ. Das Ehepaar wurde mit ärgerlichen Reaktionen überschüttet, so daß ihr System überlastet wurde. Die alten Medien funktionieren nicht mehr bei den neuen Konsumenten. Die neuen Medien stehen für Dialog, direkten Austausch und Verfügungsgewalt auf Seiten des Verbrauchers – nicht aber für Passivität und Massenansprache.
Manager können nur dann ein Gespür für das Potential der neuen Technik entwickeln, wenn sie sie selbst nutzen. Sobald sie sich in das Internet einklinken, entdecken sie mit eigenen Augen, wie völlig ungeordnet es ist. Sie erleben wie die Kunden unmittelbar, wie das ist, wenn jemand die zahllosen Firmenniederlassungen im Netz (Home Pages) aufsucht, und überlegen sich womöglich bessere Verfahren, um aus dieser Technik Nutzen zu ziehen. Wie können Echtzeit-Vermarkter Zugang zu sich schaffen in einer derart chaotischen Welt? Sie könnten für mehr als nur einfache Verbindungen sorgen und versuchen, einen potentiellen Kunden von irgendwo im Internet auf direktem Weg zur Home-Page der Firma zu lotsen.
Compaq hat dafür gesorgt, daß sich seine Kunden von den Home-Pages verschiedener Softwareanbieter direkt zu Compaq weiterleiten lassen. Aber das allein bindet die Kunden noch nicht zuverlässig enger an Compaq. Denn noch immer liegt alle Mühe beim Kunden, der Informationen nachjagen und einzelne Brocken herauspicken muß. Ein wirklicher Echtzeit-Vermarkter müßte die Informationen zum Kunden bringen.
Nun könnten Anbieter eine Online-Interessengemeinschaft kreieren, die Distributoren, Einzelhändler, Software-Firmen, Verbraucheranwälte, Benutzergruppen, Forschungsorganisationen und Medien-Datenbasen zu einer einzigen elektronischen Service-, Unterstüzungs- und Entwicklungsinfrastruktur verknüpft. Solche Ideen werden vermehrt entstehen, wenn Manager sich stärker auf die Technik einlassen. Darüber nur lesen reicht nicht aus.
Ein Weg für Manager, Geschäftserfahrungen mit der Technik zu erwerben, besteht in Partnerschaften mit Technologieunternehmen, zum Beispiel mit Telekommunikationsanbietern wie AT&T, mit Zulieferern für Computersysteme wie Sun Microsystems und Silicon Graphics oder mit Systemintegratoren wie Andersen Consulting und EDS. Es gibt eine Fülle potentieller,

guter Partner in der Branche Informationssysteme. So sind denn auch Konstruktion, Fertigung, Finanzen und andere Funktionsbereiche in vielen Unternehmen häufig erfolgreiche Partnerschaften mit Technikanbietern eingegangen, um maßgerechte Systeme zu entwickeln.

Solche Allianzen zwischen Marketing und Technik könnten sich vor allem der Entwicklung von Systemen widmen, die den Unternehmen helfen, den Schwenk von der Massenansprache zur Ansprache des einzelnen Kunden zu bewerkstelligen. Diese Systeme könnten Informationskioske an der Verkaufsfront vorsehen, rund um die Uhr besetzte Servicetelephone oder neue Methoden, die Käufer nach dem Kauf zu betreuen und Folgeaktionen anzuregen. In einem solchen Prozeß fänden Anbieter Möglichkeiten, enorm dazuzulernen bezüglich der Fähigkeiten, Ausrichtungen und Chancen neuer und neu aufkommender Techniken.

Marketingprofis müssen auch ihre Rolle innerhalb einer Echtzeit-Marketingorganisation neu überdenken. So müssen sie beispielsweise dafür sorgen, daß die für den Aufbau einer Marke relevanten Informationen aus allen Abteilungen zusammengeführt werden. Es gilt, alle Kundeninformationen zu nutzen, die in den Kundendienstbereichen und aus anderen Kundenkontakten geflossen sind: Konstruktions- und Produktionsplanungen, Lagerbestandsdaten, Außendienstberichte, Verkaufsdaten von Scannerkassen und Erkenntnisse aus der Konkurrenzbeobachtung. Marketingprofis sind heute Marketingsystem-Integratoren.

Wal-Mart liefert ein Bild davon, was Echtzeit-Marketing alles umfassen könnte. Die Zentrale der gigantischen Einzelhandelskette informiert ihre Regionalmanager täglich mit Umsatzstatistiken, für die Produkt um Produkt an den Kassen festgehalten wird, wie der Verkauf läuft. Aber das ist an Information noch nicht genug. Unter der Woche bereisen die Regionalmanager ihre Bezirke, besuchen sowohl die eigenen Läden als auch die der Konkurrenz, um so eigene Markteindrücke zu gewinnen. Ihre persönlichen Erkenntnisse vergleichen sie dann mit den an den Kassen erfaßten Scannerdaten. Zum Wochenende planen sie dann gemeinsam mit ihren Ladengeschäftsführern die nächste Woche, wobei sie manchmal Wal-Marts hauseigenen Fernsehkanal zu virtuellen Treffen nutzen.

So sieht die Realität des Echtzeit-Marketings aus – bestehend aus Informationen über Kunden, Mitbewerber, Produkte, Umsätze, Lagerbestände und vieles andere, die den Regionalmanagern richtige Entscheidungen ermöglichen. In einer Welt des Echtzeit-Marketings benötigen Manager keine Zielgruppenstudien. Die täglichen Informationen, die sie von einer weit größeren Zahl von Sensoren auf dem Markt erhalten können, geben weit mehr her.

Will das Marketing auf diesen Wegen vorankommen, steht es vor großen Aufgaben. Ohne Zweifel werden die Unternehmen überlegen müssen, wie sich die eigene Marketingorganisation neu aufziehen läßt. Möglicherweise werden die Topmanager einen großen Teil ihrer Marketingeinheiten in den Bereich Produktgestaltung verlagern müssen. Denkbar ist auch, daß ein Marketingleiter an die Spitze des Bereichs Informationstechnik tritt, um von da aus die Neugestaltung der Systeme voranzutreiben, damit diese zum Aufbau von Marken besser beitragen.

Vielleicht aber wird es künftig das klassische Marketingressort überhaupt nicht mehr geben – sofern Marketing zu einer Aufgabe für jeden Mitarbeiter wird und nicht länger nur Sache einer einzigen Abteilung ist. Eines steht jedenfalls fest: Das Marketing wird sich ändern, und die Manager müssen dazu auch bereit sein.

Literatur:

B. Joseph Pine, Don Peppers und Martha Rogers: Do You Want to Keep Your Customers Forever?, in: Harvard Business Review Nr. 2, März/April 1995.

John Hagel III., Jeffrey F. Rayport

Die kommende Schlacht um Kundendaten

Unternehmen haben gute Gründe, Informationen über Kunden zu erfassen. Sie können dadurch ihr wichtigstes Potential effizienter angehen, ihre Angebote dem individuellen Bedarf anpassen, Kundenzufriedenheit und -bindung verbessern und Chancen für neue Produkte oder Dienstleistungen erkennen. Doch noch während immer mehr Manager anfangen Strategien zu entwickeln, die auf der Gewinnung von kundenbezogenen Informationen basieren, vollzieht sich ein grundlegender Wandel, der ihre Bemühungen zur Makulatur machen kann. Wir sind der Auffassung, daß die Kunden von ihren Daten Besitz ergreifen und einen Gegenwert dafür verlangen werden. Infolgedessen werden Verhandlungen mit Kunden über ihre Daten kostspielig und kompliziert werden. Dieser Prozeß ist bereits im Gange, aber es könnte einige Jahre dauern, bis er sich auf breite Kunden- und Produktsegmente ausweitet.

Es ist kein Geheimnis, daß Kunden immer empfindlicher darauf reagieren, in welchem Umfang Wirtschaftsunternehmen Daten über sie speichern. Die Massenmedien berichten regelmäßig über die wachsende Besorgnis der Öffentlichkeit um die Privatsphäre im Informationszeitalter. Insbesondere wird den Menschen allmählich bewußt, daß die Informationen, die sie so freizügig durch ihre täglichen Geschäfte, finanziellen Transaktionen und Antworten auf Umfragen preisgegeben haben, einen Wert haben und daß sie sehr wenig Gegenwert dafür erhalten. Warum? Weil das Kräfteverhältnis derzeit zugunsten der Unternehmen und nicht der Verbraucher tendiert. Dank neuer Technologien wie Smart cards, Web-Browser und persönlicher Finanzverwaltungsprogramme könnte sich jedoch das Kräfteverhältnis zugunsten der Verbraucher verschieben, denn diese Technologien ermöglichen es den Anwendern, viel umfangreichere und genauere Profile ihres eigenen geschäftlichen Verhaltens zu erstellen als irgendein Verkäufer – oder eine vorstellbare Gruppe von Verkäufern – es je könnte. Diese Technologien lassen die Nutzer darüber entscheiden, ob sie Informationen über sich freigeben oder nicht, und diese Entscheidung wird im wesentlichen davon abhängen, was die Verkäufer ihnen als Gegenwert für die Daten bieten.

Allerdings werden die Verbraucher wahrscheinlich nicht selbst mit den Verkäufern darüber verhandeln. Wir gehen davon aus, daß Unternehmen, die wir als »*Infovermittler*« bezeichnen, die Chance ergreifen werden, um als Hüter und Makler von Kundendaten aufzutreten und diese im Auftrag der

Verbraucher bei gleichzeitiger Wahrung von deren Privatsphäre an die Wirtschaft zu verkaufen. Es wird nur eine Handvoll Unternehmen geben, die aufgrund einmaliger Marken-Franchisekonzepte, starker Kundenbindungen oder völlig neuer Strategien in der Lage sein werden, als Infovermittler aufzutreten, aber sie werden eine Katalysatorwirkung entfalten, so daß die Menschen beginnen werden, einen Gegenwert für ihre Daten zu verlangen.

Was wird diese Verlagerung des Kräfteverhältnisses für die meisten anderen Unternehmen bedeuten? Allgemein gesagt, werden Unternehmen in verbraucherorientierten Branchen – ob sie nun Hersteller oder Dienstleister sind – darüber nachdenken müssen, wie sie Kundendaten erheben und was sie damit anfangen. Das heißt, sie werden begreifen müssen, auf welche Informationen es ankommt, wie sie diese erfassen und wie sie sie nutzen, um Neukunden effizienter ausfindig zu machen, Produkte und Dienstleistungen zu verbessern oder individuellen Bedürfnissen anzupassen und Kundenbindungen zu festigen. Die Unternehmen, die aus Kundendaten das meiste machen, um den Kunden einen Gegenwert zu bieten, werden auch den Zugriff auf mehr Kundendaten bekommen.

Es geht nicht um die Privatsphäre

Wir erleben derzeit bei den Verbrauchern eine Gegenreaktion, die die Privatsphäre hervorhebt und unseres Erachtens weniger auf dem Wunsch beruht, persönliche Daten zu schützen, als auf der pragmatischen Einschätzung, daß der Gegenwert für preisgegebene Informationen schlicht und einfach unzulänglich ist. Die Verbraucher werden sich immer deutlicher dessen bewußt, daß sie ihre »Privatsphäre« billig an Unternehmen abgeben, die davon Gebrauch machen, um ihre eigenen Interessen zu fördern. Auf breiterer Ebene beklagen die Verbraucher regelmäßig, daß der Staat und die Medien ihre Privatsphäre verletzen. Auch in solchen Fällen sind sie darüber empört, daß diejenigen, die ihre Daten erheben, damit nur zum eigenen Nutzen arbeiten – oder gar, wie in einigen Fällen geschehen, damit den Interessen der Betroffenen schaden.

Derartige Sorgen werden immer öfter geäußert. So wurde z. B. die Lotus Development Corporation 1991 von Verbraucherschützern und der Presse unter Beschuß genommen, als bekannt wurde, daß Lotus eine CD-ROM namens »Marketplace« für Direktmarketingunternehmen herausgeben wollte. Mit diesem Produkt hätte jeder PC-Benutzer landesweit nach Personen suchen können, die gewissen demographischen oder psychogrammatischen Kriterien entsprachen, und deren Namen, Adressen und Telefonnummern erhalten. Obwohl sämtliche Informationen auf dieser CD-

ROM von öffentlichen Stellen wie z. B. dem US Census Report (Bericht des Statistischen Bundesamts der USA) erhältlich waren oder von Marktforschungsunternehmen gekauft werden konnten, erhoben die Kritiker den Vorwurf, daß der niedrige Preis und die Benutzerfreundlichkeit der CD-ROM Verkäufer und andere dazu verleiten würden, Privatpersonen mit Werbesendungen oder Telefonanrufen zu überschwemmen. Angesichts des erheblichen negativen Aufsehens in der Öffentlichkeit ließ Lotus das Produkt fallen und spaltete Marketplace als eigenständige Firma ab.

Microsoft löste 1995 einen Sturm der Entrüstung aus, als bekannt wurde, daß »Registration Wizard«, ein Programm, mit dem sich die Benutzer von Windows 95 online registrieren lassen konnten, automatisch Informationen über die Software der Kunden ohne deren Wissen speicherte. Wenn ein Kunde sich zum ersten Mal online registrieren ließ, nutzte Microsoft die Gelegenheit, um die Konfiguration seines PCs zu »lesen«. So erfuhr Microsoft sofort, welche wichtigen Programme auf dem PC eines jeden Kunden installiert waren. Als die Online-Teilnehmer davon erfuhren, protestierten sie öffentlich. Microsoft verzichtete daraufhin auf dieses Vorgehen.

Im vergangenen Jahr gab es einen ähnlichen Wirbel um Netscape wegen der »Cookie«-Technologie, die in dem populären Internet-Programm eingebaut ist, das den Zugang zum World Wide Web herstellt. Mit dem Cookie-Unterprogramm erfaßte der Netscape Browser automatisch jeden Besuch einer Homepage im Web sowie die einzelnen Seiten, die dort angeklickt wurden, und speicherte diese Information auf dem PC des Anwenders. Netscapes Absicht ging jedoch über das Zählen von Treffern hinaus: Mit der Cookie-Technik ließen sich Besucherprofile für die Homepages erstellen. Wenn ein Besucher eine Homepage aufsuchte, lud das Cookie-Unterprogramm auf seinem PC die Liste aller seiner früheren Besuche dieser Homepage herunter und lieferte so dem Inhaber der Homepage diese Daten. (Obwohl das Cookie-Unterprogramm ein Gesamtprofil aller Homepage-Besuche des Anwenders erstellte, hatte Netscape vorgesehen, daß nur die Daten bezüglich früherer Besuche der aktuell aufgesuchten Homepage heruntergeladen wurden.)

Als die Kunden von Netscape erkannten, daß die Software selbst Informationen über ihr Verhalten im Web preisgab, reagierten sie ähnlich wie die Kunden von Microsoft – und Netscape erklärte schnell, daß nachfolgende Versionen des Browsers dem Benutzer die Möglichkeit bieten würden, die Cookie-Funktion auszuschalten und so den Zugriff auf die dort gespeicherten Informationen zu verwehren. Auch hier hatten die Kunden rebelliert, als ihnen klar wurde, daß Informationen über sie an die Unternehmen flossen (die so einen wirtschaftlichen Rohstoff erhielten), ohne daß sie – die Kunden – dafür einen Gegenwert erhielten.

Solche Proteste als Ausdruck der Besorgnis um die Privatsphäre aufzufassen, wäre allerdings eine Fehldeutung. Natürlich erachten manche Menschen den Anspruch auf die Privatsphäre als ein absolutes Recht, und viele sind im eher abstrakten Sinn darum besorgt. Doch die meisten Verbraucher sind bereit, persönliche Informationen preiszugeben, wenn dies zu ihrem Vorteil ist. Jeder kennt den Erfolg der Vielfliegerprogramme; die Kunden drängen den Fluglinien förmlich detaillierte Informationen über ihre Flugreisen auf, um im Gegenzug etwas von materiellem Wert, wie Rabatte auf künftige Flugtickets oder – zunehmend – auf eine Vielzahl von anderen Produkten und Dienstleistungen, zu erhalten.

Verbraucher schätzen individuell zugeschnittene Produkte und Dienstleistungen, die Unternehmen ihnen durch sorgfältige Verwertung personenbezogener Daten bieten können – und sie zahlen oft Spitzenpreise dafür. So erfassen Mietwagenunternehmen oft sehr detaillierte Informationen für Sonderprogramme wie »Nr. 1 Club Gold« von Hertz oder »Emerald Club« von National Car Rental. Auf den Antragsformularen wird nach den Kreditkartennummern und deren Gültigkeitsdauer gefragt, nach den Vielfliegernummern bei einem Dutzend Fluglinien, den Geschäfts- und Privatadressen nebst Telefon- und Faxnummern, der E-Mail-Adresse und selbstverständlich auch nach den Nummern des Führerscheins und der Sozialversicherungskarte, den Versicherern nebst Policennummern und die geschätzte Reisehäufigkeit. Die Verbraucher erteilen diese Auskünfte bereitwillig, weil sie wissen, daß sie einen erheblichen Gegenwert dafür erhalten werden – wie z. B. eine größere Auswahl an Fahrzeugen, günstigere Tarife und schnelle, problemlose Abholung und Rückgabe des Mietwagens. Für die meisten Menschen überwiegen die Vorteile der Preisgabe von potentiell sensiblen Informationen ihre Bedenken bei weitem.

Derartige Vorteile werfen jedoch ein Schlaglicht auf das Problem im ganzen. Während Hertz und eine Handvoll anderer Unternehmen die Kunden für ihre Auskünfte durch verbesserten Service sicherlich entschädigen, tun die meisten Unternehmen dies nicht. Zum Beispiel erhält die Unterhaltungselektronikbranche wertvolle Daten, wenn Kunden sich per Formular registrieren lassen, aber sie belohnen die Kunden nicht einmal mit einem Dankeschön, geschweige denn mit irgend etwas von materiellem Wert. Die Autohersteller wissen durch ihre Händler sehr viel über den durchschnittlichen Kunden, aber wann hat denn ein Autohersteller zuletzt seinen Kunden irgend etwas von Wert angeboten, wie z. B. eine individuelle Dienstleistung oder einen Rabatt? (Luxus ist natürlich eine große Ausnahme.)

Es gibt sogar Unternehmen, die von den Informationen, die sie erfassen, weder auf intelligente Weise Gebrauch machen noch einen Gegenwert dafür bieten. Man kennt die Hotels, in denen der müde Reisende immer wieder grundlegende Angaben machen muß – Privat- und Geschäftsadresse, Telefonnummern, Arbeitgeber und Zahlungsweise – obwohl er diese Daten anläßlich früherer Übernachtungen bereits mehrfach angegeben hat. Und viele Banken besitzen ausführliche Profile ihrer Kunden aus verschiedenen Finanzdienstleistungsbereichen, tun sich aber schwer damit, diese Informationen zusammenzufügen, um den Kunden gegenüber ein einheitliches Auftreten zu gewährleisten.

Die Verbraucher sind sich dessen bewußt, daß die Fähigkeit der Unternehmen, Informationen zu erfassen, bei weitem deren Fähigkeit – oder Neigung – übersteigt, dafür auch einen bedeutungsvollen Gegenwert zu erbringen. Und diese Kluft wird immer größer, je mehr die Verkäufer riesige Datenbanken von Kundendaten aufbauen und sich mit dem Problem herumschlagen, wie sie aus diesen Daten Wert schöpfen können. Genau diese Erkenntnis des zunehmenden Ungleichgewichts seitens der Verbraucher hat auch zu ihrer Verärgerung über die Preisgabe von noch mehr Informationen geführt.

Man beachte, wie diese Verärgerung bereits einen Wandel in der Art der Datenerhebung herbeigeführt hat. Es ist noch gar nicht so lange her, daß viele Verbraucher regelmäßig auf Umfragen antworteten und wenig mehr als ein Dankeschön dafür erwarteten. Heute reagieren sie oft nur noch, wenn sie dafür mit Geld oder Sachwerten belohnt werden. Einst legten Hotels und Restaurants in den Zimmern und auf den Tischen Fragebögen aus, um Rückmeldungen zu erhalten. Heute liegt deren Rücklaufquote im einstelligen Prozentbereich, und Dienstleistungsunternehmen wie Ritz-Carlton oder British Airways entschädigen häufig Kunden, die schlecht bedient wurden – nicht nur, um sie sofort zufriedenzustellen, sondern auch, um das Vertrauen und die Informationen zu gewinnen, die für individuellen Service erforderlich sind.

Ähnlich haben Kunden früher Unternehmen empfohlen, damit diese neue Kunden gewinnen konnten; heute sind sie nicht mehr so freigebig. Die MCI Communications Corporation kauft im Prinzip solche Empfehlungen: Das »Friends & Family«-Programm belohnt Kunden mit Rabatten auf Ferngesprächsgebühren, wenn sie angeben, wen sie häufig anrufen, was wiederum MCI bei der Werbung von Neukunden hilft. Und man bedenke folgendes: Noch vor zehn Jahren reagierten viele Verbraucher höflich, wenn sie von Telemarketingunternehmen zu Hause während des Abendessens angerufen wurden, um eine Umfrage zu beantworten. Heutzutage sind sie verärgert, weil man ihnen die Zeit stiehlt. Kann es noch lange dauern, bis die Verbraucher fordern, daß Telemarketingunternehmen sie auch für ihren Aufwand entschädigen, so wie es regelmäßig für die Teilnahme an Zielgruppen der Fall ist? Anzeichen für einen Wandel in der Einstellung der Verbraucher findet man überall, und sie sollten den Managern eine Warnung vor umwälzenden Veränderungen in der Zukunft sein.

Die Verbraucher gewinnen an Macht

Während die Verbraucher immer unwilliger werden, wenn es darum geht, persönliche Daten umsonst preiszugeben, werden sie zugleich von einigen neuen Technologien in die Lage versetzt, Unternehmen in der Frage des Eigentums an dieser wertvollen Ressource Paroli zu bieten. Um das Potential dieser Technologien zu verstehen, müssen wir nochmals zum Cookie-Unterprogramm zurückkehren, das Netscape abändern wird. Was nach einem ziemlich bescheidenen Kompromiß seitens Netscape aussah – jedenfalls im Vergleich zur nahezu vollkommenen Kapitulation von Lotus und Microsoft – ist tatsächlich ein großer Schritt in Richtung einer neuen Methode zur Gewinnung von Kundendaten.

Netscape war von Anfang an davon ausgegangen, daß mit der Ausweitung geschäftlicher Transaktionen über das Internet die Cookie-Technologie Informationen darüber speichern würde, einschließlich der gehandelten Artikel und der Preise, die dafür gezahlt wurden. Auf dem PC des Benutzers würde ein detailliertes Profil seiner Aktivitäten im Internet entstehen, und zwar als Journal, das neben einer Liste der besuchten Homepages auch die jeweils dort verbrachte Zeit, die dort angeklickten Optionen und eventuell ausgeführte Transaktionen anführte. Da diese Profile alle besuchten Homepages (nicht nur eine einzelne) erfassen würden, würden sie ein pralles Bild der Interessen und Bedürfnisse des einzelnen Benutzers ergeben, das über keine einzelne Homepage zu bekommen wäre.

Vergleichen wir die Ausbeute von Netscapes Cookie-Technologie mit den eher bruchstückhaften Daten, die Unternehmen heutzutage erhalten. So erfaßt z. B. der typische POS-Scanner im Laden genau, welche Artikel der Kunde gekauft und was er dafür bezahlt hat, aber was passiert, wenn er am nächsten Tag wiederkommt und etwas anderes kauft, oder wenn er in einer anderen Filiale einkauft? Die meisten POS-Scanner könnten zwischen den beiden Transaktionen keinen Zusammenhang herstellen. Zwar könnte das Unternehmen vielleicht den Zusammenhang erkennen, wenn der Kunde beide Male dieselbe Kreditkarte benutzte, aber was wäre, wenn er beim einen Kauf mit der Kreditkarte und beim anderen mit Bargeld zahlte? Die raffinierteste Software, die es für den Einzelhandel gibt, kann aus den Einkäufen in den verschiedenen Filialgeschäften einer Kette ein Gesamtprofil des Kunden erstellen, aber was kann der Einzelhändler über die Einkäufe des Kunden bei einem Wettbewerber erfahren? Natürlich könnte das Kreditkartenunternehmen die Einkäufe des Kunden in verschiedenen Läden verfolgen (vorausgesetzt, daß jedesmal dieselbe Karte zum Einsatz kommt), aber auch ihm ist es nicht möglich, bestimmte Einzelheiten über Artikel und Preise zu erfahren.

Die breitangelegten, transaktionsübergreifenden Profile des Verbraucherverhaltens, die die Netscape-Anwender selbst erstellen, verheißen viel wichtigere Informationen. Internet-Browser stellen nur eine der neuen Technologien dar, die den Verbraucher umfangreiche Informationen über sein Verhalten mit seinem eigenen PC erfassen läßt. Persönliche Finanzmanager wie das populäre Programm »Quicken« von Intuit sind eine weitere.

Quicken wird in etwa elf Millionen Haushalten rund um den Globus benutzt. Der Anwender kann damit Schecks am PC ausstellen sowie Informationen über Einkäufe, Ausgaben und Geldanlagen erfassen und organisieren, damit er sein Budget erstellen, Finanzierungen planen und seine Steuererklärung ausfertigen kann. Des weiteren unterstützt Quicken den elektronischen Bank- und Zahlungsverkehr. Im vergangenen Jahr führte Intuit sogar eine »Affinity card« ein, mit der der Kunde die Einzelheiten von Kreditkartentransaktionen direkt auf seinen PC herunterladen kann.

Intuits Erfolg ist der schlagende Beweis dafür, daß zumindest manche Verbraucher – die vornehmlich in Haushalten mit hohen Einkommen leben und wahrscheinlich zu den ersten gehören, die am E-Handel teilnehmen – Informationen über sich selbst erfassen möchten, weil sie dadurch ihre eigenen Aktivitäten überwachen und mehr darüber nachdenken können, wie sie ihr Geld ausgeben und anlegen.

Smart cards stellen eine weitere Technologie dar, die zu einer Verschiebung der Machtverhältnisse führt. Dabei handelt es sich im Prinzip um ein elektronisches Zahlungsmittel, das genau wie eine Kreditkarte eingesetzt werden kann und bereits in Dänemark und einigen Regionen Deutschlands häufig anstelle von Bargeld verwendet wird. Der Kunde kauft eine Karte mit einem bestimmten Guthaben, und bei jedem Zahlungsvorgang wird der Betrag elektronisch abgezogen, bis dieses Guthaben aufgebraucht ist. Smart cards könnten leicht um eine Funktion erweitert werden, die Namen der Geschäfte und Kaufbeträge speichert. (Um Einzelheiten der gekauften Artikel festzuhalten, werden einheitliche Normen und Protokolle erforderlich sein.) Der Besitzer der Smart card könnte dann regelmäßig diese Informationen auf seinen PC herunterladen und sich sein eigenes Einkaufsprofil erstellen lassen.

Ehrgeizigere Kartenbesitzer könnten im Prinzip diese Informationen mit Daten verknüpfen, die von Meßgeräten (ähnlich denen, die von A. C. Nielsen bei der Beobachtung von Fernsehgewohnheiten verwendet werden) stammen, die an ihren Fernsehgeräten angebracht sind, um ein Profil zu erhalten, das die Fernsehgewohnheiten mit den Einkaufsmustern korreliert. Welchen Wert hätte solche Information? Nun, die Werbewirtschaft würde vielleicht ordentlich dafür zahlen, denn solche leicht zu erstellenden Profile würden deutlich machen, wie Kaufverhalten durch Werbemaßnahmen beeinflußt wird.

Weitere Technologien zur bequemen Gewinnung und Speicherung von Informationen werden sicherlich dann hervortreten, wenn mehr Menschen anfangen, Waren und Dienstleistungen über interaktive Netzwerke wie das Internet und die Online-Dienste des Handels einzukaufen. In der Welt, die durch diese neuen Technologien entsteht, werden Verbraucher ihre Kaufprofile bei sich tragen und auf ihren Festplatten speichern, so wie sie ihre Erinnerungen mit sich führen. An derartige Informationen heranzukommen, würde für Unternehmen schwierig sein, aber für die Verbraucher ist es einfach. Die Technik dazu ist bereits in vielen Haushalten vorhanden, insbesondere bei wohlhabenden Verbrauchern, die die begehrteste Zielgruppe der Marketingspezialisten sind.

Diese Technologien – ob sie nun einzeln oder in Kombination zur Anwendung kommen – ermöglichen es den Verbrauchern zum ersten Mal, die Kontrolle über ihre Daten zu ergreifen und darüber zu entscheiden, ob sie diese an ein Unternehmen oder einen Dritten übermitteln oder nicht. Die Verbraucher können die Cookie-Funktion ausschalten oder sich weigern, Informationen auf Smart cards oder zur persönlichen finanziellen Situation mitzuteilen. So bieten diese Technologien auf elegante Art und Weise auch eine Lösung für Menschen, die um ihre Privatsphäre besorgt sind. Wenn sie keine Informationen preisgeben wollen, dann kann die Technologie die Weitergabe verhindern. Wenn sie aber Daten gegen etwas von materiellem Wert tauschen möchten – und alles spricht dafür, daß die meisten Verbraucher dies wollen –, dann können sie kaum um ihre Privatsphäre besorgt sein, es sei denn, sie befürchten, daß die einem Unternehmen überlassenen Informationen an weitere, weniger erwünschte Firmen weiterverkauft werden. Doch auch dieser Sorge könnte durch vertragliche Vereinbarungen abgeholfen werden, die den Weiterverkauf der Daten untersagen. Manche Kunden wären vielleicht sogar bereit, den Weiterverkauf gegen eine Gebühr zu erlauben. Allerdings dürften solche Informationen aus zweiter Hand in einer Welt, in der Daten in Echtzeit gehandelt werden, nur noch wenig wert sein.

Der Vertrag über die Daten

Mit diesen neuen Technologien werden Verbraucher Daten leichter erfassen als Unternehmen und sofort aktualisieren können und darüber hinaus sowohl in der Breite als auch in der Tiefe personenspezifische Informationen erfassen können – was buchstäblich einem einzelnen Marktsegment entspricht. Allerdings werden die Verbraucher weder die Zeit, die Geduld noch die Möglichkeit haben, selbst mit den Informationskäufern die besten Bedingungen auszuhandeln. Daher werden neue Zwischenhändler (»Infovermittler«) auftreten, die dies für die Verbraucher tun: Sie werden Verbraucher um sich sammeln und für sie im Rahmen der von ihnen vorgegebenen wirtschaftlichen Definition der »Privatsphäre« mit den Verkäufern verhandeln.

Solche Infovermittler würden tatsächlich eine sehr traditionelle Rolle spielen. Wenn der Verbraucher zum Eigentümer der Daten wird, entsteht eine neue Form des Angebots. Indem sie Informationsangebot und -nachfrage abgleichen und beiden Seiten helfen würden, den Wert der Informationen zu ermitteln, würden Infovermittler ein neuartiges Liefersystem für Informationen aufbauen.

Intuit könnte sich zu einem solchen Infovermittler von Informationen entwickeln. Künftig könnte das Unternehmen den Kunden Hilfe anbieten, um Daten über Online-Geschäfte oder Transaktionen mit Smart cards zu erfassen und automatisch in ihre Quicken-Dateien zu übernehmen. Intuit könnte sogar auch als Inkasso- und Zahlstelle für Transaktionen über das Internet fungieren. Indem es seine Kunden dabei unterstützt, die Bandbreite ihrer Transaktionen zu erweitern und seine Kenntnisse hinsichtlich deren Bedürfnissen und Vorlieben vertieft, könnte sich das Unternehmen als vertrauenswürdiger Infovermittler und Makler von gruppenübergreifenden Kundendaten etablieren.

Intuit könnte z. B. anbieten, gewerbliche Mitteilungen im Internet zu überprüfen, E-Mail-»Wurfsendungen« herauszusieben und den Rest gemäß den sich wandelnden Kundenwünschen aufzuzeichnen. Es könnte auch einen Service einführen, bei dem Software-Assistenten Informationen über Produkte und Dienstleistungen heraussuchen, die vorgegebenen (oder im Laufe der Zeit entstandenen) Kundenwünschen entsprechen, wie z. B. Kreditkarten mit der besten Gebühren-Zinsrelation, Giro- und Geldmarktkonten mit den besten Konditionen und Zinssätzen, Autofinanzierungen, Leasingverträge oder Hypothekendarlehen.

Während die Kunden allmählich begreifen, wie Software-Assistenten höherwertige Dienstleistungen erbringen, könnte Intuit anbieten, persönliche Assistenten zu entwickeln, die erweiterte Kenntnisse des jeweiligen Kundenprofils haben. Während z. B. ein Intuit-Kunde sich Informationen über Renovierungsarbeiten aus dem Netz herunterlädt, könnte der Assistent feststellen, wo die erforderlichen Materialien am Ort erhältlich sind; sollte aus dem finanziellen Profil des Kunden hervorgehen, daß er vielleicht ein Darlehen für die Renovierung benötigen wird, könnte der Assistent währenddessen die Angebote der Banken vergleichen, um zu ermitteln, welche Spanne von Gebühren und Zinssätzen es gibt. Assistenten könnten den Kunden auch eine größere Anzahl von Händlern nachweisen, die ihren Bedarf decken könnten, und die Informationen liefern, die ein Kunde braucht, um das beste Angebot zum niedrigsten Preis ausfindig zu machen.

Es gibt auch noch andere Wege, wie Intuit als Informationsmakler seinen Kunden helfen könnte, beim Einkaufen Wert zu bekommen. Intuit könnte Einzelelemente des Kundenprofils separat »verpacken« und nach Anweisung des Kunden diese Information ausgewählten Händlern zur Verfügung stellen, die zusagen, daß sie auf dieser Grundlage ihre Waren oder Dienstleistungen für den betreffenden Kunden verbessern werden. Wenn z. B. in einem Hotel in London bekannt ist, daß ein bestimmter Gast leidenschaftlich gern thailändisch ißt und Briefmarken sammelt, könnte man dem Gast eine Liste guter, zu Fuß erreichbarer thailändischer Restaurants geben sowie ein Verzeichnis der Briefmarkenhändler und Philatelistenvereine in der Stadt. Intuit könnte dabei auch auf die Erfahrungen seiner Kunden mit solchen Händlern zurückgreifen, um Beratungen anzubieten. Zum einen könnte Intuit seine Kunden über die Händler informieren, zum anderen könnte es den Händlern helfen, die Kunden besser zu bedienen.

Natürlich könnte Intuit auch dafür sorgen, daß seine Kunden für ihre Daten bezahlt werden. Es könnte z. B. einer Fluggesellschaft anbieten, eine gezielte Werbebotschaft an die Kunden in Intuits Datenbank zu richten, die – bezogen auf alle Fluglinien – die aktivsten Vielflieger sind. Die werbende Fluggesellschaft würde keine Liste mit Kundennamen erhalten, sondern Intuit die Werbebotschaft zur Übermittlung an die entsprechenden überlassen. Die Fluggesellschaft würde dann eine Übermittlungsgebühr pro Kunde zahlen, die höher ausfallen würde, wenn der Kunde die Werbung tatsächlich anklickt, und noch höher, wenn der Kunde ein Symbol anklickt, um weitere Informationen anzufordern oder gar ein Ticket zu kaufen. Nach Abzug einer Verwaltungsgebühr würde Intuit dann den Betrag an den Kunden zahlen.

Nicht nur, weil seine Software die finanziellen Daten der Kunden so gründlich erfaßt, könnte Intuit zum Infovermittler werden, sondern auch, weil das Unternehmen ein einzigartiges Markenfranchise mit einer bestimmten Kundschaft und langfristigen, auf Vertrauen basierende Kundenbeziehungen entwickelt hat. Andere potentielle Infovermittler haben ähnliche Kundenbeziehungen aufgebaut.

Nordstrom – ein exklusiver Einzelhändler, dessen Engagement für das Wohlergehen und die Zufriedenheit seiner Kunden legendär ist – könnte anfangen, die Daten seiner Kunden zu verwalten. Nordstrom kennt bereits die Kaufgewohnheiten der aktivsten Kunden quer über eine große Palette von Warengruppen hinweg und könnte ihnen Kreditkarten oder Smart cards, Meßgeräte zur Erfassung der Fernsehgewohnheiten oder andere Hilfsmittel zur Erfassung von Daten anbieten, damit die Kunden selbst umfassende Profile ihrer Aktivitäten, Vorlieben und Transaktionen erstellen könnten. Wie Intuit könnte auch Nordstrom diese Informationen für die Kunden verwalten, ergänzen und vermitteln. Und natürlich könnte Nordstrom sie auch nutzen, um kundenspezifische Dienstleistungen jetzt und in Zukunft anzubieten.

Aber nur sehr wenige Unternehmen werden sich zum Infovermittler entwickeln können. Am besten dafür geeignet sind solche, die in verschiedenen Geschäftsbereichen dauerhafte, auf Vertrauen beruhende Kundenbeziehungen aufgebaut haben, denn dadurch haben sie die Möglichkeit, detaillierte Informationen zu erfassen. Eine Bank wird sehr viel über die finanziellen Transaktionen eines langjährigen Kunden wissen, ein Bekleidungsgeschäft viel über den Geschmack des Kunden und die Häufigkeit seiner Einkäufe, und eine Apotheke oder ein Reformhaus sehr viel über seine Krankengeschichte und seine Risikofaktoren. Für den Infovermittler ist jedoch das Vertrauen des Kunden gleichermaßen wichtig. Wenn die Kunden Zweifel an seiner Professionalität, Integrität oder Verpflichtung zu Service auf höchstem Niveau haben, werden sie ihm kaum Informationen anvertrauen – insbesondere, wenn es sich um sensible Informationen wie finanzielle Daten oder Krankengeschichten handelt.

Aus diesem Grund sind die Banken besser positioniert, Infovermittler zu werden, als zum Beispiel Fluggesellschaften oder exklusive Bekleidungsgeschäfte. Banken erfassen Informationen, die eine bessere Übersicht über das Kaufverhalten und die Bedürfnisse des Kunden bieten. Auch könnte es der Bank eher gelingen, den Kunden dazu zu bewegen, ihr Informationen über seine Reisewünsche anzuvertrauen, als der Fluggesellschaft, ihn davon zu überzeugen, ihr seine finanziellen Daten zu überlassen. Es ist klar, daß nicht jedes Unternehmen für die Rolle des Infovermittlers geeignet ist.

Dennoch ist es schwierig, zu diesem Zeitpunkt vorauszusagen, wie genau Infovermittler entstehen und sich entwickeln werden. Wir vermuten, daß Infovermittler sich zunächst einmal darauf spezialisieren werden, Informationen über allgemeine – aber vertikal strukturierte – Produktgruppen zu verwalten. So könnten wir uns zum Beispiel vorstellen, daß manche ihren Kunden nur bei der Verwaltung ihrer finanziellen Informationen helfen, während sich andere mit ihren Reisedaten befassen. Aber wir könnten uns auch vorstellen, daß solche »vertikalen« Infovermittler im Lauf der Zeit zu grundlegenden Partnern ihrer Kunden werden, die umfangreichere und detailliertere Datenbestände verwalten. Das ist sogar wahrscheinlich, weil es für die Kunden unbequem ist, mit mehreren Infovermittlern zu tun zu haben, und weil die Infovermittler ihren Kunden noch mehr Wert bieten können, wenn die Kundenprofile gruppenübergreifende Informationen enthalten.

Der springende Punkt ist aber, daß einige wenige erstklassige Dienstleistungsunternehmen für ihre Kunden tätig werden könnten, um eine Verlagerung des Eigentums an Daten auf die Verbraucher zu erzwingen. Sie würden dadurch zu Katalysatoren des Wandels und somit die Entwicklung beschleunigen.

Was Manager tun können

Wir meinen, daß die Verlagerung des Eigentums an Kundendaten auf die Verbraucher es dringend erforderlich macht, daß Unternehmen in unterschiedlichen Branchen ihren Umgang mit solchen Informationen überdenken. Heute gibt es für sie jeden Anreiz, in die Erfassung von Kundendaten zuviel zu investieren und in die Verwertung zu wenig. Information ist seit langem schon etwas, das die Unternehmen als Nebenprodukt ihrer Geschäfte mit den Kunden umsonst bekamen. Wenn aber die Unternehmen dafür »zahlen« müssen, werden sich die Anreize ändern, und folglich werden die Unternehmen bei der Erfassung von Daten wählerischer sein: Sie werden sich auf das konzentrieren, was sie wissen müssen, um die Kundenbedürfnisse zu verstehen und zu befriedigen. Sie werden auch lernen müssen, die Informationen zu nutzen, um für den Kunden Wert zu schaffen. Und letztlich werden sie Partnerschaften mit ihren Kunden eingehen müssen, um sich den dauerhaften Zugang zu deren Daten zu sichern.

Wie die Unternehmen das bewerkstelligen werden, wird sich je nach Produkt und Kundensegment unterscheiden. So werden Unternehmen, die ihre Geschäfte direkt mit dem Verbraucher abwickeln – wie z. B. Einzelhändler, Hotels und Fluggesellschaften – in der nächsten Zeit ihre Kundendaten weiterhin so erfassen können wie heute. Aber je mehr Verbraucher über Netzwerke Waren kaufen und Informationen einholen, oder je mehr sie Smart cards oder andere Formen von elektronischem Bargeld benutzen (was ihre Anonymität bewahrt), um so schwieriger könnte es für Unternehmen werden, ohne die Unterstützung von Infovermittlern an Daten heranzukommen.

Betrachten wir einmal, wie das funktionieren könnte: Wenn ein Buchhändler wissen möchte, welche Kunden für ein bestimmtes Buch mit elektronischen Zahlungsmitteln zahlen, dann liefert der Infovermittler die Auskunft gegen eine Gebühr; für eine höhere Gebühr könnte er es dem Buchhändler ermöglichen, diesen Kunden eine gezielte Werbebotschaft zukommen zu lassen. Und wenn der Buchhändler mehr über die Lesegewohnheiten und das Kaufverhalten eines jeden Kunden erfahren möchte – also Informationen wünscht, die früher durch einfache Umfragen ermittelt wurden? Der Infovermittler würde dann wissen wollen, welche zusätzlichen Dienstleistungen oder Rabatte der Buchhändler im Gegenzug bieten würde. Würde der Buchhändler Informationen haben wollen, die andere Buchhändler nicht bekommen? Nun, vielleicht könnte sie der Infovermittler liefern, wenn der Buchhändler bereit wäre, für den exklusiven Zugriff darauf eine entsprechend hohe Gebühr zu zahlen.

Um der Abhängigkeit von Infovermittlern vorzubeugen oder sie zu begrenzen, sollten solche Unternehmen bereits heute anfangen, darüber nachzudenken, wie sie an Informationen über ihre besten Kunden gelangen können, und enge Beziehungen zu ihnen aufbauen, um ihr Vertrauen und ihre Loyalität zu gewinnen. Und sie sollten Überlegungen dazu anstellen, in welche Richtung ihre Entwicklung gehen muß, um kundenspezifische Dienstleistungen zu erbringen, die den künftigen Bedürfnissen und Wünschen ihrer Kunden entsprechen werden.

Andererseits sollten Hersteller von Waren und Gütern allmählich darüber nachdenken, was es bedeuten würde, wenn sie die Beziehung zum Kunden – anstelle der Beziehung zum Produkt – zum Kernpunkt ihres Geschäfts machten. Im allgemeinen haben Warenhersteller heute keinen direkten Kontakt zum Endverbraucher, aber in einer Welt voller Infovermittler könnte sich das ändern.

Infovermittler könnten Herstellern helfen, ihre treuesten Kunden zu identifizieren und sie mit kundenspezifischen Dienstleistungen anzusprechen. So könnten z. B. die Autohersteller ihren Kunden mehr als nur verlängerte Garantielaufzeiten bieten. Anhand der Kundendaten könnten sie ihnen gezielt eine ganze Palette von Produkten oder Dienstleistungen anbieten: Kfz-Versicherung, Reisen, persönlich zugeschnittene Straßenkarten, Fahrschulen, Autowartung oder Sicherheitstraining, ja sogar Ausrüstungen für die Freizeit im Freien oder Reisebekleidung. Auf lange Sicht könnte so der Hersteller an Schlagkraft auf dem Markt gewinnen und gleichzeitig die Macht der Händler, Agenten, Makler und Einzelhändler mindern. Die Hersteller können bereits jetzt Pläne für solche Veränderungen schmieden, indem sie sich überlegen, welche Waren und Dienstleistungen ihre Kunden künftig haben wollen und ob sie diese selbst produzieren bzw. erbringen oder extern einkaufen wollen.

Und schließlich werden die Unternehmen, die enge Kundenbeziehungen haben – wie Banken und exklusive Einzelhändler –, vielleicht vor der größten Herausforderung überhaupt stehen. Gegenwärtig erfassen sie detaillierte Kundendaten, so daß der Zugriff auf Informationen nicht ihre erste Sorge ist. Aber wir vermuten, daß sie unter Druck geraten werden, ihren Kunden immer mehr bieten zu müssen. Je mehr diese Unternehmen im Lauf der Zeit von ihren Kunden profitieren, desto mehr können sie für Informationen über potentielle Neukunden »bieten«. Es ist also vorstellbar, daß die Erwartungen an den Service in diesen Branchen wachsen werden. Wie die Unternehmen aus Informationen Wert schaffen, wird für ihren Erfolg von entscheidender Bedeutung sein – und sie womöglich auch besser als andere positionieren, um zu Infovermittlern zu werden.

Wir erleben einen großen Wandel, dessen genaue Art und Gestalt wir nicht erkennen können, aber dessen grobe Umrisse bereits sichtbar werden. Die Unternehmen haben bisher im allgemeinen angenommen, daß Kundendaten eine Ressource sind, die man sich nur greifen muß, so wie man in der Mitte des vorigen Jahrhunderts im Westen der USA Landparzellen absteckte. Aber in dem Maß, in dem die Verbraucher die Kontrolle über ihre

Daten übernehmen, könnte der Zugang dazu schwieriger und kostspieliger werden. Unternehmen, die potentielle Veränderungen im Auge behalten, werden sicherstellen können, daß sie weiterhin die Informationen erhalten, die sie brauchen, um im kommenden Jahrhundert wettbewerbsfähig zu bleiben.

Arthur Armstrong, John Hagel III.

Der wahre Wert von Online-Gemeinschaften

Die Idee der Gemeinschaft hat das Internet seit seinen Anfängen geprägt. Seit vielen Jahren benutzen Wissenschaftler das Internet, um Daten zur Verfügung zu stellen, in der Forschung zusammenzuarbeiten und Mitteilungen auszutauschen. Im Prinzip haben die Wissenschaftler interaktive Forschungsgemeinschaften gegründet, die nicht auf einem realen Campus, sondern im Internet existierten. Innerhalb der letzten paar Jahre haben Millionen von Computerbenutzern auf der ganzen Welt begonnen, das Internet und gewerbliche Online-Dienste wie Prodigy und America Online zu erforschen. Viele haben sich einer oder mehreren der Gemeinschaften angeschlossen, die entstanden sind, um den Bedarf der Verbraucher an Kommunikation, Information und Unterhaltung zu decken. Eine der frühesten virtuellen Gemeinschaften – »The Well« (»Brunnen«) – wurde 1985 von einer Gruppe technikbegeisterter Computerfreaks hauptsächlich im Raum San Francisco gegründet. (Siehe: »Besuchen Sie eine elektronische Gemeinschaft« auf S. 197.) In den vergangenen zehn Jahren haben Tausende von Computerbenutzern über »The Well« miteinander kommuniziert und im Lauf der Zeit auch außerhalb des Netzes enge persönliche Beziehungen aufgebaut.

Gewerbliche Unternehmen – die eher zu den Neuankömmlingen in der Online-Welt zählen – haben erst allmählich die einzigartigen, gemeinschaftsbildenden Möglichkeiten des Netzes begriffen und sich zunutze gemacht. Im allgemeinen tun Unternehmen im Internet derzeit wenig mehr, als ihre Produkte im World Wide Web zu bewerben in der Hoffnung, daß irgend jemand etwas kauft. Beispielsweise haben Blumenhändler, Buchhändler, Spirituosenfabrikanten, Hersteller von Gebrauchsgütern und andere Unternehmen ihre Homepage im World Wide Web, wo Besucher Informationen über das Unternehmen und seine Produkte erhalten und elektronische Mitteilungen an das Unternehmen aufgeben können. Auf einigen der anspruchsvolleren Homepages können die Besucher Spiele machen und ihre Bestellung elektronisch aufgeben, aber nur selten ermutigen diese Homepages die Besucher zur Kommunikation untereinander. (Inzwischen sind die meisten Gemeinschaften – wie »The Well« – nicht kommerziell ausgerichtet; im Gegenteil, viele sind strikt dagegen, daß im Internet überhaupt Geschäfte gemacht werden.)

Besuchen Sie eine elektronische Gemeinschaft

The Well
http://www.well.com

Virtual Vineyards
http://www.virtualvin.com

GardenWeb
http://www.gardenweb.com

Motley Fool
Zugang über America Online

Red Dragon Inn
Zugang über America Online

ESPNet
http://espnet.sportzone.com

Cancer Forum
Zugang über CompuServe

Parents Place
http://www.parentsplace.com

Wenn sie sich allerdings der Kultur des Internets anpassen und den Verbrauchern die Möglichkeit geben, nicht nur mit dem Unternehmen, sondern auch miteinander interaktiv zu kommunizieren, dann können Unternehmen neue und vertiefte Beziehungen zu ihren Kunden knüpfen. Wir meinen, daß solche Unternehmen im Online-Geschäft Erfolg haben werden, die elektronische Gemeinschaften bilden, um vielfältige soziale und kommerzielle Bedürfnisse zu befriedigen. Durch die Gründung starker Online-Gemeinschaften werden Unternehmen die Kundenbindung in einem Ausmaß steigern, von der die heutigen Marketingfachleute nur träumen können, und sie werden im Gegenzug erhebliche Gewinne verbuchen.

Der Wunsch der Verbraucher nach Gemeinschaft

Elektronische Gemeinschaften erfüllen das Bedürfnis der Verbraucher in vierfacher Hinsicht:
Transaktionsgemeinschaften dienen zuvorderst dem Kauf und Verkauf von Waren und Dienstleistungen und liefern die dazu erforderlichen Informationen. Es handelt sich bei ihnen nicht um soziale Gemeinschaften im herkömmlichen Sinn. Die Mitglieder sollen miteinander Geschäfte machen, die

aber durch die Angaben anderer Mitglieder beeinflußt werden können. Die Besucher solcher Transaktionsgemeinschaften interessieren sich vielleicht für einen Gebrauchtwagen oder einen Jahrgangswein und möchten sich möglicherweise mit anderen Mitgliedern der Gemeinschaft beraten, bevor sie eine Entscheidung treffen.

Virtual Vineyards verkauft Wein über das Web und bildet somit eine Transaktionsgemeinschaft. Die Homepage informiert den Besucher über Weine und stellt attraktive Sonderangebote vor. Die meisten der angeführten Weine stammen von kleinen Weingütern und sind normalerweise schwer zu beschaffen. Die Besucher können die Weine per Online-Vordruck direkt bei Virtual Vineyards bestellen oder den Online-Dienst anrufen. Zwar können die Besucher E-Mails an den Betreiber der Homepage verschicken (und Anfänger ihre Fragen an »Cork Dork«), aber bislang können sie keine Informationen untereinander austauschen. Würde man dies ermöglichen, könnten es die Besucher als Wertbereicherung auffassen, was zur Bildung einer echten Gemeinschaft führen würde.

Der Organisator einer Transaktionsgemeinschaft muß kein Händler sein; es genügt, wenn er einfach eine »kritische Masse« von Käufern und Verkäufern zusammenbringt, um bestimmte Arten von Geschäften untereinander zu erleichtern. So könnte ein kommunaler Organisator elektronische Kleininserate oder einen »Marktplatz« anbieten, wo alles von gebrauchten Baumaschinen bis zu Geldanlagen und Finanzdienstleistungen gehandelt werden könnte.

Interessengemeinschaften bringen Teilnehmer zusammen, die auf bestimmten Gebieten einen regen Austausch pflegen. In diesen Gemeinschaften findet eine intensivere Kommunikation zwischen den Teilnehmern statt als in Transaktionsgemeinschaften. Eine davon ist GardenWeb. Hier können die Besucher in GardenWeb-Foren Ideen mit anderen Gärtnern austauschen, über die Börse »Garden Exchange« Pflanzensamen und andere Güter bestellen, und an elektronischen »schwarzen Brettern« Anfragen anbringen. GardenWeb stellt auch direkte elektronische Verbindungen zu anderen Informationsangeboten zum Thema Garten im Internet her, darunter auch zu Verzeichnissen von themenbezogenen Homepages. Die Teilnehmer kommunizieren miteinander und führen Transaktionen aus, aber eben nur bezüglich des Themas Garten. Sie befassen sich nicht mit anderen Themen wie Autopflege oder Elternschaft, die wiederum andere Teilnehmer in weiteren Interessengemeinschaften zusammenführen. Und sie tauschen persönliche Informationen nur begrenzt aus.

Eine der erfolgreichsten Interessengemeinschaften ist »Motley Fool«, ein elektronisches Forum, das zwei charismatische Brüder – David und Tom Gardner – über America Online leiten. Die Brüder Gardner eröffneten Motley Fool für Teilnehmer, die an privaten Geldanlagen interessiert waren. Sie stellten ein Portefeuille aus Aktien zusammen und forderten zu

Kommentaren bezüglich der Auswahl auf. Motley Fool entwickelte sich zu einer packenden Mischung aus Information und Unterhaltung. Es gibt z. B. einen Bereich namens »Today's Pitch« (etwa: Der aktuelle Dreh – Anm. d. Übers.), in dem kürzlich ein Kurzseminar veranstaltet wurde, das der Frage nachging, warum Insiderhandel seitens der Geschäftsführung eines Unternehmens ein wichtiges Anzeichen von möglicherweise bevorstehenden Veränderungen des Aktienkurses sein kann. Sie stellten dann eine Anzahl Firmen vor, in denen ein reger Insiderhandel stattgefunden hatte, und forderten die Teilnehmer auf, ihre Prognosen abzugeben, welcher Aktienkurs sich im Lauf der kommenden Wochen am stärksten verändern würde. Der Teilnehmer, dessen Vorhersage der tatsächlichen Entwicklung am nächsten entsprach, gewann mehrere Stunden Zugang zu America Online.

Motley Fool hat auch das Aufkommen von Teilnehmerbeiträgen zum Inhalt des Forums stark forciert. Weil die Anzahl der Teilnehmer und das Ausmaß ihrer Mitwirkung zugenommen haben, bietet Motley Fool jetzt umfangreiche »Anschlagbretter« an, die nach Unternehmen, Branche und Anlagestrategie geordnet sind. Das Forum bietet den Teilnehmern ferner Möglichkeiten zum »Chatten«. Motley Fool ist eine der am schnellsten wachsenden Gemeinschaften im Netz von America Online und hat bereits zur Gründung von weiteren Gemeinschaften geführt, die sich mit Unterhaltung (Follywood), Sport (Fooldome) und Popkultur sowie Politik (Rogue) befassen.

Viele Online-Teilnehmer schließen sich heute einer *Phantasiegemeinschaft* an, wo sie neue Umgebungen, Persönlichkeiten oder Geschichten erfinden. Bei America Online kann ein Teilnehmer vorgeben, ein mittelalterlicher Baron im Wirtshaus zum Roten Drachen zu sein. In dieser Scheinwelt können Besucher ihrer Phantasie freien Lauf lassen und über getippte, elektronische »Chats« an der fortlaufenden Geschichte vom Leben im Wirtshaus teilnehmen. Im ESPNet – einer Sportgemeinschaft im Internet – können die Teilnehmer ihre eigenen Mannschaften zusammenstellen (unter Verwendung der Namen lebender Spieler) und sie dann gegen die Mannschaften anderer Teilnehmer antreten lassen. Die Gewinner werden anhand der Leistungen der wirklichen Spieler während der Saison ermittelt. In vielen dieser Gemeinschaften ist die wirkliche Identität der Teilnehmer unwichtig, aber die Kommunikation und Interaktion mit anderen steht im Vordergrund.

Und schließlich bilden sich auch *Beziehungsgemeinschaften*, die auf bestimmten, oft sehr gefühlsbetonten Erlebnissen beruhen und zu engen persönlichen Beziehungen führen können. In Beziehungsgemeinschaften kennen die Teilnehmer häufig die wahre Identität des oder der anderen, ausgenommen Gemeinschaften von Suchtkranken (es gibt sogar eine Gemeinschaft Internet-Süchtiger!), da viele von ihnen es vorziehen, anonym zu bleiben. Das Cancer Forum (Krebsforum) bei CompuServe bietet beispielsweise Krebskranken und ihren Familien Unterstützung an. Die Teilnehmer erzählen, wie sie mit der Krankheit zurechtkommen und tauschen Informationen über medizinische Forschung, Schmerzbehandlung, Testergebnisse usw. aus. Die Bibliothek des Forums enthält Literatur zum Thema Krebs, die sich die Teilnehmer herunterladen können. Der größte Wert dieser Art von Gemeinschaft liegt jedoch darin, daß sie den Teilnehmern die Möglichkeit bietet, zusammenzufinden und von ihren persönlichen Erlebnissen zu berichten. Weitere Beziehungsgemeinschaften im Internet haben Scheidung, Witwenschaft und Sterilität zum Thema.

Es ist offensichtlich, daß diese vier Arten von Gemeinschaft nicht abschließend voneinander abzugrenzen sind. Wenn Verbraucher Waren und Dienstleistungen einkaufen wollen, fragen sie vorher oft andere um Rat, d. h. das Bedürfnis, das von der Transaktionsgemeinschaft befriedigt wird, trifft mit dem zusammen, das die Interessengemeinschaft befriedigt. Allerdings dienen die meisten Gemeinschaften derzeit nur einem der vier Bedürfnisse, wodurch sie eine Chance vertun, das Online-Medium völlig auszuschöpfen (siehe »Der Einfluß des elektronischen Handels auf das Marketing« auf S. 207). Man stelle sich ein Online-Spielwarengeschäft vor, das dem Besucher nur erlaubt, einzutreten, ein Spielzeug zu kaufen und das Geschäft wieder zu verlassen, ohne die Möglichkeit, mit anderen Besuchern Kontakt aufzunehmen. Betrachten wir dagegen Parents Place – einer Internet-Gemeinde von Eltern. Eltern können sich hier Rat holen, z. B. ob ein Säugling nach einem festen Stundenplan essen und schlafen sollte. Parents Place hat auch ein Einkaufszentrum mit Katalogen, Läden und Dienstleistungen wie z. B. die Online-Bestellannahme für Windeln. Vorausgesetzt, die Preise und Auswahl an Produkten sind gleich, dürften Eltern wohl eher bei Parents Place einkaufen als bei dem Wettbewerber, der nur Transaktionen zuläßt.

Veranstalter von Gemeinschaften bieten den Teilnehmern die größte Palette von Dienstleistungen, wenn alle vier Bedürfnisse in einer Gemeinschaft befriedigt werden können. Dies mag in der Praxis nicht immer machbar sein, aber die Veranstalter sollten bestrebt sein, möglichst viele der vier Bedürfnisse zu befriedigen, denn dadurch werden sie neue und stärkere Bindungen zu den Teilnehmern schaffen. Eine Reisegemeinschaft z. B. könnte es den Besuchern ermöglichen, sich Informationen über Museen und besondere Veranstaltungen in London herauszusuchen und sogar Flugtickets zu kaufen und Hotelzimmer zu buchen (Transaktionsgemeinschaft). Die Homepage könnte auf Anschlagbretter verweisen, auf denen Tips von Reisenden veröffentlicht werden, die kürzlich in London gewesen sind, und darüber hinaus »Chats« mit Reisefachleuten, Einwohnern von London usw. anbieten (Interessengemeinschaft). Reisende könnten dazu eingeladen werden, an einem Spiel teilzunehmen, das eine Fluggesellschaft im Rahmen eines Sonderangebots veranstaltet (Phantasiegemeinschaft). Das Angebot könnte sogar Alleinreisenden – wie z. B. älteren Witwen und Witwern – »Chats« ermöglichen, durch die sie passende Reisepartner für die Reise nach London finden könnten (Beziehungsgemeinschaft).

Veranstalter können ihre Gemeinschaften in hohem Maß wettbewerbsfähig machen, indem sie Beziehungen und Interessennetzwerke fördern. Die Pioniere unter ihnen können eine »kritische Masse« von Teilnehmern zusammenführen, die einflußreich genug ist, um es neuen Anbietern schwer zu machen, Teilnehmer wegzulocken. Als Apple Computer seinen Online-Dienst eWorld einführte, um mit America Online, CompuServe und Prodigy in Wettbewerb zu treten, waren sich die Medien und die Fachzeitschriften im allgemeinen darüber einig, daß eWorld ein ansprechendes Umfeld bot und leicht zu benutzen war. Doch eWorld kam bei den Verbrauchern nicht an, weil diese frustriert feststellen mußten, daß sich in den »Chat-Räumen« niemand befand, mit dem sie »chatten« konnten, und daß es auf den Anschlagbrettern nur wenige Nachrichten gab. Eine Gemeinschaft, die nur aus halbleeren Räumen besteht, ist für Besucher sehr unbefriedigend. Der Wert einer Teilnahme liegt für sie darin, daß sie schnell und einfach Zugang zu vielen anderen Teilnehmern und Ressourcen erhalten.

In Gemeinschaften Wert schaffen

Wie werden in elektronischen Gemeinschaften die wahrscheinlichen Quellen der Wertschöpfung aussehen? Die meisten Unternehmen, die heute in einen Internet-Auftritt investieren, gehen dabei vorsichtig vor, weil sie sich nicht sicher sind, daß es sich auszahlen wird. Spitzfindige Beobachter verweisen darauf, daß die einzigen Unternehmen, die heute mit dem Internet Geld verdienen, jene sind, die Produkte und Dienstleistungen verkaufen, mit denen andere Unternehmen ihren Auftritt vorbereiten. Sicher ist, daß es selbst unter den günstigsten Umständen vielleicht zehn Jahre dauern wird, bis elektronische Gemeinden groß genug geworden sind, um einen bedeutenden Beitrag zum wirtschaftlichen Gesamtergebnis eines Großunternehmens zu leisten.

Allerdings werden Unternehmen, die Gemeinschaften gründen, die sowohl Beziehungs- als auch Transaktionsbedürfnisse der Teilnehmer befriedigen, kurzfristig von einer stärkeren Kundenbindung profitieren und womöglich wichtige Einblicke in die Zusammensetzung und Bedürfnisse ihres Kundenstamms bekommen. Langfristig gesehen, werden elektronische Gemeinschaften wahrscheinlich auf vier verschiedene Arten Wert schöpfen.

Erstens können sie *Benutzergebühren* erheben. Der größte Teil der Einnahmen von Online-Diensten wie America Online oder von Internet-Providern wie Netcom geht auf solche Gebühren zurück. (Normalerweise zahlen die

Kunden eine Pauschale für eine bestimmte Anzahl von Stunden im Netz pro Monat; nehmen sie mehr Zeit in Anspruch, so wird diese gesondert berechnet.) Solche zeitbezogenen Gebühren sind kurzfristig sinnvoll, besonders in Anbetracht spärlicher Einnahmen aus anderen Quellen; langfristig jedoch gilt das nicht. Um die Gemeinschaft auch für Außenstehende attraktiv zu machen, muß sie möglichst viele Mitglieder gewinnen und diese dazu bewegen, immer mehr Zeit online zu verbringen – z. B. mit »Chats« und der Veröffentlichung von Mitteilungen am »schwarzen Brett«. Benutzergebühren ermuntern aber nicht dazu, sich ins Netz einzuschalten und dort zu verweilen. Wir meinen deshalb, daß die meisten elektronischen Gemeinschaften sich letztendlich von Benutzergebühren verabschieden werden.

Zweitens können Gemeinschaften für das Herunterladen eines Artikels oder eines Bildes aus der Bibliothek oder für den Zugriff auf Informationen *Inhaltsgebühren* verlangen. So bietet *Encyclopædia Britannica* den Online-Zugang zum Inhalt des Lexikons an und berechnet die Gebühr nach dem Volumen der Information, die der Benutzer beansprucht. Bill Gates hat sich in den vergangenen Jahren die Rechte an der elektronischen Verwertung eines riesigen Archivs von Fotografien und Bildern gesichert, und eine Möglichkeit, wie er aus diesem Kapital Wert schöpfen kann, besteht in der Erhebung von Inhaltsgebühren.

Drittens können Gemeinschaften Einnahmen aus *Transaktionen und Werbung* haben. Die Werbung stellt bereits für viele populäre Internet-Anbieter eine beachtliche Einnahmequelle dar. Nach sorgfältigen Schätzungen beliefen sich die Einnahmen aus Online-Werbung im Jahr 1995 auf rund $ 50–60 Mio. (Die tatsächlichen Ausgaben dafür werden noch nicht systematisch erfaßt.) Dennoch ist dieser Betrag im Vergleich zu den $ 140 Mrd., die jährlich in den USA für Verbraucherwerbung insgesamt verausgabt werden, verschwindend klein. Noch schwieriger ist es, das Volumen der Online-Transaktionen abzuschätzen oder auch nur zu definieren. Sollten zum Beispiel auch Handelsgeschäfte zwischen Unternehmen, die über private EDA-Netzwerke ausgeführt werden, in solche Schätzungen eingehen? Nach Angaben des Forschungsunternehmens Jupiter Communications hat der Gesamtwert aller Einkäufe über das Internet und Online-Dienste im Jahr 1994 etwa $ 500 Mio. betragen.

Für die meisten Gemeinschaften werden die Einkünfte aus Transaktionen wahrscheinlich geringer ausfallen als die Werbeeinnahmen. Die Veranstalter könnten zwar einen erheblichen Anteil der Werbeeinnahmen für sich verbuchen (obwohl sie, wenn sie über einen Online-Dienst – wie America Online mit seinen fünf Millionen Teilnehmern – ans Netz gehen, möglicherweise die Werbeeinnahmen mit diesem teilen müssen), aber sie werden einen weitaus größeren Anteil der Einkünfte aus Transaktionen mit den Herstellern und Händlern von Waren und Dienstleistungen teilen müssen.

Derzeit berechnen Online-Dienste wie CompuServe im allgemeinen eine Provision von 3–5 Prozent je Transaktion, was kaum mehr ist, als die von Kreditkartenunternehmen verlangte Provision. Diese mageren Provisionen verdeutlichen, daß nach Einbeziehung der Einzelhandelsmarge für weitere Margen nur wenig Spielraum bleibt. Die Veranstalter von Gemeinschaften könnten vielleicht ihren Anteil an den Einnahmen aus Transaktionen vergrößern, indem sie den Einzelhandel völlig übergehen und mit den Anbietern von Waren und Dienstleistungen direkt Vereinbarungen treffen. Dadurch kann der Veranstalter selbst zum Händler und Verteiler von Waren und Dienstleistungen werden und einen entsprechenden Anteil der Einnahmen (bis zu 50 Prozent) für sich reklamieren.

Viertens könnten schließlich einige elektronische Gemeinschaften in der Lage sein, *Synergien* mit anderen Geschäftsbereichen auszunutzen. Für ein Software-Unternehmen wie Microsoft Corporation könnte dies bedeuten, die Kosten der physischen Verteilung von neuen Programmen oder Programmaktualisierungen einzusparen. Für andere Unternehmen könnte es die Senkung der Kosten von Kundendienstleistungen bedeuten. Die Kunden der Federal Express Corporation können ihre Sendungen online verfolgen. Das ist für den Kunden bequem und Federal Express spart Geld, weil weniger teure Telefonate mit dem Kundendienst anfallen. Unternehmen können davon profitieren, indem sie nach diesem Vorbild Aktivitäten aus der physischen in die elektronische Welt verlagern (siehe »Die virtuelle Wertschöpfungskette – kein fauler Zauber« im 1. Teil, Kapitel 3).

Wie Gemeinschaften diese vier Modelle der Wertschöpfung umsetzen, wird natürlich davon abhängen, welchen Bedürfnissen sie dienen. Betrachten wir noch einmal die Reisegemeinschaft, die vielerlei Bedürfnissen gerecht wird. Sie wird sicherlich den größten Wert aus Transaktionen und Werbung schöpfen, könnte aber auch eine Benutzergebühr für den Zugang erheben. Eine Gemeinschaft von Suchtkranken hingegen wird Wert wahrscheinlich überwiegend oder sogar völlig aus Gebühreneinnahmen schöpfen müssen, da die Teilnehmer zuvorderst an einem Netzwerk zur gegenseitigen Unterstützung und nicht am Kauf von Waren oder Dienstleistungen interessiert sind.

Doch obwohl sich Gemeinschaften in erster Linie nur auf eines der vier Wertschöpfungsmodelle konzentrieren werden, werden innovative Veranstalter die Modelle miteinander verschmelzen. So könnte z. B. ein findiger Veranstalter der Gemeinschaft für Suchtkranke andere Quellen von Wert erschließen, um die Kosten der Verwaltung seiner Gemeinschaft zu subventionieren. Vielleicht könnten u. a. auch Synergien für Anbieter von Gesundheitsdienstleistungen aufgezeigt werden.

Herausforderungen an das Management

Bevor sie neue Quellen von Wert erschließen können, müssen die künftigen Veranstalter von Gemeinschaften eine bedrückende Anzahl von Aufgaben erledigen, unabhängig davon, ob sie Wettbewerbsstrategien bewerten oder die Gemeinschaft gestalten und leiten wollen. Jeder muß die neuen Spielregeln für die Leitung von Online-Gemeinschaften lernen.

Die Bewertung von Wettbewerbsstrategien

Es gibt zwei strategische Fragen, die sich die Veranstalter *in spe* als erstes stellen müssen: Wie groß ist das wirtschaftliche Potential der Gemeinschaft, und wie hart wird der Wettbewerb sein?
Zu den Faktoren, die eine Gemeinschaft wirtschaftlich attraktiv machen, gehören u. a. die potentielle Größe der Gemeinschaft, die Wahrscheinlichkeit häufiger Teilnahme und intensiver Interaktion mit anderen Teilnehmern, die Attraktivität der Teilnehmer aus der Sicht der Werbetreibenden und die Erwartung, daß Transaktionen zwischen Teilnehmern häufig vorkommen oder von erheblichem Wert sein werden. Bei der Bewertung dieser Faktoren sollten Manager die Werbung in (Fach-)Zeitschriften oder die Einzelhandelsumsätze nach Produktgruppen untersuchen, um Hinweise auf das wirtschaftliche Potential der angestrebten Gemeinschaft zu erhalten. Des weiteren wäre zu überlegen, ob diese Gemeinschaft provozierende Geister oder Persönlichkeiten anlocken könnte, die eine größere Anzahl Teilnehmer anziehen und zu Diskussionen via Anschlagbretter oder »Chats« anregen würden.
Bei der Bewertung der potentiellen Konkurrenz ist zu beachten, daß manche Gemeinschaften sozusagen »natürliche Besitzer« haben können. So werden Zeitschriftenverlage wahrscheinlich in einigen Bereichen im Vorteil sein, weil sie bezüglich bestimmter Personengruppen (z. B. junge Frauen) oder Themen (z. B. Boote) einen großen Wissensvorsprung haben. Ein Bootsbauer, der eine Gemeinschaft ins Leben rufen wollte, würde letztendlich einer Zeitschrift Konkurrenz machen, in der er regelmäßig inseriert. Der Zeitschriftenverlag wiederum könnte in einer Gemeinschaft nicht nur eine Chance sehen, sondern auch ein Mittel zur Unterstützung des eigenen Geschäfts – denn über die elektronische Gemeinschaft könnte der Verlag wesentlich detailliertere Informationen bezüglich der Teilnehmer erfassen, zusammenfassen und an die Werbetreibenden weiterleiten als früher möglich. Falls jedoch der Verlag keine Kommunikation der Teilnehmer untereinander ermöglicht, oder wenn er Wettbewerber von der Teilnahme ausschließt, dann wird er seinen Konkurrenten Chancen eröffnen. Grundsätzlich ausgedrückt, sind »natürliche Besitzer« von Gemeinschaften jene Unterneh-

men, die einen erheblichen wirtschaftlichen Anreiz haben, Synergien zwischen einer Online-Gemeinschaft und einem bereits bestehenden Geschäftsbetrieb auszuschöpfen. Kann es sich z. B. die Walt Disney Company leisten, *nicht* eine der führenden Online-Gemeinschaften für Kinder zu organisieren?

Die Gestaltung der Gemeinschaft

Um die Struktur einer Gemeinschaft festzulegen, müssen die Veranstalter zunächst entscheiden, wie sie die Gemeinschaft im Lauf der Zeit vielleicht unterteilen werden. Je stärker die Gliederung, desto leichter wird es, auf die engen (und wohl leidenschaftlicheren) Interessen der Teilnehmer einzugehen, aber um so kleiner wird auch die Gruppe. Beispielsweise könnten die Veranstalter einer Reisegemeinschaft diese nach Kontinenten (z. B. Europa) oder nach der Art der Reisen (z. B. Kreuzfahrten) gliedern; dann könnten für jeden Kontinent Untergruppen nach Ländern (z. B. Italien) und auf der nächsten Ebene nach Städten (z. B. Venedig) gebildet werden.

Eine weitere schwierige Frage, die sich der Veranstalter stellen muß, ist, ob die Gemeinschaft direkt im Internet oder bei einem privaten Online-Dienst angesiedelt werden soll. Einerseits bietet ein privater Online-Dienst neben anderen Vorteilen, die das Internet noch nicht bietet, ein bereitwilliges Publikum, eine technologische Infrastruktur, Sicherheit bei Transaktionen und Abrechnungsverfahren. Andererseits ist er aber ein mächtiges Unternehmen, das zwischen dem Veranstalter der Gemeinschaft und den Kunden steht. Ein privater Online-Dienst, der eine »kritische Masse« von Kunden erreicht und Hindernisse errichtet, um sie vom Wechsel zu einem anderen Anbieter abzuhalten, könnte in der Lage sein, Nachverhandlungen über seinen Anteil an den Einnahmen der Gemeinschaften zu erzwingen. Im Extremfall könnte der private Online-Dienst eine »Integration rückwärts« durchführen, indem er eigene Gemeinschaften organisiert, um denjenigen, die seine Kunden sind, Konkurrenz zu machen. Er könnte auch versuchen, bestimmte Gemeinschaften zu hintergehen. Beispielsweise könnte er eine erfolgreiche Gemeinschaft für private Geldanlagen umgehen und den Kunden direkt Girokonten, Kreditkarten oder Investmentfondsanteile zu attraktiven Konditionen anbieten.

Die Leitung der Gemeinschaft

Elektronische Gemeinschaften werden neue Funktionen erforderlich machen. Der »Produzent« (Generaldirektor) einer Gemeinschaft oder Untergruppe wird mindestens sechs Funktionen übernehmen oder zu überwachen haben, von denen die ersten drei die wichtigsten sind.

Der *Leitende Moderator* wird eine Vielzahl von Systembedienern überwachen, die selbst Diskussionen per »schwarzem Brett« und »Chat-Leitungen« moderieren. Diese Systembediener (wie z. B. die Brüder Gardner) ähneln den Moderatoren von Talk-Shows im Radio oder Fernsehen insoweit, als sie bestenfalls Gesprächsrunden führen können. Sie sorgen dafür, daß man nicht vom Thema abkommt; sie beleben das Gespräch mit neuen Themen oder provozierenden Ansichten, wenn es ins Stocken gerät; und sie »füttern« die Runde mit entsprechenden Fakten und Inhalten. Die Systembediener müssen in der Lage sein, die sporadischen und banalen Wortwechsel, die man oft beim »Chatten« und auf Anschlagbrettern erlebt, in spannende und informative Foren zu verwandeln, zu denen die Besucher immer wieder zurückkehren.

Vermarkter werden Waren und Dienstleistungen ausfindig machen, die für Mitglieder der Gemeinschaft attraktiv sein könnten, mit den Anbietern verhandeln und dann die Produkte kreativ und unauffällig in der Gemeinschaft vermarkten. Der *Redaktionsleiter* wird ein Programmkonzept für die Gemeinschaft ausarbeiten (einschließlich Inhalten, besondere Veranstaltungen und Gesamtdarstellung der Gemeinschaft) und die externen Zulieferer von Inhalten, Informationen und Dienstleistungen steuern.

Und dann gibt es noch den *Archivar*, der die von den Teilnehmern produzierten Inhalte ordnen und verwalten wird, den *Verhaltensanalytiker*, der das Verhalten der Teilnehmer beobachten und dem Produzenten Vorschläge zum Programm oder zur redaktionellen Arbeit machen wird, und den *Produktentwickler*, der dafür sorgen wird, daß die Gemeinschaft lebendig bleibt und sich von anderen abhebt.

Durch Partnerschaften konkurrenzfähig bleiben

Veranstalter werden sich entscheiden müssen, ob sie ihre Gemeinschaften im Alleingang gründen oder Bündnisse eingehen wollen. In Anbetracht der breiten Palette von unterschiedlichen Fähigkeiten, die für die erfolgreiche Leitung einer Gemeinschaft erforderlich sind, könnte es in vielen Fällen sinnvoll sein, mit einem oder mehreren Partnern zusammenzuarbeiten. Ein Verlag z. B., der eine Gemeinschaft gründen will, kennt die Interessen seiner Abonnenten und verfügt über eine gewaltige Menge von Inhalten – aber wird er wissen, wie man die Interaktion zwischen den Teilnehmern der geplanten Gemeinschaft fördert? Der Verlag könnte sich an eine große Vereinigung wie die »American Association of Retired Persons« (Amerikanischer Rentnerverband) wenden, oder an eine kleinere, die sich beispielsweise einem bestimmten Hobby verschrieben hat, je nach der Zusammensetzung der Gemeinschaft. Und er könnte sich auch an solche Hersteller

oder Dienstleister wenden, die die wesentlichen Transaktionsbedürfnisse der Teilnehmer kennen. Der Wert elektronischer Gemeinschaften wird in der tiefempfundenen Loyalität ihrer Teilnehmer liegen, was den Pionieren auf diesem Gebiet zum Vorteil gereichen wird. Die Organisation von erfolgreichen elektronischen Gemeinschaften wird nicht vom Kapital, sondern von Fähigkeiten und der richtigen revolutionären Einstellung abhängen. Folglich könnten sich hier forsche Unternehmer mit bescheidenen Mitteln gegenüber etablierten Großunternehmen behaupten.
Jene Großen, die dazu neigen, erst einmal abzuwarten und später einzusteigen, sollten wissen, daß dieser Markt nicht auf Nachzügler warten wird. Es wird schwierig sein, sich die Fähigkeiten zum erfolgreichen Mitspielen schnell anzueignen, und sehr teuer, florierende Unternehmen aufzukaufen. Wir meinen daher, daß jedes Unternehmen, das an Verbraucher verkauft, die kleine Summe aufbringen sollte, um sich eine »Option« an elektronischen Gemeinschaften zu sichern. Dann wird es sowohl den potentiellen Wert der Gemeinschaften als auch die radikalen Veränderungen, die sie verursachen können, besser verstehen.

Der Einfluß des elektronischen Handels auf das Marketing

Die meisten Vermarkter konzentrieren sich heute auf die Kundenbedürfnisse im Rahmen ihrer eigenen Produktgruppe; bestenfalls befaßt man sich mit einigen wenigen ähnlichen Produktgruppen. Aber nur wenige Vermarkter (mit Ausnahme der von Werbung getragenen Medien) versuchen, die Geschäfte von Unternehmen in ganz anderen Branchen zu analysieren, die dieselbe Zielgruppe von Kunden ansprechen.
Mit dem Aufkommen von elektronischen Gemeinschaften werden die Vermarkter ihren Horizont erweitern müssen. Sie müssen lernen, wie man die Waren und Dienstleistungen der vielen Anbieter in ihrer Gemeinschaft »über Kreuz« verkauft. Nehmen wir einmal die Rolle des Marketings bei einem Spielwarenhersteller, der vorhat, sich an der Gründung einer Elterngemeinschaft zu beteiligen. Als erstes müssen Marketingfachleute die gesamte Bandbreite von Waren und Dienstleistungen ermitteln, die die Gemeinschaft anbieten muß, um für Eltern attraktiv zu sein. Dazu könnten Zeitschriften für Eltern gehören, ferner der Zugang zu Buchverlagen, Anbietern von gesundheitsfördernden Artikeln und zu Lebensversicherungen, Verbindungen zu Maklern von Ansparverträgen zur Finanzierung des Studiums und sogar die Spielzeuge von Wettbewerbern. Außerdem müssen die Vermarkter neue Wege einschlagen, um mit den Anbietern dieser zusätzlichen Produkte zusammenzuarbeiten und die Kunden zu erreichen.
Darüber hinaus müssen Vermarkter lernen, die Technologie zu nutzen, die den

Kunden nahtlos von der Informationsbeschaffung (sei es anhand von Inseraten oder der Online-Empfehlung eines anderen Verbrauchers) bis zum Kauf begleitet – denn diese Technologie wird das Marketing von heute in den Direktverkauf von morgen verwandeln. Marketingleute, die derzeit nichts mit Direktverkauf zu tun haben (z. B. in vielen Unternehmen der Konsumgüterindustrie), werden lernen müssen, Kundenwünsche zu erfüllen.

Und sie werden die strategische Bedeutung der elektronischen Gemeinschaften begreifen müssen, die in vielen Fällen die vorhandenen Vertriebskanäle über Vertragshändler, Makler und Einzelhändler in Bedrängnis bringen werden. Die Marketingleute werden Antworten auf Fragen zur Vertriebsstrategie finden müssen, wie: Welchen elektronischen Gemeinschaften könnten unsere Kunden jetzt oder in Zukunft angehören? Wer organisiert solche Gemeinschaften? Wie können wir sie nutzen, um unsere Kundenbindung zu verstärken – und zwar nicht nur als Werbeträger, sondern als Mittler, um die Probierfreude und Kauflust zu steigern oder sogar direkt an den Verbraucher zu verkaufen? Gemeinschaften können selbst das Wesen mancher Produkte beeinflussen und sogar Auswirkungen darauf haben, wie Vermarkter ihr Geschäft definieren. Ist das Produkt des Zeitschriftenverlags die Online-Zeitschrift oder die Online-Gemeinschaft? Und in welchem Geschäft ist der Besitzer der Online-Gemeinschaft eigentlich, wenn diese Inhalte von konkurrierenden Verlagen veröffentlicht werden? Es könnten sich neue Definitionen der Geschäftstätigkeit ergeben, die auf der Vorstellung beruhen, ein Kundensegment quer über die gesamte Bandbreite seiner Interessen und seines Bedarfs zu bedienen, anstatt sich nur auf die eigenen Produkte und Dienstleistungen zu konzentrieren.

Und schließlich werden elektronische Gemeinschaften den Vermarktern eine Fülle von neuen, sehr detaillierten Informationen über ihre Kunden bringen – sogar über einzelne Kunden. Die Vermarkter werden lernen müssen, anhand dieser Informationen die Bedürfnisse des Kunden vorauszusehen um sofort darauf zu reagieren. Wenn beispielsweise einem Hersteller von Glückwunschkarten oder Spielzeugen die Geburtstage und das Alter der Kinder in einem bestimmten Haushalt bekannt sind, dann könnte er die Eltern zwei oder drei Wochen vor dem jeweiligen Geburtstag ansprechen. Dies bedeutet, daß sich die Vermarkter in Zukunft mit der zeitabhängigen Mikrosegmentierung befassen müssen – also mit dem Verkauf an Einzelkunden zu ganz bestimmten Zeitpunkten. Daraus ergeben sich einige Fragen in bezug auf Informationen: Welche Art von Informationen kann man in elektronischen Gemeinschaften bekommen? Können die vorhandenen Informationssysteme diese Informationen erfassen und auswerten? Ist die Organisation vorhanden, um sowohl bestimmte Kunden auf breiterer Basis zu bedienen als auch Einzelkunden zu bestimmten Zeitpunkten? Vermarkter, die sich diesen Herausforderungen stellen können, werden die Nase vorn haben.

Shikhar Ghosh

Rein ins Internet – aber wie?

Weit schneller als gedacht entwickelt sich das Internet zu einem wichtigen neuen Schauplatz für alle möglichen Geschäfte. Die Chancen, die das Internet eröffnet, sind groß. Aber herauszufinden, wie sie gewinnbringend genutzt werden können, fällt den meisten Führungskräften schwer. Das gilt besonders für die Leiter großer, alteingesessener Firmen – sie empfinden das Netz als schwierige Herausforderung.

Einerseits liegen die Chancen der neuen Wettbewerbsarena auf der Hand: Das Internet erlaubt es jedem, von jedem Ort aus zu jeder Zeit mit jedem direkten Kontakt aufzunehmen. Firmen können interaktive Geschäftsbeziehungen zu Kunden und Lieferanten aufbauen. Und sie können neue Produkte und Dienstleistungen preisgünstig andienen.

Doch jene Unternehmen, die diese neuen Möglichkeiten mit Erfolg nutzen – etwa Yahoo oder Amazon.com – sind allesamt Neugründungen. Etablierte Firmen dagegen, die über Jahrzehnte ihre Marken und Vertriebswege sorgfältig aufgebaut haben, laufen Gefahr, alles bisher Erreichte zu beschädigen, wenn sie zu Handelsgeschäften im Cyberspace übergehen. Außerdem ist der elektronische Handelsverkehr neuartig, unsicher und verwirrend. Daher können sich die Führungskräfte in den meisten Firmen, ob diese nun alt oder jung sind, nur schwer entschließen, auf welche Weise sie den neuen Kanal am besten nutzen sollten. Und sie stehen vor der noch größeren Schwierigkeit, wie die Erträge abzuschätzen wären, die eine im Internet getätigte Investition bringen wird.

Trotzdem können es sich Manager schwerlich leisten, nicht darüber nachzudenken, wie der Internet-Handel ihre Geschäfte beeinflussen könnte. Zumindest müssen sie sich über die Chancen, die die neue Technik bietet, klar werden und erkennen, an welchen Stellen ihre Firmen angreifbar wären, falls Mitbewerber diese Chancen schneller aufgreifen. Manager sollten methodisch die zentrale Frage prüfen: Welche Gelegenheiten und Gefahren bringt das Internet speziell dem eigenen Unternehmen? Dabei gibt es, grob gesagt, vier Möglichkeiten.

Erstens, über das Internet können Unternehmen eine unmittelbare Verbindung zu Kunden herstellen (oder zu anderen Geschäftspartnern wie Zulieferer oder Händler), um damit den Geschäftsverkehr oder Informationsaustausch zu perfektionieren.

Zweitens, Firmen können mit Hilfe der neuen Technik andere Wirtschafts-

einheiten in der Wertschöpfungskette umgehen. So kann ein Buchverlag etwa Sortimenter und Buchhandlungen ausschalten und direkt an den Leser verkaufen.
Drittens, Firmen könnten das Internet nutzen, um neuartige Produkte und Dienstleistungen zu entwickeln und sie neuen Kunden auf dem Cybermarkt anzubieten.
Viertens ist denkbar, daß eine Firma den elektronischen Handelsweg einer Branche nutzt, um den Markt oder ein Marktsegment zu beherrschen – durch Kontrolle des Zugangs zu den Kunden und die Einführung neuer Regeln fürs Geschäft.
Durch Erkunden der Chancen und Gefahren dieser Vorgehensweisen gewinnen Manager eine realistische Vorstellung davon, mit welchen Investitionen sie ihren Auftritt im Internet – wenn überhaupt – starten und auf welche Risiken sie planerisch vorbereitet sein sollten. Eine solide Strategie für das Internet fängt mit der Klärung dessen an, was möglich ist.

Der Auftritt im Internet

Firmen, die neue Services bieten oder Zwischenhändler umgehen wollen, müssen als erstes direkte Verbindungen zu den Kunden aufbauen. Und das bedeutet mehr, als eine schlichte Website einzurichten, auf der die Firmenangebote vorgestellt werden. Wie sich am Kaufverhalten von Kunden, die bereits Produkte oder Services online beziehen, deutlich zeigt, können Firmen ihrem elektronischen Geschäften Schwung verleihen, wenn sie die Internet-Technik nutzen, um Kunden Service in dreierlei Form zu liefern.

Erste Serviceform

Firmen bieten Kunden per Internet genau dasselbe Maß an Service, das diese jetzt schon im direkten Kontakt mit dem Außendienst bekommen. Marshall Industries etwa, ein Vertrieb für elektronische Bauteile, macht es seinen Kunden sehr leicht, Teile auszusuchen und zu bestellen.
Auf der Website des Unternehmens finden Kunden jedes Produkt anhand der Bestellnummer, einer Beschreibung oder des Herstellernamens. So lassen sich Teile auf elektronischem Wege ordern und bezahlen, das Bearbeitungsstadium früherer Aufträge verfolgen und sogar die Lieferzeiten verkürzen – durch Weiterklicken zur Website des Teilelieferanten.

Zweite Serviceform

Firmen nutzen das Internet, um die Interaktionen mit ihren Kunden individueller zu gestalten und sie fester zu binden. Um das zu erreichen, werden die Informationen und Wahlmöglichkeiten auf der Website genau auf die Wünsche von Kunden zugeschnitten. So hält zum Beispiel Time Warner auf seiner Pathfinder- Internet-Seite Artikel und Graphiken vor, die seinen mehr als 25 Publikationen entnommen sind. Leser können sich registrieren lassen und dabei jene Themenbereiche angeben, die sie besonders interessieren. Bei späteren Besuchen erscheinen auf dem Bildschirm die Inhalte, die für den Besucher individuell zusammengestellt wurden.

Auch Staples, das große Handelshaus für Bürobedarfsartikel, setzt im Internet auf Personalisierung. Die Firma stellt spezielle elektronische Kataloge zusammen, die für die Intranets ihrer Kunden bestimmt sind und ausschließlich jene Posten und Preise enthalten, die mit dem Kundenunternehmen zuvor abgesprochen wurden.

Das System von Staples kann auch frühere Bestellungen auflisten, so daß die Kunden beim Nachbestellen Zeit sparen. All das verbilligt die Auftragserteilung, deren Kosten bei der herkömmlichen Beschaffung die Kosten der eingekauften Artikel selbst übersteigen können.

Für Staples hat dieses System einen zusätzlichen Vorteil: Die Firma konnte über die Vorlieben ihrer Kunden eine Menge lernen und mit diesen Informationen einen maßgeschneiderten Service entwickeln, der von Mitbewerbern – besonders denen, die nur in der physischen Welt operieren – kaum zu kopieren ist.

Zum Beispiel ist Staples in der Lage, neue Artikel zu empfehlen, die Produkte ergänzen, die Kunden bereits gekauft haben. Oder die Firma gewährt Preisnachlässe auf Produkte, die sich Kunden zwar vorher in ihren Online-Katalogen angesehen, aber noch nicht bestellt hatten.

Dritte Serviceform

Firmen können werthaltige neue Serviceleistungen kostengünstig anbieten. Beispielsweise kann eine Firma aus den Daten ihrer Stammkunden weitreichende Informationen zu bestimmten Themen gewinnen. Hat ein Kunde etwa Schwierigkeiten mit einem bestimmten Produkt, braucht er nur die Website des Anbieters zu konsultieren; dort findet er Antworten auf häufig gestellte Fragen, oder er kann nachlesen, wie andere Nutzer ihre Probleme mit dem Produkt gelöst haben.

Der Online-Buchversand Amazon.com ermutigt Kunden, die gelesenen Bücher zu rezensieren und die Texte einzusenden. Diese werden zu den Buchbesprechungen renommierter Publikationen wie der »New York Times« ins

Netz gestellt. Interessenten können dann nachlesen, was andere Leser von den fraglichen Büchern halten, bevor sie bestellen.
Die Kombination dieser drei Service-Ebenen macht den Marktplatz Internet für Kunden höchst verlockend. Und weil diese Serviceleistungen letztlich nur elektronische Austauschvorgänge sind, lassen sie sich zu sehr geringen Kosten erbringen. Zudem machen die Investitionen in den Netz-auftritt Ausgaben für herkömmliche Verkaufs-, Marketing- und Kundendienstmaßnahmen überflüssig.
Die neue Technik gestattet es Firmen sogar, den Kunden einen ständig besseren Service zu bieten – ohne die Gefahr, daß jede Transaktion zusätzliche Kosten verursacht.
Cisco Systems zum Beispiel erzielt 40 Prozent seines Umsatzes – neun Millionen Dollar pro Werktag – über das Internet. Und die Firma rechnet mit einer Steigerung ihres Umsatzvolumens von jährlich über zwei Milliarden Dollar auf fünf Milliarden in naher Zukunft. Zudem konnten dank des Internet-Handels die Betriebskosten bereits um fast 270 Millionen Dollar gesenkt werden. Doch der wahre Nutzen des elektronischen Kanals, sagen die Manager von Cisco Systems, liege darin, daß die Firma ihren Kunden weit mehr als die Konkurrenz zu bieten hat: Bequemlichkeit, Informationen, individuelle Ansprache und Interaktion.
Firmen, die als erste den Schritt ins Internet vollziehen, stellen eine Bedrohung dar für jene, die damit noch zögern. Kunden, die an Geschäfte im Internet denken, müssen Zeit und Mühe aufbringen. Vor allem braucht es Zeit, um herauszufinden, wie die Website von Anbietern genutzt wird und wie sie bequem zu handhaben ist.
Wenn bei einer Site individueller Service vorgesehen ist, müssen Kunden Angaben zu ihrem Profil machen und diese Informationen immer wieder aktualisieren oder berichtigen. Womöglich rüsten Kunden sogar ihre eigenen Computersysteme um, um die elektronische Verbindung zu verbessern. So sind zum Beispiel zehn Großkunden von Cisco dabei, ihre Rechner mit einem neuen Programm auszustatten, das ihre Vorrats- und Beschaffungssysteme eng mit den Systemen von Cisco verknüpft.
Schließlich sollten Kunden bereit sein, einem Internet-Anbieter auch sensible Informationen, etwa Kreditkartennummern, zuzuleiten und darauf bauen können, daß dieser damit vertraulich verfährt. Daher wird ein Durchschnittskunde wohl schwerlich dieselben Mühen weitere Male auf sich nehmen – hat er erst einmal eine solche Beziehung zu einem elektronischen Anbieter aufgebaut –, um mit anderen Anbietern ähnlich verbunden zu sein.
Der allzu menschliche Widerwille, etwas abzuschaffen, das funktioniert, ist ein gewaltiges Hemmnis für Firmen, die nicht entschlossen genug vorgehen. Wer als Folger den neuen, elektronischen Geschäftsweg einschlägt, läuft Gefahr, Kunden gewinnen zu müssen, die Investitionen aufgeben müßten, die bereits für einen anderen Wettbewerber vorgenommen wurden. Das

kann sich zu einer Hürde entwickeln, die mit der Zeit immer höher wird – in dem Maß nämlich, in dem sich die Beziehungen zwischen einem Kunden und dem Mitbewerber vertiefen.

Das Entstehen einer engen Direktverbindung könnte noch eine andere Folge haben, mit der Manager rechnen sollten: Firmen, die zuächst einmal nicht ins Internet gehen wollen, könnten von Kunden und Konkurrenten einfach dazu gezwungen werden. Nehmen wir den Fall der Computeranbieter Dell und Compaq und ihres möglichen Kunden General Electric: Einige große Geschäftsbereiche von GE planen derzeit, Aufträge für EDV-Teile und -anlagen im Internet auszuschreiben. Beabsichtigt ist, für jedes Teil Mehrfachangebote zu bekommen und mit deren Anbietern direkt online zu verhandeln.

Gestützt auf erste Anläufe, schätzt man bei GE, daß dieses Verfahren innerhalb von drei Jahren 500 bis 700 Millionen Dollar einsparen wird und sich die Beschaffungsprozesse zeitlich halbieren. Das Unternehmen erwartet, daß es in fünf Jahren den Großteil seiner Einkäufe in solchen netzgestützten Ausschreibungsprozessen tätigen wird.

Dell verkauft Computerausrüstungen direkt an seine Kunden, manchmal auch über das Internet. Compaq dagegen verläßt sich auf Händler – und dieser Umstand könnte für das Geschäft mit GE von Nachteil sein: Die Vertriebskosten sind höher, die Preispolitik und Informationssysteme auf die Händler zugeschnitten. Für sie wäre jeder Versuch von Compaq, Bestellungen auch über das Internet hereinzuholen, eine Bedrohung.

Was für Compaq noch ärger ist: Wie Cisco könnte Dell durch das Internet betriebsintern effizienter werden, weil die Firma viel mehr über die Kunden erfährt. Schon jetzt macht Dell über seine Website Tag für Tag fast drei Millionen Dollar Umsatz. Im Jahr 2000, so hofft das Unternehmen, wird es mehr als die Hälfte seiner Geschäftsvorgänge – von der Bearbeitung der Kundenanfragen über Auftragsabwicklung bis hin zum Kundendienst – online erledigen. Eine solche Entwicklung zwingt die Konkurrenten von Dell, ebenfalls ins Internet zu gehen. Und Vorreiter wie Dell – egal ob neu gegründet oder längst am Markt – sind außerhalb der Computerbranche auch schon aktiv, etwa im Autohandel (General Motors oder Auto-By-Tel), im Sektor Finanzdienstleistungen (Merrill Lynch und E*Trade) oder im Verlagswesen (Cahners und VerticalNet). Schaffen Pionierfirmen in einer Branche Absatzkanäle im Internet, werden Mitbewerber genötigt, ihre Wertketten neu zu überdenken. Newcomer müssen keine Rücksicht auf bestehende Absatzkanäle nehmen – sie können ihr Geschäft gleich auf die neue Technik abstellen. Firmen indes, die Endverbraucher erst über Dritte erreichen (wie Compaq und IBM) müssen abwägen: Ist es wichtiger, die bestehenden Verbindungen zu Händlern und anderen Geschäftspartnern zu schützen, weil auf sie der Großteil der Umsätze entfällt? Oder wäre es vorteilhafter, zukunftsträchtige neue Ertragsquellen zu entwickeln?

Wenige Entscheidungen sind für große, etablierte Firmen so wichtig: ins Internet gehen, ja oder nein? Natürlich wird ein Verlag versucht sein, seine Bücher online an Buchhändler oder Leser zu verkaufen – aber damit gefährdet er langjährige Beziehungen zu den Grossisten.

Zwischenhändler verdrängen

Es kann sein, daß Firmen kaum eine Wahl haben und riskieren müssen, daß Geschäftsbeziehungen in ihren physischen Wertketten beeinträchtigt werden, sobald sie auch den elektronischen Kanal nutzen. Die Allgegenwart des Internets macht es möglich, daß jeder an der Wertkette Beteiligte die Rolle eines anderen an sich reißt.

Der Buchverlag kann die Grossisten ausschalten und direkt an Leser verkaufen, aber Buchgroßhändler wie Barnes & Noble oder Amazon.com können ebenso im Gegenzug Bücher verlegen – immerhin kennen sie die Interessen der Leser recht gut, weil sie auf elektronischem Wege Informationen sammeln und später auswerten können.

Nehmen wir die Wertkette bei den Personalcomputern. Hier gehen eine Reihe Firmen gerade gegeneinander in Stellung, während sie zugleich den Endverbraucher ins Visier nehmen. Abgesehen von Direktverkäufern wie Dell und Gateway 2000 sieht die Wertkette für einen großen Teil der Branche momentan noch so aus: Computerhersteller wie Apple, Compaq oder IBM kaufen die Teile für ihre Computer bei Zulieferern wie Intel (Mikroprozessoren) und Seagate Technology (Festplatten). Die fertigen Maschinen gehen an Großhändler wie Ingram Micro oder MicroAge, die ihrerseits Einzelhändler wie CompUSA beliefern.

Durch den Internet-Handel werden die Grenzen innerhalb dieser Kette jetzt durchlässig. Ingram Micro und MicroAge versuchen schon, die Einzelhändler auszuschalten, indem sie mit Serviceangeboten ins Netz gehen, die es jedem erlauben, online mit Computern zu handeln. MicroAge läßt physische wie virtuelle Weiterverkäufer online unter einer Reihe von Computersystemen wählen, deren Verfügbarkeit und Preis sich täglich ändert.

Bald können Online-Händler Bestellungen ihrer Kunden direkt an Ingram Micro weiterleiten. Das Unternehmen kann die gewünschten Geräte bei den Herstellern einkaufen oder, falls nötig, selbst montieren und ohne Umwege an Endverbraucher ausliefern und sie auch mit Wartungs- und Reparaturdiensten versorgen.

Gleichzeitig sind Einzelhändler wie CompUSA dabei, eigene Computermarken einzuführen und diese sowohl über ihre Läden als auch über das Internet zu verkaufen. Die Teile dafür bestellen sie online bei den Teilelieferanten – so vereinfacht das Internet die Logistik. Gerade haben Apple und einige andere Computerbauer die heikle Entscheidung getroffen, demnächst ihre Computer ebenfalls direkt über das Internet anzubieten und zu verkaufen.

Konkurrenz kommt sogar von außerhalb der Wertkette. So hat United Parcel Service einen neuen Dienst angekündigt: Mit einer speziellen Handelssoftware könnten virtuelle Händler im Internet ein Schaufenster und einen eigenen Produktkatalog kreieren. Die eigentlichen Geschäfte wickelt UPS ab. Der Händler oder sein Kunde können über das Netz Liefertermine planen, den Versand überwachen und komplizierte Zustellungen abstimmen. Vorstellbar ist, daß ein PC-Händler seinen Kunden ermöglicht, ihre Computer selbst im Netz aus Komponenten verschiedener Hersteller zusammenzustellen. UPS würde die Teile über Nacht besorgen, sie einem Montagebetrieb zuliefern und das fertige Produkt dem Kunden zustellen. Auch Firmen wie CNET, die sich ursprünglich auf die Online-Weitergabe von Informationen über Computer beschränkt hatten, beginnen bereits mit dem Verkauf von Geräten und Programmen. So können zum Beispiel Besucher der CNET-Website nachlesen, wie Programme beurteilt wurden, um gleich eines der für ausgezeichnet befundenen Produkte zu bestellen, ohne die Website zu verlassen.

Die Suchmaschine Yahoo ermöglicht ebenfalls Bestellungen von Hard- oder Software, wobei Kaufinteressenten direkt zur Website des in Frage kommenden Anbieters weitergeleitet werden. Sogar Unternehmen, die mit der Branche nur indirekt in Verbindung stehen – Banken wie Barclays oder Telephongesellschaften wie AT&T –, haben auf ihren Websites Einkaufsdienste eingerichtet und könnten ihren Kunden sogar Computer verkaufen. Haben Unternehmen erst einmal einen elektronischen Absatzkanal eingerichtet, können sie sich entscheiden, ob sie in der Wertkette räubern und anderen stromauf- oder -abwärts Gewinnanteile abjagen wollen.

Wahrscheinlich kommen solche Räuber meist aus den Reihen jener innovativen Firmen, die zu erkennen vermögen, wo sie Kunden einen echten Wert über das Netz liefern können. Nehmen wir nur RoweCom, den Internet-Agenten für Zeitschriften-Abonnements, der mit seinem Geschäftsmodell die Branche aufrüttelte, indem er den anderen Abonnement-Vermittlern erhebliche Gewinneinbußen zufügte.

Ein solcher Agent fungierte bisher in der Rolle eines Vermittlers, der in Bibliotheken Zeitschriften-Bestellungen einsammelt und diese dann gegen drei bis fünf Prozent des Listenpreises an die Verlage weiterleitet. Rowe Com ermöglicht es den Bibliotheken jetzt, ihre Zeitschriften direkt beim Verlag zu ordern und elektronisch über Banc One zu bezahlen. Außerdem sind Bestellungen rund um die Uhr möglich; und Bibliotheken können die Website von RoweCom auch zur Überprüfung ihrer Zeitschriftenetas nutzen. Noch wichtiger: RoweCom berechnet pro Transaktion nur fünf Dollar, will also keine Prozente vom Listenpreis. Daher bestellen Bibliotheken hier vor allem teure Zeitschriften – in den vergangenen eineinhalb Jahren sind 75, darunter die größten des Landes, Kunden von RoweCom geworden.

Das Beispiel der Verlage

Auch Verlagshäuser suchen die Direktverbindung zum Endverbraucher. So macht Academic Press Bibliotheken den Inhalt verlagseigener Publikationen elektronisch zugänglich. Das tun freilich andere wissenschaftliche und Fachverlage auch.

Aber Academic Press hat – ähnlich wie RoweCom – das Geschäftsmodell verändert. Statt Nachdruckrechte nur an einzelne Bibliotheken zu vergeben, hat der Verlag damit begonnen, solche Genehmigungen an alle Bibliotheken eines Landes zu verkaufen. In Finnland etwa kann jede Bibliothek auf alle Publikationen von Academic Press zugreifen, die unter die landesweite Lizenz fallen, und braucht keinen Buchhändler oder Agenten mehr. In der Folge müssen Konkurrenzverlage in jedem Land, in das Academic Press eine Lizenz verkauft hat, ihre Vertriebskette überdenken.

Räuber in einer Wertkette sind in einer Position, in der sie die Spielregeln bestimmen und neue Geschäftsmodelle einführen können. Aber sie müssen auch neue Fähigkeiten entwickeln. Denn jene Firmen, die nun von Gewinneinbußen bedroht sind, bieten den Kunden derzeit noch echten Wert – etwa besondere Fähigkeiten zur Verkaufsförderung (die CompUSA besitzt, Ingram Micro aber nicht), logistischen Sachverstand (den UPS hat, nicht aber CompUSA) oder gekonntes Informationsmanagement (das CNET besser beherrscht als Apple). Um erfolgreich zu sein, müssen Räuber ebenfalls für Wert sorgen, indem sie selbst derartige Fähigkeiten aufbauen, oder sich mit anderen zusammenschließen.

IBM wurde das klar, als die Firma 1996 ihren elektronischen Informationsservice Infomart und die Cyberspace-Kaufmeile World Avenue gründete. IBM hatte geglaubt, es könne physischen Händlern damit Gewinnanteile rauben und sich in der Wertkette an deren Stelle setzen. So sollte Infomart Kunden die Veröffentlichungen verschiedener Verlage elektronisch zugänglich machen, World Avenue die Angebote verschiedener Elektronikgeschäfte. Das Besondere an beiden Unternehmen war, daß sie jeweils mehrere Anbieter unter einem Dach – der gemeinsamen Website – vereinten.

Aber IBM mußte bald feststellen, daß zu einem Super-Verleger mehr gehört, als nur Inhalte bereitzustellen. Und daß Online-Handel mehr bedeutet als ein virtuelles Schaufenster.

Die Leute von IBM verfügten weder über die redaktionellen Fähigkeiten und Vertriebserfahrungen eines Verlegers noch über die Fertigkeiten eines

Einzelhändlers in Verkauf und Werbung. IBM besaß zwar den direkten Draht zum Kunden, aber das reichte nicht aus. Ein Jahr später wurden beide Initiativen abgebrochen.

Neue Angebote entwickeln

Statt in der Wertkette bei anderen zu räubern – oder auch in Ergänzung dazu –, können sich Firmen bei ihrem Internet-Auftritt auch dafür entscheiden, neue Produkte und Serviceleistungen herauszubringen. Schließlich bietet das Netz nicht nur einen direkten Weg zum Kunden oder zu jedem anderen Unternehmen. Es ist auch eine Plattform für Innovationen, ein Weg, digitale Informationen zu erzeugen und zu verbreiten, oder eine Bühne für die Entwicklung neuer Geschäftsmodelle und Services – ohne die Kosten der Komplexität, die üblicherweise in der physischen Welt auftreten. Natürlich verschärfen Innovationen den Wettbewerb, sobald Firmen über das Internet einen Wert liefern, der vorher durch einen Wettbewerber erbracht wurde.

Beispielsweise könnte ein Börsenmakler, der zunächst im Internet einen Handelsdienst für Wertpapiere aufgebaut hat, seinen Kunden einen kostenlosen Zugang zu Finanzanalysen verschaffen. Damit schadet er natürlich anderen, die solche Analysen gegen Geld anbieten.

Immer wenn eine Firma, ob klein oder groß, einer anderen ein kleines Stück vom Geschäft wegschnappt, untergräbt sie deren wirtschaftliche Basis – so wie Termiten die Tragbalken eines Hauses auffressen. Das Internet bietet drei Möglichkeiten neuen Wert zu schaffen, in dem anderen ein Stück des Geschäfts weggebissen wird.

Erstens kann eine Firma ihren direkten Draht zum Kunden nutzen. Bei jedem Besuch auf der Firmen-Website könnte dem Kunden zum Beispiel ein zusätzlicher Service geboten oder eine Verbindung zu anderen Unternehmen verschafft werden. Snap-on Tools, ein Hersteller von Profi-Werkzeugen für Autoreparaturbetriebe, sorgt für zusätzlichen Nutzen, indem kostenlose Informationen zu Themen wie Abfallbeseitigung geboten werden. Das stärkt die Kundenbindung – allerdings zu Lasten von Anbietern, die für solche Informationen Geld verlangen.

Der Software-Anbieter Netscape erzielt erhebliche zusätzliche Einnahmen – bei nur geringen Kosten – durch den Verkauf von Anzeigen auf seiner Website. Das ist wiederum solchen Firmen abträglich, die den Großteil ihrer Umsätze dem Geschäft mit Anzeigen verdanken.

Zweitens kann eine Firma ihre schon vorhandenen digitalen Aktiva neuen Kundengruppen andienen. Standard & Poor's etwa hat Finanzinformationen lange Zeit an institutionelle Kapitalanleger verkauft. Jetzt verwendet die Firma die Informationen, die sie digital gespeichert hat, auch dazu, um Einzelkunden per Internet bei deren Finanzplanungen zu unterstützen. Gegen eine geringe Gebühr können diese Kunden die Risiken ihres Wertpapier-Portfolios abschätzen und mit Hilfe der Empfehlungen von Anlageexperten ihre Entscheidungen treffen. Automatisch werden sie sogar auf Empfehlungen aufmerksam gemacht, die das eigene Portefeuille betreffen. Standard & Poor's hätte es sich nie leisten können, Einzelkunden durch Vertreter oder auf herkömmlichem Weg anzusprechen. Erst die geringen Kosten für das Service-Angebot im Internet erlauben es, mit Wertpapiermaklern und Finanzanalysten zu konkurrieren.

Drittens kann sich eine Firma ihre Fähigkeit zunutze machen, Geschäfte über das Internet zu tätigen. Eine große Bank etwa, die als herkömmlichen Service Schecks verrechnete, hat nun vor, das Internet zu nutzen, um Universitäten als umfassende Dienstleistung die Begleichung von Rechnungen anzubieten und für Einzelhändler die Auftragsabrechnung zu übernehmen. Diese neuen, genau gezielten Serviceleistungen sind dazu gedacht, das eigene Kerngeschäft zu stärken, und sie sollen jenen Unternehmen Geschäftsanteile wegnehmen, die diese Services bislang erbrachten.

Für alle drei Fälle gilt, daß jede Schöpfung von digitalem Wert, die einem Unternehmen zusätzlich gelingt, ein wenig das Geschäft eines anderen schwächt. Letztlich droht etablierten Firmen keine Gefahr von digitalen Tornados, sondern von digitalen Termiten.

Magnet für den Kunden

Firmen, die online Direktverbindungen zu ihren Kunden aufbauen, in der branchenüblichen Wertkette räubern und anderen Firmen auf digitalem Wege stückchenweise Wert wegnehmen, können dadurch zu kraftvollen Mitspielern im elektronischen Handel werden.

Diese Firmen können sich zu Online-Versionen jener Handelsketten entwickeln, denen so viele Fachgeschäfte zum Opfer gefallen sind – denken Sie an Toys »R« Us oder Wal-Mart, die zu Adressen für ganze Produktgruppen wurden.

Gewiß wird der Konzentrationsprozeß, der dem Internet innewohnt, durch Skaleneffekte verstärkt. Die herkömmlichen Gründe für die Existenz zahlreicher Anbieter gelten in der Cyberwelt nicht mehr. Denn erstens kommt es im Internet kaum noch darauf an, wieweit Käufer und Verkäufer physisch voneinander entfernt sind: Jeder Händler ist gleichermaßen erreichbar.

Zweitens können Anbieter, sobald sie erst einmal eine starke Position erreicht oder eine dominante Marke aufgebaut haben, im Internet erstaun-

lich rasch wachsen, relativ ungehemmt durch Kosten oder die typischen Verzögerungen in der physischen Welt.
Und drittens können einzelne Anbieter ihre Leistungen auf viele Kundengruppen zuschneiden, je nachdem, welche individuellen oder regionalen Unterschiede bei den Kundenbesuchen auf der Website zutagetreten. So kann eine kleine Zahl von Firmen weltweit die Bedürfnisse von gänzlich unterschiedlichen Kundengruppen befriedigen.
Noch stärker fällt ins Gewicht: Wenn Kunden nicht bereit sind zu lernen, sich durch mehrere 100 Websites durchzufinden, die alle ihr eigenes Layout aufweisen, wird das Netz zu einem natürlichen Auslesemedium. Das gilt für die physische Welt wie für die virtuelle. Menschen kehren einfach gern zu Läden zurück, in denen sie sich auskennen. Zwischen den vertrauten Regalreihen finden sie leicht, was sie suchen. Deshalb werden sie auch im Cyberspace von jenen Sites angelockt, die alle ihre Bedürfnisse bei einer bestimmten Produktkategorie befriedigen. Und sicher werden sie sich zu jenen Sites durchklicken, die auch vielen anderen Leuten gefallen, denn das macht die Interaktion untereinander einfacher und nützlicher.
Stellen Sie sich vor, wie das funktionieren könnte: Eine Firma als Kunden-Magnet bei Musik-CDs könnte dem Besucher ihrer Website praktisch die Wahl jeder CD ermöglichen, die auf dem Markt ist. Wie? Indem sie ihn mit allen großen CD-Händlern verbindet.
Gleichzeitig könnte die Website eine Auswahl an Plattenbesprechungen bieten, ob sie nun aus den einschlägigen Musikzeitschriften stammen oder von elektronischen schwarzen Brettern der großen Musikschulen.
Dem Besucher kann ein Austausch von Erfahrungen und Meinungen genauso ermöglicht werden wie eine Auswahl unter verschiedenen Bezugsmöglichkeiten: Vielleicht möchte er an einem kostenpflichtigen Mitgliedschaftsprogramm teilnehmen, oder er wählt sich in die Sonderangebote für besonders treue oder speziell interessierte Kunden ein.
Zudem können Websites natürlich unterschiedlich gestaltet werden – je nach den Kundenvorlieben in einem Land oder nach der technischen Versiertheit des Besuchers. Durch eine Geldprämie für jeden weitergeleiteten Besucher lassen sich vielleicht andere Internet-Anbieter mit gleicher Kundenzielgruppe zur Zusammenarbeit gewinnen.
Darüber hinaus könnte der CD-Anbieter mit seiner Website schließlich Marketingprogramme für die physische Welt vorbereiten, die dazu beitragen, den eigenen Markenname zu einem Synonym für Musik-CD zu machen.
Einem solchen Kunden-Magneten würden nur die Verbindung, der Zugang und die direkte Schnittstelle zum Kunden gehören. Gewerbliche Teilnehmer, also die CD-Verlage und Musikzeitschriften, müßten daher ihre Angebote über diesen Kunden-Magneten leiten.
Die einzelnen Schritte, die eine Firma machen müßte, um zu einem Kunden-Magneten im Internet zu werden, sind in unterschiedlichen Branchen be-

merkenswert ähnlich. Auch ein Abfallbeseitigungsunternehmen sollte die Fähigkeit entwickeln, seine Kunden im Netz mit Informationen zu versorgen, mit anderen Kunden zu interagieren, bestimmte Transaktionen durchzuführen und zu investieren, wenn sein Internet-Auftritt mehr Schwung und Volumen braucht. Als gewerbliche Kunden bieten sich hier staatliche Stellen sowie die Hersteller von Pumpen und Ventilen an.
Einige Firmen könnten versuchen, die Kontrolle über den elektronischen Absatzkanal zu bekommen, indem sie eine Website gestalten, die allen Kundenwünschen gerecht wird. Kunden-Magneten könnten sich um spezielle Produkte oder Services herum organisieren, um spezielle Kundengruppen, eine ganze Branche oder ein besonderes Geschäftsmodell. Unter Umständen gibt es in einer Branche nur Raum für fünf Magneten oder weniger. Aber diese wenigen werden gewaltigen Einfluß auf die Gestalt dieser Branche haben. Sie brauchen nicht alle Leistungen selbst zu erbringen, doch sie könnten den Zugang zu Anbietern kontrollieren und subtil Kundenentscheidungen beeinflussen. Wie? Indem sie etwa einzelne Marken besonders forcieren oder eher ignorieren. Mit der Zeit kann sich ein Kunden-Magnet zum elektronischen Eingangstor einer ganzen Branche entwickeln.

Produkt-Magneten

Amazon.com ist schnell zu einem solchen Produkt-Magneten geworden, und der Name gilt heute als Synonym für Internet-Buchhandel. Virtuell bietet Amazon Käufern nahezu jedes verfügbare Buch an, macht Buchbesprechungen online zugänglich, ermöglicht den Kontakt zu Diskussionsgruppen und zu Buchautoren. Die Firma hat außerdem eine Reihe weiterer Serviceleistungen im Angebot: So werden Leser zum Beispiel per E-Mail auf Neuerscheinungen hingewiesen und bekommen Empfehlungen, die auf dem Kaufverhalten der Käufer in der Vergangenheit basieren.
Stellen Sie sich vor, wie sich diese Erfolgsgeschichte auswirken wird. Derzeit konkurriert nur Barnes & Noble mit Amazon im Internet. Und Kunden werden vermutlich nicht mehr als vier oder fünf solcher Buchhändler brauchen. Angesichts des wachsenden Online-Geschäfts jener beiden Anbieter fragt es sich, welche Rolle den Tausenden von Buchhändlern bleibt, die ihre physischen Vertriebswege unterhalten? Mehr noch, könnte Amazon seine Infrastruktur auch nutzen, um ins Geschäft mit Platten oder Zeitschriften vorzustoßen?
Die Konzentrationstendenzen im Buchhandel werden sich wahrscheinlich auch bei vielen anderen Produktgruppen zeigen, die im Internet gehandelt werden.

Service-Magneten

Unternehmen wie Yahoo, Excite oder Lycos entwickeln sich im Internet gerade zu solchen Magneten im Bereich Informationsdienste. In weniger als zwei Jahren hat sich das Feld stark gelichtet: Von über 20 Konkurrenten sind kaum fünf übriggeblieben – dazu zählt keiner der etablierten Herausgeber von Gelben Seiten oder anderer Suchdienste in Buchform. Und neue Suchdienste, die auf enge Untersegmente abzielen und sich auf das Finden von Personen, Telephonnummern oder E-Mail-Adressen spezialisieren, bieten ihren Service gleich unter dem Dach von Yahoo an.
Die Kosten für den Aufbau eines rentablen Kundenstamms im Internet sind einfach zu hoch für Firmen, die selbst keine Magneten sind. Schon die Tatsache, daß kleinere Firmen bei Yahoo Werbung schalten, beweist, daß auf deren Website genug Besucherverkehr herrscht, um von einem Magneten zu sprechen.

Kundengruppen-Magneten

Neugegründete Firmen zielen auf wohldefinierte Gruppen und suchen deren erster Online-Kaufweg zu werden. Die Firma Tripod zum Beispiel preist sich selbst als »elektronische Gemeinde« an für die Generation der 18- bis 35jährigen. Zu ihrem Service gehören Informationen zu den Themen Karriere, Gesundheit und Geld. Die Firma stellt die Verbindung zu den Websites anderer Firmen her, die dieselbe Zielgruppe anvisieren: Besucher der Website von Tripod bekommen so die Stellenangebote von Classifieds 2000 zu sehen oder die Angebote der Security First Network Bank. Binnen zwei Jahren ist die Tripod-Gemeinde auf über 300 000 Mitglieder angewachsen.

Branchen-Magneten

Firmen wie Auto-By-Tel oder Microsoft CarPoint (die übers Internet Fahrzeuge verkaufen), Imx Mortgage Exchange (Hypotheken), FastParts Trading Exchange (Elektronikteile) oder InsWeb Corporation (Versicherungen) könnten alle zu Kunden-Magneten für ganze Branchen werden. Diese Firmen vereinen Hunderte von Anbietern unter einem Dach und erlauben es Kunden, bequem vor einem Kauf die Angebote zu vergleichen.
Bei InsWeb können Besucher Preisvergleiche zwischen den Produkten verschiedener Kranken-, Lebens- und Autoversicherungen anstellen. Die Site informiert über Versicherungsfragen, Vertreteradressen, die Einstufungen der Gesellschaften durch Standard & Poor's, und sie ermöglicht Online-Simulationen des im Einzelfall erforderlichen Versicherungsschutzes.

Möchte ein Besucher etwa das Angebot einer hoch eingeschätzten Gesellschaft für eine Lebensversicherung mit zehnjähriger Laufzeit einholen, braucht er nur einen Knopf anzuklicken, bekommt ein Online-Formular und kann zum Aufnahmeantrag übergehen. Die Versicherungsunternehmen, die über InsWeb für sich werben und ihre Policen verkaufen, stehen vor ähnlichen Herausforderungen wie andere etablierte Firmen, sobald weitere Branchen-Magneten im Netz auftauchen.

Wie lassen sich die eigenen Angebote differenziert gestalten, wenn die Geschäftsregeln durch andere bestimmt werden? Wie kann eine Firma im direkten Vergleich ihr Nutzenversprechen als einzigartig darstellen? Wie kann die Firma sich selbst durch Marketingmaßnahmen differenzieren, wenn der BranchenMagnet die Informationen standardisieren kann oder vorgibt, welche Merkmale betont werden?

Eine Zeitlang könnten Anbieter von Versicherungen noch darauf verzichten, bei InsWeb vertreten zu sein und ihre Policen über ihre eigenen Websites vertreiben. Aber Kunden schätzen die Bequemlichkeit einer einzigen Adresse. Sobald InsWeb genug Anbieter versammelt hat und für lebhaften Besucherverkehr auf seiner Site sorgt, bleibt den Saumseligen kaum etwas anderes übrig als auch mitzumachen.

Geschäftsmodell-Magneten

Firmen könnten zu Magneten werden, indem sie die Möglichkeiten des Internet zur Interaktion nutzen. Ein Beispiel ist Onsale, ein Online-Auktionator für Elektronikprodukte, Computerausrüstung und Sportartikel. Kunden können auf die Site rund um die Uhr zugreifen, sich informieren und Gebote abgeben.

In ähnlicher Weise baut NECX ein Spotgeschäft für Computerteile auf, bietet Altra Energy Technologies einen Online-Markt für Erdgas, entstehen weitere Märkte für Anzeigenplätze, Flugtickets, Schiffsladeplätze oder andere kurzlebige Güter. In jedem dieser Fälle reicht zur Abwicklung der Geschäfte ein einziger branchenweiter Anbieter aus.

Sicher wird sich nur bei wenigen die Investition rechtfertigen lassen, die erforderlich ist, um zum Kunden-Magneten zu werden. Manager können die Gewinnaussichten zumeist kaum abschätzen, und die Risiken eines solchen Schritts sind furchteinflößend.

Es ist schwierig und kostspielig, die gegebenen Geschäftsabläufe den Internet-Techniken anzupassen. Und wahrscheinlich läßt es sich nicht vermeiden, mit Konkurrenten – und deren Systemen und Abläufen – zusammenzuarbeiten.

Aber sobald Manager zu dem Schluß kommen, das Internet ist zu wichtig, um ignoriert zu werden, können sie vielleicht weniger riskante Wege einschlagen, um die Position der eigenen Firma im elektronischen Kanal zu sichern. Über zehn der größten US-Banken, darunter Banc One, Citicorp und First Union, haben zum Beispiel mit IBM ein Joint-venture gegründet, um im Internet eine gemeinsame Schnittstelle für das Privatkundengeschäft zu schaffen.

Den Banken ist klar, daß der direkte Zugang zum Kunden zu wichtig ist, als daß er einem Branchenaußenseiter, etwa einem Softwareanbieter für Homebanking wie Intuit oder Microsoft, überlassen werden dürfte. Um die bestehenden Beziehungen zu ihren Kunden in der Branche zu sichern, teilen sich die Partner des Joint-venture also die Kosten, die die Einrichtung der technischen Basis für das elektronische Banking verursacht.

Etablierte Unternehmen könnten ihre Wettbewerbsposition im elektronischen Kanal auch absichern, indem sie sich mit anderen zusammentun, um kaskadenhafte Wertketten zu kreieren. Dabei verbinden die Beteiligten ergänzende Serviceleistungen miteinander.

Dadurch kommen exklusive Servicebündel zustande, die sich ins Internet stellen lassen: zum Beispiel Komplettangebote für Reisende, an denen Reisebüros, Hotels, Autovermieter und Reisebuchverlage teilhaben. Etablierte Firmen können ihre Angebote auch in die eines Kunden-Magneten einbetten. So liefert Amazon.com bereits Bücher an Kunden von Yahoo. Gibt jemand das Wort »Möbelreparatur« in der Suchmaschine ein, dann erscheint automatisch die Frage, ob er zu diesem Thema ein Buch haben möchte.

Für die Manager etablierter Unternehmen ist das Internet eine harte Nuß. Eine Website ist schnell eingerichtet, ein internetgerechtes Geschäftsmodell zu schaffen ist dagegen eine große Herausforderung.

Eines ist aber sicher: Die geschäftlichen Veränderungen, die das Netz ermöglicht, sind von strategisch weitreichender Natur. Sie werden das Verhältnis jeder Firma zu ihren Kunden beeinflussen.

Die Autoren und ihre Beiträge

Arthur Armstrong leitet die Entwicklungsabteilung des technologischen Zentrums von McKinsey & Co. in Stanford, Connecticut. Er hat bereits für mehrere Unternehmen aus den Bereichen Telekommunikation, Medien und Konsumgüterindustrie hinsichtlich Planung, Management und Performance gearbeitet. In letzter Zeit stand er Finanzdienstleistern sowie Firmen aus dem Medien- bzw. Gesundheitsbereich bei der E-commerce-Planung beratend zur Seite. Zusammen mit John Hagel III. schrieb er das Buch *Net Gain* (HBS Press).

Jim Botkin hat sich durch seine Schriften und Reden weltweite Anerkennung erworben. Er ist Präsident und Mitgründer von InterClass, der International Corporate Learning Association, einem Zusammenschluß von 15 »Fortune 500« Firmen, der sich mit der Vermittlung und Vermarktung von Wissen beschäftigt. Dr. Botkin hat seinen akademischen Grad an der Universität Harvard erworben. Als Co-Autor von Stan Davis schrieb er *The Monster Under The Bed*, sein Buch *No Limits in Learning: A Report to the Club of Rome*, das in mehr als ein Dutzend Sprachen übersetzt wurde, sowie das kürzlich erschienene *Smart Business: Leveraging the Power and Potential of Knowledge Communities.*

Stan Davis arbeitet als freiberuflicher Autor in Boston. Er ist als Unternehmensberater führender und schnell wachsender Betriebe weltweit für seine zukunftsgerichtete Denkweise bekannt. Dr. Davis arbeitet einen Tag pro Woche als Forschungsleiter im Ernst & Young Center für Business Innovation in Cambridge, Massachusetts. Er ist Autor von acht bekannten Büchern, darunter *Blur, 2020 Vision, The Monster Under The Bed* (mit Jim Botkin) und der Bestseller *Future Perfect*, das die Tom Peters Auszeichnung »Buch des Jahrzehnts« erhielt.

Philip B. Evans ist Vizepräsident der Boston Consulting Group und Mitentwickler von BCGs Medien- und Konvergenzabteilung, die sich auf die strategischen Begleiterscheinungen der heutigen Informationswirtschaft konzentriert. Er berät hauptsächlich Unternehmen aus den Bereichen Medien, Information und Finzanzdienstleistung. Er wurde in Cambridge und Harvard ausgebildet, dort arbeitete er auch in der Wissenschaftsabteilung. Er schreibt über Geschäftsstrategien und arbeitet derzeit mit Tom Wurster an einem Buch über Informationswirtschaft, das bei Harvard Business School Press erscheinen wird.

Shikhar Gosh ist Präsident und Mitgründer von Open Market Inc., einer Software-Firma für Handel und Informationsverbreitung im Internet. Davor arbeitete er von 1988 bis 1994 als Chief Executive Officer bei der Appex Corporation. Außerdem war er bei der Boston Consulting Group, für die er Geschäftsstrategien für große Fernhandels-, Medien- und Fernmeldeunternehmen entwickelte. Die Massachusetts Electronic Commerce Association nahm im kürzlich in die Liste der »Zehn einflussreichsten Geschäftsleute der E-commerce-Vereinigung Massachusetts« auf. Er wurde 1996 von *Business Week* als einer der besten Unternehmer ausgezeichnet. Er studierte Betriebswirtschaft an der Harvard Business School und der Universität von Bombay.

John Hagel III. ist Vertreter der Silicon-Valley-Filiale von McKinsey & Co. und Leiter von McKinseys E-commerce-Abteilung. Seine Hauptaufgabengebiete sind Planung und Performance-Verbesserung in den Bereichen Elektronik, Telekommunikation und Medien. Bevor er zu McKinsey kam, arbeitete er als leitender Vizepräsident in der strategischen Planung bei Atari, als Präsident der Sequoia Group, einer Software-Firma, die vollständige Systeme für Physiker herstellt, und als Berater bei der Boston Consulting Group. Hagel ist Autor mehrerer juristischer und wirtschaftswissenschaftlicher Bücher und Artikel, darunter *Net Gain* (mit Arthur Armstrong) und *Net Worth* (beide HBS Press).

Charles Handy war mehrere Jahre lang Lehrstuhlinhaber an der London Business School. Heute bezeichnet er sich selbst als Sozialphilosoph und arbeitet freiberuflich als Autor und Herausgeber. Bevor er zur London Business School kam, arbeitete Handy als Marketingleiter, Wirtschaftswissenschaftler und Management-Trainer bei Shell International. Sein Hauptaugenmerk liegt auf den Auswirkungen auf Gesellschaft und Individuum, die durch die dramatischen Veränderungen der Technologie und Produktentwicklung im Geschäfts- und Privatleben entstehen. Seine Bücher über zukünftige Unternehmensstrukturen, darunter *The Age of Unreason* (HBS Press), *The Age of Paradox* (HBS Press), *Gods of Management, Understanding Organizations* und *Beyond Certainty* (HBS Press) wurden weltweit über eine Million mal verkauft. Die Titel seiner letzten Bücher lauten *The Hungry Spirit* und *Waiting for the Mountain to Move.*

Marco Iansiti ist Professor für Technologie und Unternehmens-Management an der Harvard Business School. Seine Studien konzentrieren sich auf Technologie-Management und Produktentwicklung. Er war Berater bei mehreren großen »Fortune 500« Unternehmen und ist Aufsichtsratsmitglied der Corporate Design Foundation. Seine Arbeiten wurden in verschiedenen Zeitschriften veröffentlicht, darunter *Harvard Business Review,*

California Management Review, Research Policy, Industrial and Corporate Change, Production and Operations Management und *IEEE Transactions on Engineering Management*. Er ist der Autor von *Technology Integration* (HBS Press).

Robert J. Laubacher gehört zum Forscherteam des Programms *Initiative on Inventing the Organizations of the Twenty-First Century* der MIT *Sloan School of Management*. Er leitet ein Projekt, das vorherzusagen versucht, welche Formen alternativer Unternehmensstrukturen sich in den nächsten 20 Jahren entwickeln werden. Laubacher hat ferner die sozialen Aspekte hochflexibler, projektorientierter Unternehmensformen untersucht. Bevor er zur *Twenty-First Century Initiative* kam, war er Strategieberater und forschte für *The Prize*, eine mit dem Pulitzer-Preis ausgezeichnete Geschichte der internationalen ölverarbeitenden Industrie. Außerdem war er Produzent des Independent Films *Home Before Dark*.

Alan MacCormack ist Dozent an der Harvard Business School in den Bereichen Technologie und Management der Unternehmensführung. Seine Studien beziehen sich auf Technologie-Management und Produktentwicklung in sich rasch verändernder Umgebung. Professor MacCormack arbeitete zuvor als Managementberater für Ernst & Young und Booz, Allen & Hamilton in den Bereichen Herstellung und Ablaufplanung in der Automobil- bzw. Luftfahrtindustrie. Professor MacCormack erwarb einen Doktortitel der Betriebswirtschaft (Harvard Business School) und ist diplomierter Wirtschaftswissenschaftler (MIT Sloan School of Mangement). Seine Arbeiten wurden in mehreren Büchern und Zeitschriften veröffentlicht, darunter *Harvard Business Review* und *Sloan Management Review.*

Thomas W. Malone ist Patrick J. McGovern Professor für Informationssysteme an der *Sloan School of Management* des MIT. Er ist Gründer und Leiter des MIT *Center for Coordination Science* und Mitbegründer der MIT *Initiative on Inventing the Organizations of the Twenty-First Century*. Professor Malone forscht zu den Möglichkeiten von Computern und Informationstechnologien, um die Zusammenarbeit von Gruppen und Organisationen zu erleichtern und darüber, wie Unternehmen künftig strukturiert sein müssen, um neue Informationstechnologien bestmöglich auszunutzen. Bevor er zu MIT kam, war Professor Malone als Forscher beim Xerox Palo Alto Research Center (PARC) beschäftigt. Er war Mitgründer dreier Software-Firmen und als beratendes Aufsichtsratmitglied in mehreren anderen Unternehmen tätig. Er hat über 50 Artikel in Zeitschriften und Büchern veröffentlicht und wird häufig in Blättern wie *Fortune, Scientific American* und dem *Wall Street Journal* zitiert.

Andrew McAfee kam 1998 zur Fakultät Technology and Operations Management an der Harvard Business School. Er studiert die Auswirkungen moderner Informationstechnologien auf Unternehmen und ihre Performance und er erforscht Strategien zur optimalen Nutzung dieser Technologien. Für seine Doktorarbeit über Informationssysteme für Unternehmen erhielt er ein Stipendium des US Departments of Energy Integrated Manufacturing. Darüber hinaus arbeitet er zusammen mit Professor David Upton an der Planung und Einführung verbesserter Unternehmensführung. McAfee beendet derzeit seine Doktorarbeit in Harvard, als Stipendiat der Leaders for Manufacturing erwarb er ein Diplom im Maschinenbau und Management am MIT.

Regis McKenna ist Chairman der McKenna Group, einer internationalen Unternehmensberatung, die sich auf die Anwendung von Informations- und Telekommunikationstechnologie für geschäftliche Strategien spezialisiert hat. McKenna berät, schreibt und lehrt über die sozialen und marktwirtschaftlichen Auswirkungen technologischer Innovationen bei ihrer Anwendung auf Marketingtheorie und -praxis. McKenna hat mit mehreren hundert Jungunternehmen in ihrer Anfangszeit zusammengearbeitet, darunter America Online, Apple, Electronic Arts, Genentech, Intel, Silicon Graphics und 3Com. Er ist Autor von *Relationship Marketing*, *Real Time* (HBS Press) und *The Regis Touch*.

James F. Moore ist Autor, Unternehmensberater und Investor. Er ist Gründer und Chairman von GeoPartners Research Inc., einer Strategie-Beratungs- und Investment-Firma, die mit vielen großen High-Tech-Firmen in Verbindung steht. Moore arbeitet ferner zusammen mit Mitgliedern der Harvard School of Public Health und anderen Organisationen ehrenamtlich für das Gesundheitswesen sowie die gesellschaftliche und wirtschaftliche Entwicklung. Sein Buch *The Death of Competition: Leadership and Strategy in the Age of Business Ecosystems* wurde ein Bestseller und ein Klassiker für Business-Strategie in der neuen Wirtschaft. Seine bahnbrechende Arbeit *Predators and Prey: A New Ecology of Competition* (Wie Unternehmen in Lebensgemeinschaften prosperieren), in diesem Buch nachgedruckt, wurde 1993 mit dem prestigeträchtigen McKinsey Award für den besten Management-Artikel des Jahres ausgezeichnet.

Jeffrey F. Rayport ist Assistenzprofessor für Betriebswirtschaft der Service Management Unit der Harvard Business School. Er erforschte die Auswirkungen neuer Informationstechnologien auf Betriebsmanagement und geschäftliche Marketingstrategien mit dem Hauptaugenmerk auf E-commerce in informativen, wissensorientierten Geschäftsbereichen. Dr. Rayport war als Berater für viele Unternehmen in Nord- bzw. Südamerika, Europa, Japan und dem pazifischen Raum tätig. Er half den Unternehmen bei der Entwicklung bahnbrechender Service-Strategien in netzwerkorientierten oder digitalen Wirtschaftssektoren.

John J. Sviokla steht in Diensten von Diamond Technology Partners, einer Consulting-Firma in Chicago, Illinois. Davor war er Professor an der Harvard Business School. Seine Forschungs- und Beratungstätigkeit erstreckt sich auf den Handel im Internet und Wissensmanagement, insbesondere darauf, wie Manager neue Technologien zugunsten des Verbrauchers und mit Profit für die Firma durch überlegenes Finanzmanagement einsetzen können. Dr. Sviokla ist Autor und Herausgeber vieler Aufsätze und Artikel, darunter »Managing in the Marketspace« (mit Jeffrey F. Rayport) für *Harvard Business Review* und »Virtual Value and the Birth of Virtual Markets« für *Sense and Respond* (HBS Press, 1998). Er ist häufig als Redner und Berater für kleine und große Unternehmen auf der ganzen Welt tätig.

Don Tapscott ist Präsident der New Paradigm Learning Corporation und Vorsitzender von Alliance for Converging Technologies. Er ist als einer der führenden Cyber-Gurus bekannt, der *Washington Technology Report* beschrieb ihn einmal als einflußreichste Autorität im Bereich der Medien seit Marshall McLuhan. Als Berater und Redner im Bereich Informationstechnologie arbeitet Tapscott für einige der weltgrößten Unternehmen, seine Auftraggeber sind Führungskräfte einiger »Fortune 500«-Unternehmen und anderer wichtiger Firmen auf der ganzen Welt. Er hat mehrere Artikel und Bücher geschrieben, darunter *Growing Up Digital: The Rise of the Net Generation, The Digital Economy: Promise and Peril in the Age of Networked World* und *Paradigm Shift: The New Promise of Information Technology*. Tapscott ist diplomierter Psychologe und Statistiker, außerdem besitzt er einen Abschluß in Forschungsmethodik.

David M. Upton ist Assistenzprofessor an der Harvard Business School. Er ist Inhaber des Lehrstuhls in Harvard, der Erschließung und Ablaufplanung beinhaltet, außerdem lehrte er beim International Senior Managers Program und dem Managing Global Opportunities Program in China. Derzeit beschäftigt er sich mit Fortschritt und Flexibilität in der verarbeitenden Industrie. Dr. Upton hat mehrere Artikel über diesen Industriezweig veröffentlicht, zuletzt in *Management Science, Harvard Business Review, California Management Review* und *Journal of Manufacturing Systems*. Er ist Autor des Buchs *Strategic Operation: Building Competitive Advantage through Operating Capabilities*, Co-Autoren sind Robert Hayes und Gary Pisano. Er hat sein Maschinenbaustudium am King's College in Cambridge mit Auszeichnung abgeschlossen und wurde in Purdue über computerintegrierte Produktionssysteme promoviert.

Thomas S. Wurster ist Vizepräsident der Los-Angeles-Filiale der Boston Consulting Group (BCG) und daneben Führungskraft der BCG Media and Convergence Practice. Er besitzt große Erfahrung in der Beratung führender Medien- und Konsumgüterunternehmen und anderer Firmen aus den Bereichen Information, Unterhaltung, Telekommunikation und Computer. Er hat sein Studium der Wirtschaftswissenschaft und Mathematik an der Universität Cornell mit Auszeichnung abgeschlossen. Er erhielt ein Diplom mit Auszeichnung von der Universität von Chicago und promovierte an der Universität von Yale. Mr. Wurster schreibt über Medien und Vermarktungsstragtegien, derzeit arbeitet er (mit Philip Evans) an einem Buch für die Harvard Business School Press über neueste Entwicklungen der Informationswirtschaft.

Quellen

Tapscott: übersetzt von AMS/Horst M. Langer (Autoren- und Medienservice, Reute)

Neue Formen der Wertschöpfung

Davis/Botkin: unter dem Titel »The Coming of Knowledge-Based Business« erschienen in *Harvard Business Review* Sept./Okt. 1994, dt. erschienen in *Harvard Business Manager* 2/1995, übersetzt von *Henriette Holtz*

Evans/Wurster: unter dem Titel »Strategy and the New Economics of Information« erschienen in *Harvard Business Review* Sept./Okt. 1997, dt. erschienen in *Harvard Business Manager* 2/1998, übersetzt von Brunhild Lenkeit-Takors

Rayport/Sviokla: unter dem Titel »Exploiting the Virtual Value Chain« erschienen in *Harvard Business Review* Nov./Dez. 1995, dt. erschienen in *Harvard Business Manager* 2/1996, übersetzt von Peter Diekhoff

Neue Unternehmensmodelle

Malone/Laubacher: unter dem Titel »The Dawn of the E-Lance Economy« erschienen in *Harvard Business Review* Sept./Okt. 1998, dt. erschienen in *Harvard Business Manager* 2/1999, übersetzt von Brunhild Lenkeit-Takors

Upton/McAfee: unter dem Titel »The Real Virtual Factory« erschienen in *Creating Value in the New Economy*, Boston: Harvard Business School Press 1999, übersetzt von AMS/Horst M. Langer (Autoren- und Medienservice, Reute)

Iansiti/MacCormack: unter dem Titel »Developing Products on Internet Time« erschienen in *Creating Value in the New Economy*, Boston: Harvard Business School Press 1999, übersetzt von AMS/Horst M. Langer (Autoren- und Medienservice, Reute)

Handy: unter dem Titel »Trust and the Virtual Organization« erschienen in *Creating Value in the New Economy*, Boston: Harvard Business School Press 1999, übersetzt von AMS/Horst M. Langer (Autoren- und Medienservice, Reute)

Moore: unter dem Titel »Predators and Prey: A New Ecology of Competition« erschienen in *Harvard Business Review* Mai/Juni 1993, dt. erschienen in *Harvard Business Manager* 1/1994, übersetzt von Henriette Holtz

Neue Kundenbeziehungen

McKenna: unter dem Titel »Real-Time Marketing« erschienen in *Harvard Business Review* Juli/Aug. 1995, dt. erschienen in *Harvard Business Manager* 2/1996, übersetzt von Henriette Holtz

Hagel III./Rayport: unter dem Titel »The Coming Battle for Customer Information« erschienen in *Creating Value in the New Economy*, Boston: Harvard Business School Press 1999, übersetzt von AMS/Horst M. Langer (Autoren- und Medienservice, Reute)

Armstrong/Hagel III.: unter dem Titel »The Real Value of On-Line Communities« erschienen in *Creating Value in the New Economy*, Boston: Harvard Business School Press 1999, übersetzt von AMS/Horst M. Langer (Autoren- und Medienservice, Reute)

Ghosh: unter dem Titel »Making Business Sense of the Internet« erschienen in *Harvard Business Review* März/April 1998, dt. erschienen in *Harvard Business Manager* 5/1998, übersetzt von Marcus Erbe

Register